複合危機

ゆれるグローバル経済

牧野裕・紺井博則・上川孝夫［編著］

日本経済評論社

はしがき

　IMF の *World Economic Outlook* 2017 年 10 月号は主題に「持続可能な経済成長」を掲げ，さらにサブタイトルとして「短期的な回復・長期的な挑戦」を付け加えている．　その統計データによると，世界経済成長率はリーマン・ショックまでの 1999-2008 年が先進諸国平均で 2.5%，新興国・途上国平均で 7.2% であったのに対して，2016 年は前者が 1.7%，後者が 0.4%，17 年の予測値では前者が 2.2%，後者が 2.1% となっている．2% 台の経済成長率は，世界経済が回復軌道に乗ったという見方が強いように思われるが，08 年の危機がそれほど根深いものであったことを考慮しても，10 年近くにも及ぶ過程はやはり "Too slow for too long" なのであろう．グローバル経済のもっとも基礎的データである世界貿易額の伸びを見ても 99-08 年の平均が 6.6% であったのに比較すると 16 年は 2.4%，09-18 年（17・18 年は予測値）全体を通じても 3.1% にとどまり「スロー・トレード」状態にあるといえよう．

　このようなデータから，現代の複合危機の典型例でもあった 2008 年後の世界金融・経済危機後の回復過程はなお不安定要素を抱えていることがうかがえる．先進国経済を中心とする世界経済の現状を一言で表現すれば，一方で「低インフレ」「低金利」「低賃金」が併存し，他方で相対的な「株高」など資産価格の上昇が進行している事態と表現することもできる．

　本書は，2007 年の BNP パリバ危機から 10 年，そして 08 年のアメリカ発の世界金融危機から 9 年という歳月を経過した時点で刊行される．われわれはこれらの危機を金融経済と実体経済との複合危機として認識することから出発している．そこで問われることは，第 1 に，この現代複合危機の性格，すなわち金融危機と実体経済危機の連関にどのような「現代性」が認められ

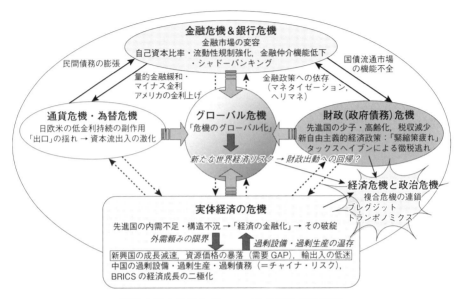

現代の複合危機とグローバル経済危機の構図

るか，第2に，この危機への対応で動員された諸政策が想定外の期間に及ぶことで，現代の世界経済・各国経済にどのような副作用がもたらされたのか，そして第3に，複合危機を構成する諸要素が08年の世界金融危機に固有なものなのか，あるいはそれ以前から継続するグローバル経済，グローバル資本主義に規定されたものなのか，第4に，狭義の意味での経済的複合危機を土台としながら，難民・移民問題をも含む英米などの政治危機は現代の複合危機にどのような性格を与えているのか，等々であろう．

ポスト金融危機の原因やその後の対応策についてはすでに内外で多くの先行業績が積み上げられてきたことはいうまでもない．だが，あえていえば，本書全体を貫くキーワードである「複合危機」を基軸としてここに絡む諸要素（「錯綜した糸」）を解きほぐす作業はいまだ十分になされたとはいえないのではないか．

そこで，以下の諸章では，現代の複合危機の特徴を明らかにするために，世界金融危機を手がかりとして時間軸的な整理を行い，空間的（国別・地域

別）な繋がりの実相を提示してみたいと考える．まず第1章〜第3章は，実体経済と金融システム・金融政策との関わりを踏まえて，その危機の複合危機的な現代的特徴と位相を理論的・歴史的・学説史的視角から明らかにする．また第6章〜第8章は主要国・地域（アメリカ，ヨーロッパ，日本，中国を含む新興国）にまたがる現代複合危機の連鎖のプロセスと連関を分析している．さらに第9章及び第10章は，複合危機がもつグローバルな性格を，実体経済の世界的不均衡や国際金融・経済秩序の行方という視点からトータルに検討している．

　本書の出版の契機となったリーマン・ショックを転換点として，金融に依存するグローバル資本主義の行方が改めて問われると同時に，経済危機に各国・地域を越えた政治的変動も絡んだ複合危機の新たな展開も見られる．このような激動する世界政治・経済の構図に対して，様々な危機が相互に絡み合う「複合危機」として接近する本書のような試みも，決して無駄ではないと執筆者一同確信している．

紺 井 博 則

目次

はしがき

第1章　現代の金融危機と経済危機……………………………… 紺井博則　1

  1.　現代の金融危機の要因と「複合危機」の構造　2

  2.　「経済の金融化」と現代の金融危機　4

  3.　世界金融危機の現代的特徴　9

  4.　金融危機の後遺症と世界経済の「新しいリスク」　12

    (1)　リーマン・ショック後の世界経済の構造変化　12

    (2)　アメリカを中心とする「緩和マネー」のグローバルな行方　16

    (3)　金融危機と主要国の量的金融緩和政策　18

    (4)　量的金融緩和政策の「出口」と世界経済の新しいリスク　19

    (5)　転換点に立つ金融依存の資本主義とグローバル経済　23

第2章　複合危機の過去と現在……………………………… 上川孝夫　29

  1.　複合危機をめぐる状況　29

  2.　複合危機の回顧：大恐慌と世界金融危機　31

    (1)　実体経済と長期停滞論　31

    (2)　金融機関と金融市場の変貌　33

    (3)　中央銀行の政策と行動　37

    (4)　財政政策と政府債務の動向　42

    (5)　危機の国際的側面　47

  3.　複合危機の今後　49

目次　　vii

第3章　大恐慌と景気理論の系譜……………………………………　牧野　裕　59

　1.　景気理論の概観　　59

　2.　大恐慌と景気理論の展開　　61

　　(1)　経済構造原因説　61

　　(2)　シュムペーターの景気循環論　66

　　(3)　フィッシャーの景気循環論，負債デフレーション論　69

　　(4)　オーストリア学派の景気理論　72

　　(5)　フリードマン゠シュワルツ，バーナンキの大恐慌論　75

　3.　期待と不確実性のケインズ景気理論　　78

　4.　景気理論の方向性　　81

第4章　アメリカの対外経済政策の変貌と複合危機………　山﨑　晋　93

　1.　危機以前：複合危機の醸成期　　94

　　(1)　アメリカと他の先進国・新興国の動向　94

　　(2)　米中など先進国と新興国の対立　95

　　(3)　グローバル・インバランスをめぐる国際協調　97

　2.　世界金融危機の時期：複合危機の発生段階　　99

　　(1)　個別国の危機対応　100

　　(2)　危機対応における協調　101

　3.　ポスト危機期：複合危機の新段階　　103

　　(1)　先進国と新興国の動向　103

　　(2)　国際協調の成功と失敗　108

　　(3)　国際金融のトリレンマによる分析　116

　　(4)　国際政策協調の行き詰まりと複合危機　119

第5章　EU・ユーロ圏の複合危機……………………………　星野　郁　133

　1.　ヨーロッパにおける複合危機の展開と様相　　135

　　(1)　ユーロの誕生と危機の醸成　135

viii

(2)　グローバル金融危機からユーロ危機への深化　137

(3)　ユーロ危機から EU の危機へ　139

2.　ヨーロッパの複合危機の背景と特質　　　　　　　　　　　　140

(1)　複合危機の原因　140

(2)　ヨーロッパの複合危機の特質　144

3.　危機対策の成果と問題点　　　　　　　　　　　　　　　　　148

(1)　統合の強化と伴わない市民の共感　148

(2)　金融危機対策の成果と限界　149

4.　危機と EU の行方　　　　　　　　　　　　　　　　　　　152

(1)　More Europe 路線の追求は危機の克服につながるか　152

(2)　イギリスの EU 離脱とその影響　156

(3)　危機こそがヨーロッパ統合を深化させるか　159

第 6 章　日本型危機の深層と金融政策 …………………………… 近廣昌志　165

1.　日本型危機の深層　　　　　　　　　　　　　　　　　　　165

(1)　物価上昇の経験を懐かしむ日本　165

(2)　調節能力が高くなった日本　169

2.　日本型「デフレーション」　　　　　　　　　　　　　　　　171

(1)　日本は本当にデフレーションなのか　171

(2)　内生的貨幣供給理論とデフレーションとの非整合性　175

3.　日本の金融政策から財政ファイナンスを考える　　　　　　178

(1)　新しさに欠ける非伝統的金融政策　178

(2)　非伝統的金融政策の含意　183

第 7 章　中国の複合危機と人民元国際化……………………… 紺井博則　189

1.　世界金融危機への対応と過剰資本・過剰債務の累積　　　　189

2.　金融システム改革と人民元国際化の到達点　　　　　　　　196

(1)　金融自由化・金利自由化への取り組み　196

（2）　人民元国際化の到達点と国際化のための戦略　198

（3）　世界金融危機後の為替相場改革　200

（4）　「国際金融のトリレンマ」モデルと人民元の国際化　202

3.　新しい国際金融システムと AIIB の設立　204

4.　SDR 構成通貨の改訂と人民元国際化の行方　207

5.　AIIB のスタートと人民元国際化　210

6.　資本移動規制と国際化戦略のジレンマ　211

第8章　新興国の複合危機………………………………………… 木村秀史　217

1.　今日の新興国複合危機の構図と3つの要因　217

2.　グローバル経済下における新興国貿易の変容　218

（1）　新興国における先進国との貿易の重要性の低下　218

（2）　新興国間貿易の拡大　221

3.　新興国通貨と先進国の金融政策　224

（1）　世界金融危機後の先進国と新興国の動向　224

（2）　金融のグローバル化が新興国に与える弊害　226

4.　新興国経済と資源価格　229

（1）　資源価格に翻弄される新興国　229

（2）　資源価格を受け入れるしかない資源国　232

5.　新興国の複合危機の全体像　233

（1）　新興国複合危機の構図　233

（2）　新興国における資本規制の再考　237

第9章　複合危機とグローバル・インバランス…………… 田中綾一　243

1.　グローバル・インバランスとは何か　243

（1）　グローバル・インバランスの様相　243

（2）　地域的にみたインバランスの状況　245

（3）　金融危機後のグローバル・インバランス　247

x

  2. 世界金融危機とグローバル・インバランス 249

   (1) 金融危機の原因論としての過剰貯蓄説の限界 249

   (2) アメリカ経常赤字の「自動的」ファイナンス論の限界 251

  3. 金融危機後のグローバル・インバランス 253

   (1) 金融危機前後のアメリカの経常赤字ファイナンス構造 253

   (2) アメリカ経常赤字ファイナンス構造の地域的特徴 255

   (3) 複合危機は再来するか 260

第10章 複合危機と国際経済秩序の行方 ………………… 飯島寛之 265

  1. 新しい国際金融秩序の模索 265

   (1) 国際金融秩序とガバナンスの再構築 265

   (2) 旧来型国際金融秩序の特徴 266

   (3) 1990年代以降の再構築 268

  2. 新興国の台頭と新しい国際金融秩序 270

   (1) G20を軸とする新しいガバナンスへの転換 270

   (2) IMF改革 272

   (3) 国際開発金融機関の創設 274

  3. 金融規制と監視の再構築 276

   (1) マクロ・プルーデンス政策 276

   (2) 金融規制の強化 279

   (3) 国際資本移動規制 280

  4. 新しい金融秩序と金融ガバナンスの行方 282

   (1) 国際金融ガバナンスにおける新興国の位置 282

   (2) 「複合危機」下の国際金融ガバナンス 283

年表 世界金融危機10年の歩み ………………………………………… 293

あとがき 317

索引 320

第1章
現代の金融危機と経済危機

紺 井 博 則

　1980年代後半以後，新自由主義的経済政策が資本主義の変容を主導し，アングロ・サクソン諸国の喧伝した「グローバリゼーションが世界経済の危機を救う」という通念が支配的な潮流となってからほぼ30年以上の時が経過した．この間に世界経済は「100年に一度」とさえいわれた世界金融危機に遭遇し，その立て直しのために多くの時間とエネルギーを割かねばならなかった．はたして，先進諸国による金融政策への異常な依存，とくにいわゆる非伝統的金融政策の採用は現代の金融危機が実体経済をも巻き込む複合危機への処方箋として有効であったのであろうか．金融がサポートしなければならない実体経済の面から見ると，2016年の世界経済全体の経済成長率は，IMFの見通しで3.1%，世界貿易の伸び率はWTOの見通しによると5年連続で3%を下回ると予測されている[1]．

　本章の課題は，現代の資本主義の特質をもっとも良く表している「経済の金融化」という概念を基底に据えながら，グローバル経済が進展する中でのリーマン・ショック後の現代の金融危機の位相を明らかにすることである．さらにポスト世界金融危機の先進諸国を中心とする政策的対応と，その副作用に苦闘する実体経済との乖離，転機を迎えている新興国・途上国を巻き込んだ世界経済の新たな「複合危機」のリスクの要因を探ることにある．

1. 現代の金融危機の要因と「複合危機」の構造

　歴史的に振り返って見ると，1929 年世界大恐慌までの古典的な金融危機（金融恐慌）は，局面によって多様な要素，例えば「銀行恐慌」「信用恐慌」「貨幣恐慌」などの諸要素を含むものであった．その中で共通する特徴的な点は，それらが過剰生産恐慌（産業恐慌）に連なる好況末期に継起的に現れる現象であったことに求められる．好況末期には貨幣資本への需要がピークに達して金利が急騰し，支払手段（貨幣）の払底によって「銀行取付け」（bank run）を惹起する（金本位制下では金の国内外流出としても現れる）というのが古典的金融恐慌の経路であり，まさに「信用主義」から「現金主義」への急展開が生じた．このような古典的景気循環の過程では，その後の不況期に貨幣資本の過剰（需要の減退）によって金利水準が低下し，資金需要を喚起して再び景気回復局面（中位の活況）への移行を促す契機となっていた．

　ところが，管理通貨制移行後の財政・金融政策の動員によって過剰な現実資本の処理が温存され，その結果として周期的な景気循環の変容と恐慌の発現形態の変化が見られるようになる．さらに 1971 年の金ドル交換性停止を受けて 80 年代以降に経済・金融のグローバル化が進展する中で，金融危機の性格，景気変動における金融危機の位置づけは大きく変わってきた．

　まず 1970-80 年代後半以降に顕著となった先進諸国のスタグフレーションの顕在化（経済成長率の低下，長期停滞）の根底には現実資本蓄積の停滞，すなわち設備投資→生産拡大→名目賃金の上昇→消費支出（とくに個人消費）の増大という経済の好循環が周期的な景気循環の局面として容易に実現できなくなったという事態が横たわっている．この資本蓄積の停滞を打開するための選択肢が，規制金融システムから金融の自由化・国際化へと大きく舵を切ることであった．

　有効需要の創出に依存するケインズ主義的財政政策の行き詰まりの原因は，

先進諸国の財政赤字の累積に求められるが，このことは，恐慌後の不況から脱出して次の景気循環を開始するサイクルを変容させることになった．後の第3章で詳述するように，まず不況打開のための財政政策（ビルトイン・スタビライザー）による有効需要の創出・景気浮揚効果の低下が指摘されねばならない．公共事業を軸とする「トリクルダウン」構造の崩壊の始まりである．この現実が財政赤字拡大による国家債務の累積というケインズ型経済政策の限界を露呈し，その間隙を突いてマネタリズムに象徴される新自由主義的経済政策の台頭をもたらす契機となったことはいうまでもない．

　新自由主義的経済政策の影響は，財政・金融政策はもとより社会的・政治的領域にまで及び，現代資本主義に固有の経済格差の拡大をもたらす要因ともなっている．20世紀末からくり返される金融危機の震源地が先進国か途上国か，それが伝統的金融市場か新しい金融市場であるかを問わず，金融危機が発端となって実体経済への反作用による経済危機を伴う複合危機の様相を帯びるようになったのも，このような経済政策への転換と無関係ではない．その結果，景気変動に対する経済政策の対応として，不況から需要創出の主役が本来の財政政策から金融政策にシフトする傾向を生み出し，周期的景気循環を超える利潤率の低下，現実資本蓄積の停滞に対する打開策として企業部門を軸に「経済の金融化」が進展している．「経済の金融化」の影響は銀行・家計・公共部門などにも広く浸透して今や資本主義の持続にとって不可欠な構成要素となっている．

　むろん好況・不況を繰り返す景気変動の波が消滅したわけではないが，現実資本の再生産から遊離した過剰貨幣資本の独自の運動が，現実資本の蓄積過程で現れる一般商品の価格変動と区別される金融市場での独自の金融資産価格変動を生み出す．例えば株式市場へ短期的に流出入を繰り返す機関投資家や個人投資家の資金量は巨額化し，その株価の大幅な変動が実体経済に与える影響を回避するために政府系ファンドや年金基金（わが国のGPIFを含む）などまでが株価維持操作のために動員される．しかしたとえ実体経済の動向と必ずしも一致しない株価の変動でも，その規模とテンポによっては

確実に実体経済に攪乱的な結果をもたらす．こうして金融市場における危機が主因で，その回復過程に伴う副作用が実体経済の危機を誘発するというところに現代経済に特有な複合危機の姿を見出すことができる．そしてその複合危機のそれぞれの底流にはつねに「経済の金融化」傾向が絡み合っているのである．

2. 「経済の金融化」と現代の金融危機

「経済の金融化」を取り上げる論者達が異口同音に指摘するのはこの概念の多義性である．例えば「金融の肥大化」や「金融・資本主義」という規定もリーマン・ショック以後とくに目につくようになったが，それ以前から現代資本主義，とくに英米資本主義を特徴づける要素としてしばしば指摘されていた．それらの概念は「金融化」と区別されることなく使用されることが多い．

エプスタイン（Epstein, G.A.）では，金融化を「国内および国際経済の運営において金融市場および金融機関の役割や，一般人の金融利益を目指す動機付けが次第に増大していく過程」として定義している[2]．あるいはフマガリ（Fumagalli, A.）とメッサドーラ（Mezzadra, S.）は，金融化の数量的な指標として，①GDP に対する金融資産・債務の比率，非金融部門の債務の構成比，②企業による金融純投資額の上昇（＝実物投資比率の低下），③自己資金調達比率，④企業の株式純発行，⑤企業の金融蓄積と「物的資本」蓄積，⑥企業投資の変化（GDP に占める企業の投資支出比率），⑦配当金の変化，などをあげる[3]．また，ドーア（Dore, R.P.）は，実体経済の中で「だんだん増していく 4 つの現象」をあげる．すなわち，①金融派生商品などの金融技術の導入：実体経済で資本を充用し，モノやサービスを生産する主体の間で金融業者の仲介がますます複雑・怪奇・投機的になっていく，②ステークホルダーに対する企業経営者の社会的責任が，ますます「株主」という対象に限定されるように法令遵守の基準や経営者の意識・戦略が変わってきた，

③経済のグローバル戦略の一環として，各国政府・地域にとってますます「国際競争力強化策」が経済政策の優先順位の中で上昇している，④「貯蓄から投資へ」のスローガンの下，国民に対する「証券文化」（リスクマネーへの誘導）の奨励にますます重点が置かれる，などである[4].

これら先行研究が列挙する金融化の指標の中で，まず第1に，世界のGDPに対する金融資産（債務）の比率は，「金融の肥大化」「実体経済から遊離した金融経済」の数量的指標としてもしばしば取り上げられる．表1-1が示すように，世界の金融資産規模の対GDP比は，リーマン・ショック直前にひとつのピークである3.3～3.4倍に達している．その後は証券化商品市場の縮小・停滞の反面，その他の非証券化債権残高の伸びが寄与して金融資産残高の規模は回復基調にある．つまり金融危機によって過剰貨幣資本の価格破壊が進み，確かに現実資本蓄積との乖離は一時縮小したものの，世界経済の経済成長の一定の立ち直りを受けて対GDP比は3倍程度で推移していることがわかる．

また同じく「金融の肥大化」の指標として，実需取引から乖離する金融市

表1-1　世界のGDPと金融資産残高の推移

(兆ドル，%)

年	株式	公債	金融債	社債	証券化債権	非証券化債権	総額（対GDP比）
1990	11	9	8	3	2	23	56 (243.0)
1995	18	14	11	3	3	26	75 (256.0)
2000	37	18	19	3	5	35	117 (354.0)
2005	47	29	30	5	9	42	165 (331.0)
2006	56	30	35	7	11	46	185 (345.0)
2007	64	32	39	8	13	50	206 (355.0)
2008	36	35	42	8	14	54	189 (309.0)
2009	48	39	42	9	14	54	206 (343.0)
2010	54	43	41	10	13	57	218 (335.0)
2011	47	46	42	11	13	60	219 (304.0)
2012	50	47	42	11	13	62	225 (304.0)
00-07平均	8.0	8.3	10.7	5.1	15.9	−0.7	8.1 (6.4)
08-12平均	1.9	9.2	1.5	9.1	−0.7	4.8	1.9 (1.6)

出所：McKinsey Global Institute, Report, "Financial globalization: Retreat or reset?" March 2013.

6

場取引の規模拡大も指摘される．例えば，伝統的金融市場の外部で成長しつつあるデリバティブ市場の存在がある．ちなみにグローバルな OTC 市場での想定元本の規模は，リーマン・ショック直後の 2009 年には 600 兆ドルを突破したが，これは世界の GDP 総額のほぼ 10 倍に匹敵する．さらにこれもよく取り上げられる量的指標として，世界の 1 日平均の外国為替取引高は，16 年 4 月末に 5 兆 880 億ドルに達している．このうち直物取引は 32.6％ に過ぎず，他のデリバティブ取引関連が外為市場全体の 67.4％ で 3 分の 2 以上を占めるまでになっている[5]．「金融の肥大化」が金融の国際化によって大きく進んでいる証左であろう．

　この 1 日平均の外国為替市場取引高は 2015 年の 1 日当たりの世界の輸出額 509 億ドルに換算すると約 100 日分に相当する．もちろん輸出入額だけで実需取引のすべてを置き換えることは正確ではないが，それにしても伝統的金融市場である外国為替市場取引の圧倒的大部分が，実需取引とは無関係な金融・投機取引によるものであることは留意すべき点である．この指標もまた変動相場制の採用と金融の国際化・資本取引（資本移動）の自由化がここまで「金融の肥大化」を押し進めたことを物語っている．

　しかし，ここで取り上げた 3 つの量的指標は，確かに現代資本主義の下で進む「金融肥大化」や貨幣資本蓄積の現実資本蓄積からの乖離の拡大を表現している．けれども上に列挙した他の様々な「経済の金融化」現象が現実資本蓄積の停滞，とくに先進国大企業の投資・生産・利潤再配分，収益構造の変容からどのように導かれるかという点にまで掘り下げられていない．筆者は，今日の現実資本蓄積の変容の分析にあたっては，支配的株式会社企業が利潤率の低下を利潤量の拡大によって容易に克服できないもとで，収益構造の変化，すなわち金融収益への依存度上昇によるグローバル化を「経済の金融化」の基軸に据えるべきだと考える．

　さらに現在のように超低金利状態が異例の長期間継続しているもとで，この「経済の金融化」を押し進める動きが大企業の資金調達と投資行動にどのように現れているかを立ち入って見ておこう．

第1章　現代の金融危機と経済危機　　　7

　歴史的な低コストで調達した資金は，第1に，M&Aの待機資金に回される．2015年の世界のM&Aの規模は，大型案件も目立つ中で4兆6200億ドル（約550兆円）にのぼり，リーマン・ショック以前のピークを更新して過去最高となった．グローバル経済におけるM&Aは現代の資本集中の典型的な形態であるが，これは現代の多国籍企業が利潤率低下をカバーするために直接的な資本蓄積（生産過程への投資による利潤の増大）に依存するのではなく，当面の市場シェア拡大による利潤量の確保を優先する資本の選択の結果として捉えることができる．これと関連した企業行動のもうひとつの現れとして，例えば世界的上場大企業の広義の手元資金（現預金＋保有債券＋貸付金）の膨張に注目すると，リーマン・ショック直前の7兆ドル強から16年には12兆ドルへ約80%もの急増をみている[6]．この点は前掲表1-1の11年以降の対GDP比でみた世界金融資産残高の伸びの鈍化では表されていない世界的大企業の現実資本蓄積のもうひとつの実態を示すものであり，しかもこの実態は世界的金融緩和が進行している過程で生じていることに注視する必要がある．

　第2に，世界的な量的金融緩和の継続を背景として，とくに14年以降の新株発行による増資については，株価への影響，株主に対する配当性向の低下を考慮して慎重になっている反面，社債発行の伸びが著しい．それも株式と債券の折衷的性格をもつ，いわゆる「ハイブリッド型」の証券（劣後債，期限付き劣後債，永久劣後債，優先出資証券など）の発行が目立っている．その中でも普通社債に占める超長期債（30年債，40年債など）の割合が急増している．また低金利，あるいはマイナス金利下のもとで，同じ社債でも普通社債よりもハイリスク・ハイリターンのそれにシフトしているといえる．調達した資金を設備投資に回して現実資本蓄積を拡大するどころか，「資本のスリム化・効率化」の手段として自社株買いに充当されているのである．このように見てくると，リーマン・ショック以降も企業金融に現れる極端な株価重視指向や株主最優先に見られる「経済の金融化」の傾向は衰えてはいないと言わざるをえない．

現代経済の重要な特質を「金融の肥大化」や「金融・資本主義の暴走」と表現することは決して誤りではない．ただし，その場合でも「肥大化」・「暴走」の根源を明らかにする中でこそこの概念は十分な説得力を持ちうると考える．金融システムの構造変化は中銀も含む金融機関の側が仕掛け人ではない．金融仲介がインターバンク市場からオープン市場へシフトしたことの基底には，①企業の資本蓄積様式の変容がまず先行し，②それを受けて民間銀行の金融仲介機能・信用創造の役割が変化し，③その周縁に多種多様な金融市場とそこを主戦場とするシャドー・バンキングという新たな仲介者の登場を促し，④それらを前提として中央銀行も金融政策・金融調整の舞台の変更を余儀なくされた，という関係が横たわっているのである．

したがって，「経済の金融化」と金融の自由化・国際化・証券化とは必ずしも同義ではなく前者を土台として後者が隆盛している関係と捉える必要がある．そのような重層的構造の下で「経済の金融化」が次第に深化してきたと見るべきである．現在焦点となっている中央銀行本来の金融政策と財政政策との機能的分業関係の変質（財政政策の金融政策へのすり寄り，マネタイゼーション，中央銀行の独立性への危惧等々）もまたその脈絡の中に位置づけることができる．

英米をはじめとする先進諸国において，景気循環の一局面に留まらない利潤率の低下，中長期的に経済成長が低迷している背景には以下の事情がある．すなわち少子・高齢化を受けた各国内部での消費市場拡大への制約と，経済のグローバル化の進捗過程で新興国・途上国資本の一部が世界の生産過程に参入可能となり，新規の販売市場開拓に有力な競争者が現れたことである．「経済の金融化」傾向は，まず先進諸国が今日の資本主義の下での現実資本蓄積の制約にその源泉をもっていると同時に，実体経済の金融危機からの回復過程が予想以上に長引いていることと無関係ではないことが指摘さるべきである．先行研究が金融化の例証としてあげる個々の企業経営戦略の変化や収益構造の変化もこの傾向の具体的現れとして捉える必要があろう．

3. 世界金融危機の現代的特徴

アメリカ発の金融危機は，当初は限定的なモーゲージ市場での信用リスクの顕在化，住宅ローンの不良債権化という面では典型的な金融危機の顔をもっていた．しかしもう一面では，アメリカでもっとも進展していた「経済の金融化」と国際的資本移動の自由化をコアとする金融のグローバル化とが結合した現代金融危機の特質をも備えていたと見るべきであろう．具体的にいえば，まず第1に，個人部門における資産効果（株価上昇や住宅等の不動産価格の上昇）に支えられた将来所得の先取り，すなわち消費需要の先取りと，利ザヤの縮小と従来からの借り手の離反という融資構造の変化によって，融資先を低所得層にまで拡大することを迫られていた与信活動とが連動した点があげられる．まさに民間部門内での貸出債権（過剰貸出）と借入債務（過剰借入）が「経済の金融化」を媒介として累積していったのである．

そして第2に，本来ハイリスク資産である低所得層向け住宅ローンが，金融の証券化という迂回路を見出すことによって，信用リスクから一時的に隔離された証券化商品の流通市場を拡大させたこと，その結果この市場にそれまでにない多様な投資家（機関投資家のみならず，富裕層を中心とする個人投資家を含む）を吸引する構造を従来の商業銀行システムの周縁に生み出したことである．それによって，現代の金融危機の舞台は従来型のインターバンク市場中心の短期金融市場システムからオープン市場中心のシステムへと構造変化した．この変化もまた「経済の金融化」の傾向を受けた金融システムの対応，とくに金融市場の変貌そのものを示すものといえる．

また第3に，この証券化商品の流通市場は，金融取引の自由化・グローバル化を前提として，原債権・債務者の母国から切り離されてボーダーレスな市場となった．そして低金利と利ザヤの圧縮に直面していた既存の金融仲介機関のみならず，それから相対的に自立したいわゆるシャドー・バンキングにとってキャピタルゲインをもたらす新たな収益機会を提供したことである．

したがってこの証券化商品市場もアメリカ国内のクローズドなマーケットであったならば，金融危機もグローバルな波及を回避できたであろうが，証券化商品の買い手はヨーロッパの投資銀行をはじめ各国・地域の機関投資家などを巻き込んで，その市場崩壊とともにグローバルな金融危機へと発展したのである．つまり，信用リスクの連鎖の延長上に新たな市場リスク（金融派生商品の価格変動リスク）が重なることで危機がグローバル化したのである．証券化商品市場における過剰貨幣資本の価値破壊は，既存の金融・資本市場にも大きな影響を与え，その過剰資本の新たな投下部面をグローバルに拡げて新興諸国の金融市場，さらには一次産品をはじめとする国際商品市場へも流出入を繰り返すことになる．実需取引，さらにはこれに関連するヘッジ取引からも乖離した国際金融市場と国際商品市場との相互依存・相互連関が格段に強まっているのであり，これもまた現代の金融危機が持つ新たな顔といえるであろう．

　金融危機による影響はたんに投資銀行の破綻という銀行危機に留まらず，アメリカの実体経済の停滞を招き，金融危機を起点とした実体経済危機との現代的複合危機に発展し，世界の生産・貿易・投資の落ち込みは戦後最大のものとなった．この複合危機からの脱出にさいして，先進諸国は一様に従来型の財政出動に制約を抱える（アメリカの場合は「財政の壁」の問題，日本の場合は世界有数の政府債務残高，ユーロ圏の場合は共通通貨のもとでの「財政規律」の維持）中で，金融政策を非伝統的な「未知の領域」にまで踏み込ませることを選択したのである．この影響の各国・地域への具体的現れとその政策的手段の相違については，第4〜8章の諸章に譲るが，時期のズレや技術的な手段の差異を別にして，先進国中銀の金融政策についてまず共通要素として着目すべき点は，リーマン・ショック以前から続いていた超低金利政策がゼロ金利の実施にまで追い詰められ，さらに金利政策そのものからの転換となる量的緩和政策にまで踏み込んだことである．

　現代の金融危機は，その震源国が先進国であれ，新興国であれ，またその起点となる市場がどれであるかにかかわりなく「危機のグローバル化」，そ

して「グローバル化した金融危機」が当事国の実体経済のみならず周辺国の実体経済にも波及するという特性を持つ.

その契機は，言うまでもなく1971年の金ドル交換性停止後の先進諸国による固定相場制放棄と変動相場制移行，IMFの資本移動規制に関わるシステム転換，すなわち資本移動規制の撤廃と80年代以降の金融の自由化・国際化にある．とくに資本移動の自由化・規制のあり方が危機のグローバル化の試金石となることを改めて強調しておきたい．震源地としては，金融自由化がもっとも進んだ，言い方を変えれば貨幣資本蓄積が現実資本蓄積からもっとも乖離した先進国発の金融危機が，新興国・途上国の実体経済危機に波及し，変動相場を介して通貨・金融危機を惹起するというケースが繰り返されることになる．

グローバル危機のもうひとつのケースとして，途上国の資源や一次産品の大幅な価格変動を契機とする実体経済の危機が先進国の実体経済に跳ね返り，グローバルな危機にまで拡大するケースが考えられる．リーマン・ショックを契機とする世界金融危機もまた「経済の金融化」がもっとも進展していたアメリカの住宅金融市場が震源地になったという点と，すでに言及してきたように「経済の金融化」に対応するための金融システム，短期金融市場の変容，金融市場の肥大化の根底には，生産過程から遊離した過剰な貨幣資本が「株主資本主義」と結合した金融・資本市場の変質が横たわっていると見るべきであろう．中央銀行が株式に関連する資産などのリスク資産を市場から購入したり，政府系ファンド（日本のGPIFを含む）の株式投資が，金融・資本市場の機能を歪め，ひいては市場経済メカニズムさえ浸食する懸念が指摘されるのもこの変容を物語るもうひとつの要素である．

ところで現代の金融危機がグローバル化する必然性があるとすれば，その危機の局面で現出する流動性の不足もまたグローバルな性格を持たざるをえないことは自明である．リーマン・ショック直後の2009年に起きたいわゆる「ドル不足」局面を想起されたい．最後の貸し手が存在しないオープンな国際金融市場で，特定の金融商品（当時はアメリカの証券化商品を含む

MMF（Money Market Fund）など）の価格低下による混乱がインターバンク市場を巻き込む信用危機にまで深化すれば，国際間での流動性が低下する．特定国の通貨に流動性供給を依存する基軸通貨体制を前提する限り，国際流動性の不足，すなわち「ドル不足」が深刻化する．この隘路を打開するにはアメリカ FRB の信用創造による以外にない．08 年 9 月には実際に FRB が G7 諸国中央銀行との間でスワップ協定にもとづくドル供給を実施し，危機の深化を阻止する行動を余儀なくされたことは記憶に新しい．

　振り返れば，1960-70 年代の国際通貨危機としての「ドル危機」は，まさに基軸通貨ドルの信認を大きく揺るがせるものであった．これに対して，世界金融危機以後しばしば国際金融市場で現れる国際流動性不足としての「ドル不足」は，一見すると 50 年代に回帰したように錯覚するかもしれないが，同じく特定国の国民通貨に依存する基軸通貨体制のもとであっても，変動相場制移行後の金融の自由化・国際化の進展という新たな舞台で発生した世界金融危機にともなう「新しい」国際通貨危機の特徴を示しているように思われる．それでも新たな舞台でのこのドル不足がドル信認の裏返しと見るのは正確ではない．依然として特定国通貨特権に支えられた基軸通貨体制の弱点が克服されたわけではないからである．

4.　金融危機の後遺症と世界経済の「新しいリスク」

(1)　リーマン・ショック後の世界経済の構造変化

　リーマン・ショックから 10 年近くが経過して，複合危機を主導した金融危機そのものは収束したかにみえるが，世界経済全体として見れば，リーマ

表 1-2　世界の実質成長率と貿易額の推移（年率，前年比）

(%)

	2007	2008	2009	2010	2011	2012	2013	2014	2015	2016
実質成長率	7.9	2.8	−10.6	12.8	6.2	2.8	3.0	4.3	3.2	3.1
貿易額	5.3	2.7	−0.4	5.2	3.9	3.2	3.0	1.0	−15.4	−0.2

出所：IMF, *World Economic Outlook*, 各年次号および World Bank のデータ．

ン・ショック以前の経済成長軌道に完全に戻っているとはいえない．各国・地域間，例えばアメリカとヨーロッパ・日本の状況にはかなりの差が存在しているのも事実である．

アメリカの場合は，この間に先進諸国の中で緩やかながらも着実に実体経済の立ち直りを示しており，FRB が重視する雇用環境の諸指標から見るとほぼ完全雇用状態にあるという評価すらある．企業収益の増加，雇用情勢の改善，GDP の 7 割を占める個人消費の緩やかな回復が支えとなって，2015 年 12 月に 7 年振りに実質的なゼロ金利政策を解除し，他の先進諸国・地域に一歩先んじて伝統的な金融政策（金利政策）に復帰した．しかし，その企業収益にしても 09 年以降急回復したものの，12 年以降は頭打ちとなっていて S&P500 種株価指数の構成企業の営業収益で見ると 1.7 兆ドル前後を推移している．さらに量的金融緩和の停止，ゼロ金利からの脱出を果たしたものの，その後の利上げペースは，対外的側面としてのドル高や原油安からの反転要因など世界経済の不確実性に直面して，想定外の見直し，下方修正の事態が続いている．また金融収益についてもリーマン・ショック後の複雑な金融諸規制の導入によって，規制の直接的対象となる伝統的な商業銀行業の収益基盤が制約を受ける一方で，規制を逃れるノンバンクを典型とするシャドー・バンキングが再び息を吹き返しつつあることも見逃せないように思われる．

ユーロ圏の場合は，2016 年 6 月 23 日のイギリスの EU 離脱（「ブレグジット」）問題を措くとしても，世界金融危機の影響を受けた銀行危機と，ギリシャをはじめとする PIEGS 諸国の政府債務危機から共通通貨ユーロの危機と結びついたこの地域独自の「トリプル危機」の火種は今なおくすぶり続けている．例えば，BIS のバーゼル規制などの銀行規制を受けてイタリア，ドイツなどの一部銀行では不良債権の処理と「資本不足」問題を契機とする銀行危機・金融危機再来の懸念が取りざたされている．サブプライム危機からほぼ 10 年を過ぎてなお震源地ではないユーロ圏で金融危機が完全に克服されていない背景には，第 1 に，すでに言及したようにアメリカと並んで

「経済の金融化」・金融のグローバル化が域内で進んでいることと，第2に，地域経済統合によっても解消されないリージョナル・インバランスが写し出す経済危機と為替相場をその調整手段として使えない共通通貨の矛盾との両側面が存在している．

　リーマン・ショックからの実体経済の立ち直りについての評価にあたっては，次の3つの視点が重要と考えられる．第1に金融危機からの脱出過程で採用されてきた金融政策（量的金融政策）の効果と副作用に関わる問題である．すなわち先進諸国における長期的低金利，ゼロ金利，量的金融緩和，そして「マイナス金利」という一連の政策選択の流れは，それが本来の金融政策の目標として適切かどうかは別にして，確かに長期金利の低下を促し株式市場を支えるなどの「ポートフォリオ・リバランス」効果があったことは否定できない．ただしそれが景気回復につながり不況から脱出する手段たりえたかどうかは十分に検証しなければならないが，現実には金融緩和が長期間継続してきたことに伴う副作用がすでに表出し始めている．

　第2は，リーマン・ショック以前から続いてきた先進諸国の経済成長の停滞という長期的な動向との関係，すなわち利潤率の低下を利潤量の拡大によって乗り越えようとする資本主義特有の構造に関わる問題である．換言すればこの問題は世界的な超低金利水準の未曾有の継続が，本質的には先進諸国の潜在成長率の低下に規定されたものであり，伝統的金融政策を袋小路に追い込んできた金融政策の選択にとっての制約条件となっていることを示している．アメリカの元財務長官サマーズ（Summers, L.）らの「長期停滞論」もこのような脈絡の中で理解すべきであろう．市場経済の下での金利変動は回避できないし，金融危機の局面では金利水準の一時的高騰がありうるのは当然だとしても，利子の絶対的大きさは利潤量によって規定されるという法則はつねに貫かれることを再確認しなければならない．

　そして第3に，新しい世界経済リスクへの懸念というリーマン・ショック以後，とくに2014年以降に顕在化してきた問題がある．米国発の世界金融危機によって急激に落ち込んだ実体経済の回復にあたって，中国をはじめと

第1章　現代の金融危機と経済危機　　15

するBRICS，新興国需要の下支えは世界経済の落ち込みを押しとどめる要因となった．いわゆる「デカップリング論」が一定の存在感を示した時期でもあった．言い換えればこれらの諸国・地域は「経済の金融化」を土台とする金融の国際化・証券化の流れにまだ十分に合流していなかったからだという見方もできる．ところが，10年以降，先進諸国とくにアメリカのドル建ての「緩和マネー」の流入を契機として，途上国は通貨高による為替・通貨危機に見舞われ，実体経済の落ち込みに陥ることになった．

　さらにこの途上国のエネルギー需要の減少（需要要因）とアメリカのシェールガス革命（供給要因）によって，原油をはじめとする資源価格の急激な低下が追い討ちをかけた．21世紀以降の世界経済の「新しいリスク（不確実性）」といわれるゆえんは，新興国・途上国の景気低迷が，ただでさえ経済成長の構造的低迷に直面する先進諸国の実体経済の外需不振を招くという悪循環を生み出しているからに他ならない．例えば，世界経済に占める新興国・途上国のGDPシェアを見ると，リーマン・ショック後の2009-13年の5年間に約26％上昇していたのに対して，14-16年の直近3年間ではわずか1.7％の上昇にとどまる．また経済成長率を見ても同じ期間の比較で5.8％から4.3％へと伸びが鈍化している．この状況は21世紀初頭以来の世界経済の構造変化を示すものといえよう[7]．

　「国際金融協会」の集計では，2015年に新興国からの資金流出が流入を1988年以来27年ぶりに上回り，ネットの流出額が5400億ドルに達している．2015年以降の世界経済の構造はリーマン・ショック前後の「デカップリング」どころか「カップリング」，それもこれまでにない「逆カップリング」（先進国→途上国から途上国→先進国へ）を呈しているだけでなく，インドと中国の経済状況の差に見られるように，新興国内部でもいわば「デカップリング」の様相を生み出している．

　世界経済に現れたこのようなリスクが「東アジアの奇跡」の終焉論や，「中進国の罠」論を活発にさせている背景でもあろう．かつての世界経済の救世主と持ち上げられた新興国の旺盛な需要も，2014年以降は中国経済に

象徴される成長率低下と原油・資源価格の影響を受けた資源国の景気減速によって反転し，世界経済の成長回復のリスク要因になっている．またこの世界経済のリスクの存在は，先進諸国の金融政策の正常化プロセスにとって対外的な不安材料となる．すなわち量的緩和の終了・縮小と利上げスケジュールにも少なくない影響をもたらすであろう．

(2)　アメリカを中心とする「緩和マネー」のグローバルな行方

　先進国中銀の量的金融緩和政策が世界経済，とりわけ新興国・途上国に与えた影響として，いわゆる「緩和マネー」，グローバルな貨幣資本移動の問題がある．この問題を簡潔にふり返っておこう．「緩和マネー」といっても，量的金融緩和によって急膨張したベースマネーがそのままグローバルなマネーとして対外的に流出する（非居住者名義に置き替わる）わけではないし，また基軸通貨国であるアメリカのドル供給とその他先進国の場合とではその影響も同じではない．

　表 1-3 に示すとおり，FRB の量的金融緩和の拡大（QE1 → QE2 → QE3）に伴って，ベースマネーは 07-13 年の間に約 4 倍に急増したが，マネースト

表1-3　FRB のベースマネーと非居住者（公的部門）のドル保有の推移
（M2 は日次計数の平均値，他は各年末残高）

(10 億ドル，%)

	ベースマネー(a) 総計(対前年比)	マネーストック M2(対前年比)	外国公的部門 保有のドル(b)	「ワールドダラー」(a+b)
2007	940.4　（＋1.5）	7,404.3　（＋5.3）	3,411	4,531.4
2008(QE1)	1,749.8(＋186.0)	8,155.9(＋10.1)	3,943	5,692.8
2009	1,955.2　（＋11.7）	8,542.8　（＋4.7）	4,402	6,357.2
2010(QE2)	2,005.6　（＋2.5）	8,812.2　（＋5.3）	4,912	6,917.6
2011	2,645.4　（＋31.9）	9,617.7　（＋9.1）	5,250	7,895.4
2012(QE3)	2,699.6　（＋2.0）	10,417.0　（＋8.3）	5,681	8,380.6
2013	3,684.5　（＋37.2）	10,995.2　（＋5.5）	5,943	9,632.1
2014	3,934.4　（＋6.7）	11,562.1　（＋5.1）	——	——
2015	4,006.6　（＋1.8）	12,311.2　（＋6.4）	——	——
2016	3,629.7　（−9.4）	13,180.8　（＋7.0）	——	——
2017.6	3,762.7　（＋3.6）	13,519.3　（＋2.5）	——	——

出所：FRB，米国商務省 BEA の各年次データより筆者作成．

第1章　現代の金融危機と経済危機　　17

ックの伸び率は1.48倍にとどまる．他方，この間に非居住者保有のドルは1.74倍に増加し，これとベースマネーを合わせたいわゆる「ワールドダラー」の供給が2.12倍となっている．ここでは非居住者が公的部門に限定されているという制約があるが，QE1導入以降の08年からQE3後の13年までのアメリカのベースマネーの伸びは2.1倍，マネーストックの伸びが1.3倍であるのに対して，海外（公的部門）保有ドルの増加は1.5倍，「ワールドダラー」の増加は1.7倍となっている．ドルFRBのベースマネーがマネーストックの増大を介してそのままグローバルな緩和マネーとして流通しているという理解は，海外公的部門の保有ドルの増加から見る限りではやや単純に過ぎるということがいえよう[8]．

　そこで民間部門も含めたアメリカとその非居住者との資金移動に目を転じてみよう．まずアメリカの投資収支の推移を見ると，2007年にグロスの流入額で2兆ドル強のピークを計上した後，10年代に入ってピーク時の半分以下にとどまっている．アメリカの対外投資のうち民間部門は，リーマン・ショック以前も09年から11年第1四半期にかけて大幅に資本を流出させている（アメリカ民間資本による対外投資）が，その大宗は12年を例外として新興国・途上国向けの対外直接投資の大幅増加（同地域への資本流入）となって現れている．この「緩和マネー」の流入がとくに新興国経済の不動産・住宅価格の高騰を招き，バブル形成につながったことは，世界金融危機の震源から遠く離れた新興国といえども，その実体経済を巻き込んだ複合危機から無縁の存在ではあり得なかったことを意味している．この反面として海外部門からの対米投資（アメリカへの資金還流）は09第3四半期からから13年にかけ累計で2兆6000億ドル強に上っているが，その投資元の分類ではヨーロッパ，日本・中国，そして日中を除くアジア太平洋地域の順になっているが，ヨーロッパのシェアはリーマン・ショック直後とヨーロッパ債務危機と重なった12年を除けば40〜50％前後を占めている点で際立っている[9]．

　このように他の主要国の場合とは異なり，基軸通貨国の中央銀行が実施し

た量的金融緩和は，「緩和マネー」の行く先も投資形態も一様ではないものの，ドル建ての資金をグローバルな規模で供給し，再び吸引するパイプ（アメリカ→その他の世界→アメリカへの還流）を強化する役割を果たしたといえる．ただし言うまでもないが，この「緩和マネー」の大規模な移動のたびに当該国通貨間の為替変動を惹起し，それがまた実体経済を巻き込み続けたことはつけ加えておかねばならない．

(3) 金融危機と主要国の量的金融緩和政策

世界金融危機に前後して先進国・地域で採用されてきた超金融緩和政策については，そのねらい，成果，副作用等について掘り下げるべき重要な問題がある．

まず，伝統的金融政策（金利政策）から量的金融緩和政策の開始時期については，日銀，FRB，ECB のそれぞれで時間的にはズレがある．それはこの非伝統的金融政策導入の背景・目的が必ずしも同じではないことを物語る．ただし，このズレも21世紀以前からの現代資本主義下での先進諸国中央銀行の金融政策を，短期的・循環的な利上げ・利下げという変動を含んだ上で超低金利水準の継続という中長期的トレンドの中に位置づけてみると違った視点が浮かび上がることに注意を促しておきたい．

量的金融緩和政策の導入の背景で，08年の金融危機対応という性格がもっとも強いのはFRBの場合であり，QE1（08年11月～），QE2（10年10月～），QE3（12年9月～14年10月）と3段階で量的緩和（FEBのいう「信用緩和」）を強化し，14年秋に停止している．すでに述べたように，震源地であるアメリカ金融危機の引き金となったのは，デリバティブ取引と結びついた証券化商品流通市場の価格暴落であった．金融システム不安の拡大が銀行経営危機をもたらし納税者負担を招くことを恐れたFRBは，資産担保証券などの証券化商品の購入を行った．ここでの量的金融緩和の目的は，何よりも金融危機→銀行危機→実体経済危機への連鎖阻止にあったといえる．

また欧州中央銀行ECBの場合，ユーロ圏の投資銀行がアメリカの証券化

市場で組成された証券化商品の積極的購入者であったこと，しかもそのドル建て購入資金を欧州金融機関から借り入れていたこと（いわゆる通貨のミスマッチ）で，震源地のアメリカ以上に金融危機が銀行危機（不良債権の累積による銀行経営危機）に発展するリスクを抱えていた．しかもユーロ圏の金融危機・銀行危機に対応する「最後の貸し手」としてのECBの位置づけがまだ不透明であったことが，金融政策的な対応を遅れさせたという評価もある．しかしECBは日本に先駆けて14年6月にはマイナス金利を採用し，15年1月には国債などの金融資産の大規模購入に踏み切った．

　日本銀行の場合は，先進国で急速に進む少子・高齢化，労働生産性の低迷などを背景とする「デフレ不況」（正確には循環型ではない構造的低成長）下で，主要国に先駆けて「デフレ脱却」を掲げる政府の経済政策に後押しされるように，2001年3月に量的金融緩和政策を導入したが，06年にこれを一旦解除し，続いてゼロ金利の解除も行った．そしてリーマン・ショック後の10年10月に国際的金利協調の色濃いゼロ金利を復活させ，改めて13年4月4日に黒田日銀の異次元の「量的・質的金融緩和」を開始し，14年10月の追加緩和を経て，ついに16年2月に「マイナス金利」にまで踏み込んだ．

　日銀の量的金融緩和の場合は，米欧と異なり2008年の金融危機・銀行危機への対応とはやや異なる．とくに日銀の「マイナス金利」はそれまでの「異次元の量的・質的金融緩和に金利を加えた三次元の金融緩和」と説明されているが，量的金融緩和と「マイナス金利」との関係，両者の整合性，マイナス金利の効果と副作用とが問われてしかるべきである．

(4)　量的金融緩和政策の「出口」と世界経済の新しいリスク

　しかし，量的金融緩和政策の「出口」に生まれているズレは別として，先進諸国の中央銀行が20世紀末から21世紀に及ぶゼロ金利を含む超低金利水準での金融政策を続けているという状況からは，先進諸国の金融システム上の構造的な共通点も見えてくる．すなわち，まず伝統的金融政策の柱である

金利政策による金融緩和効果が行き詰まり，金融政策の操作対象をインターバンク市場から，より広義の市場へシフトせざるをえなくなった点である．このため金融緩和の波及経路が，従来のように中銀の金利引き下げ（コール市場金利の低め誘導）によって市中銀行の貸出増加を促し，企業の借入（投資・雇用の拡大）に繋げるというよりも，より幅広い，多様な金融・資本市場に働きかけて資金調達コストの低下と株価などの金融資産・不動産の価格上昇を促すことに政策効果のねらいをシフトさせてきたと考えられる．本来長期金利は金融政策が直接誘導したり操作する対象ではないはずである．しかし短期金利引き下げによる政策調整余地が限定されている状況下では，国債をはじめとする金融資産の価格を維持し，「期待」に働きかけて長期金利を低位安定させようとする．このねらいは，日米欧の中央銀行が採用する量的金融緩和政策に共通している点であろう．日欧の場合はこれに加えて，公然たる目標に掲げられていなくとも自国通貨安への誘導（外需に依存する輸出大企業の収益支援）は副次的効果以上のねらいがあるように思われる．繰り返しになるが，ここでも株式企業や機関投資家による金融・資本市場支配力の強化に示される「経済の金融化」が，中央銀行の金融政策の目標や効果に影響を及ぼしていることを看過することはできない．

またインフレ目標 2% を達成することが少なくとも先進諸国中央銀行のグローバル・スタンダードになっていることも共通している．2% という水準の根拠は，潜在成長率の平均からはじき出されたものだとしても，各国・地域で金融政策・金融調整のターゲットに違いを超えて，中央銀行の金融政策の王道はあくまで物価の安定であり，物価上昇が目標でも，物価下落が目標でもないはずである．すでに「出口」に立った FRB を含めどの中銀も安定的に 2% を維持するという水準に達していない（17 年 10 月時点）のは事実であるが，0〜2% 未満ではなぜいけないのかという素朴な疑問が生まれて当然である．インフレ目標自体が「柔軟なインフレ・ターゲティング」を標榜しているにもかかわらず，自己目的化しているように思われる．

伝統的金融緩和政策にしても量的金融緩和政策にしても，政策目標を誘導

第 1 章　現代の金融危機と経済危機　　21

する手段に違いこそあれ，市中銀行のベースマネー（当座預金残高）を増加
させ，これを起点に市中銀行の信用創造を促し企業借入・投資拡大を通じて
消費需要を刺激することにより，マネーストックが増大し物価上昇が起こる
という経路を想定しているはずである．この過程で生ずる市中銀行の信用創
造は，あくまで企業・家計の借入需要の結果でしかないのだから，いくら各
国・地域の需給ギャップが発生していても，中央銀行が金融政策によって直
接有効需要を生み出すことはできない．にもかかわらず金融政策に総需要創
出への期待がかけられているのは，先進諸国では多かれ少なかれ財政赤字が
累積し，赤字国債の増発には国債価格維持を前提とする財政政策と金融政策
との協調・一体化，換言すれば金融政策による国債買い上げの継続という担
保が不可欠だからである．より正確に言えば，金融政策が財政政策へ限りな
く接近する姿が見てとれる．

　ところで 2016 年以降，アメリカ FRB に続いてわが国以外の主要な中央
銀行はすでに量的金融緩和策を転換し，利上げに動き出しつつある．リーマ
ン・ショックまで世界の通貨量（マネーサプライ）は GDP 総額とほぼパラ
レルな動きを示していたが，その後前者が後者を上回る状態が続いた．その
乖離幅は 16 年以降も依然大きく，金融緩和から世界的引き締めへの転換が
景気や物価などの実体経済に対してどの程度のリバウンドが生まれるかにつ
いては未知数の領域が待ち構えていることは指摘しておく必要があろう．と
くにワールドマネーの最大の供給者である FRB はすでに 17 年に入って 2
度目の金利引き上げに踏み切り，量的緩和も縮小ステップを開始している．
それでも日米欧のベースマネーの総計は，リーマン・ショック直前の 4 兆ド
ル強から 17 年半ばで 14 兆ドルを超える規模に達している．ベースマネーが
増大してもなぜマネーストックの増大に結びつかないのか，ベースマネーの
伸びに比例して市中銀行の貸出が伸びないのかという理由については，先進
諸国が直面している現代資本主義の再生産的な特徴，すなわち，様々な将来
不安による消費需要の停滞に規定された設備投資意欲の後退と各国・地域固
有の多面的要因が関わっているのであり，それらの要因を背景として量的金

融緩和を含む金融政策一般が景気循環に及ぼす影響力が低下していることを抜きには考えられない．この点を看過して実証が難しい「インフレ期待」や「市場心理の好転」だけを目標達成の拠り所とせざるをえないことは，現代の非伝統的金融政策の脆弱性を物語るものである．

　そのことを象徴するように，先に示した世界の上場企業の手元流動性（現預金・短期金融資産）の動向を見ると，この10年間に有利子負債が70％増の19兆ドルに達した一方で，それをはるかに超える速度で現金が積み上がり，53％の企業が実質無借金経営になっているという[10]．「緩和マネー」によって企業が調達した資金が設備投資に回らず，金融市場に還流して債券高・株高をもたらしている実態は，金融仲介と実体経済との好循環を示すものとはとうてい言えないであろう．

　こうした金融政策を取り巻く環境の変化を前提すれば，ゼロ金利の継続の下で量的金融緩和政策を導入するねらいが，むしろ国債などの資産の大規模購入によってベースマネーを増加させた後の長期金利の下押しによって経済成長を支援することにあったのは疑いない．だが，その効果が実現する前に副作用の面が次第に明らかになりつつある．年間80兆円の巨額の国債購入を持続させることの限界がすでに露呈している日本の場合や，すでに「出口」に辿り着いたアメリカの場合など主要中銀の置かれた状況に違いがあるものの，結果的に見て量的金融緩和導入後のベースマネーの急増による中銀資産規模の拡大，バランスシートの肥大化は共通している．その規模を世界金融危機前の時点と比較すると，FRBは2014年末時点で約5倍（最後の減額後は残高維持），ECBは12年のピーク時で約3倍，そして日銀の場合は17年6月末で約4倍（GDPに匹敵する約502兆円）に達している[11]．この巨額化したバランスシートの正常化，資産規模の圧縮のプロセスはどれだけの年限を要するか，押さえ込まれてきた長期金利の反転による金利急騰を封じ込められるかは，中央銀行の金融政策によっても未知の領域である．おそらく金利政策を軸とする金融政策の機能が回復するには，10年単位の時間を要すると考えられる．それも新たな複合危機に金融政策が動員されること

がないという条件つきである．

　実体経済に目を移してみると，金融危機対応による「緩和マネー」は，世界の株価を押し上げて景気回復を演出しているものの，一般物価がなおディスインフレ状態にある中で，先進国ばかりでなく中国を含む不動産市場，とくに住宅市場に流入して資産バブルを起源とする新たな金融危機要因を醸成している点に留意が必要である．そしてさらに量的金融緩和からの脱却の過程で国債価格の暴落による政府債務危機と結びついた新たな複合危機（金融危機＋財政危機）への懸念，さらに先進国間での伝統的金融政策（金利政策）への回帰時期のズレがもたらすグローバルな過剰貨幣資本の大移動への跳ね返りによる為替危機・通貨危機の懸念がくすぶり続ける．このズレがもたらす僅かな国際的金利格差は，新興諸国が急激な資金流入によるバブル形成と，資金流出による通貨危機，資本取引規制との間で翻弄されることを意味する．そしてその際の新たな複合危機の下では，新興国が採りうる経済政策的選択肢の幅もまた先進諸国同様限られているのである．

（5）　転換点に立つ金融依存の資本主義とグローバル経済

　さらに，リーマン・ショック時点では想定できなかった要因，すなわち先進諸国の非伝統的な金融政策として量的金融緩和の効果をいっそう不透明にしている要因が，「世界経済の新リスク」と呼ばれる2つのリスクである．すなわち2014年半ば以降鮮明になった原油安・資源価格下落（16年に入って反転の動きがみられるとはいえ）と中国の景気減速・経済成長の鈍化である．量的金融緩和政策の停止後も利上げペースのスローダウンを余儀なくされているFRB，少なくとも17年までの量的金融緩和継続を公表しているECB，16年に入っても追加緩和を余儀なくされている日銀は，いずれも2％のインフレ目標が未達である要因として原油価格の下落による国内輸入物価の押し下げをあげている．だが別言すれば，この世界経済のリスクの存在があたかも量的金融緩和の効果・インフレ目標が達成されていないことの原因とされ，緩和継続が正当化されているとはいえないだろうか．

先進諸国，とくに米欧中銀は量的緩和の終了を見越し資産圧縮のスケジュールを打ち出している．日銀もまた80兆円の国債買い上げ目標の未達を放置しつつある．そこには，量的緩和政策のピリオドが同時に金利引き上げを伴う金利政策正常化への軌道を描くことに確信を持てない中銀の迷いがある．

　先進諸国の経済成長の鈍化，低インフレ率が映し出す停滞傾向は，程度の差こそあれ，財政政策の行き詰まり，少子高齢化による生産年齢人口の減少がもたらす経済構造の変化にもとづくものである．この傾向はリーマン・ショック以後に生まれたものではない．この状況の中で，金融・財政政策に依存する成長対策はおのずと限界があり，実体経済への効果が現れる以前に，副作用として金融資産バブルの膨張・崩壊の反復は避けられない．そのバブル膨張の期間の長さと崩壊の深さ，実体経済への跳ね返りの大きさは不可分に結びついており，現代の金融危機からの回復は実体経済の回復チャネルの狭隘化と相まって困難を伴う．その中で，先進国の資本蓄積の打開の数少ないチャネルは，新興国・途上国の経済成長頼みであったが，これにも黄信号が灯っている．

　こうして，ますます財政政策との「協調」を強いられてきた金融政策は，超低金利政策からゼロ金利，そして量的緩和政策，「マイナス金利」の導入という領域に踏み込んでいる．従来の信用創造を通じた需要刺激効果も，いわゆる「期待」に働きかける「インフレ目標」達成の新しい経路も，企業収益の改善・設備投資の増大とその波及効果としての消費の拡大というもともとの政策目的を実現できないまま，多くの時間が費やされているのが現実である．金融緩和の副次的効果としての株高も，なるほど期待利潤率を確保するための現実資本に転化しえない過剰な貨幣資本にとっての流入経路を保証しているとはいえ，資産価格の上昇にとどまり，消費にまで波及せず，かえって勤労所得と資産所得の格差を拡げることに終始している．ここでは「経済の金融化」が多くの国・地域で経済格差の中で，もっとも深刻な金融格差をもたらしていることを指摘しておきたい．

　また一時的に自国通貨安からの為替変動効果によって一部輸出企業の収益

拡大をもたらすことがあっても，一国全体の景気浮揚，経済成長に貢献できるとは限らない．それどころか金融緩和は通貨安を誘導し，途上国はいや応なく為替介入を迫られるという相互不信が繰り返されているのである．ここでは「国際金融のトリレンマ」どころか，国際的資本移動の自由化を前提とする変動相場制の維持と金融政策の自立性という古き「ディレンマ」が再現されているように見える．ただ，この「トリレンマ」の命題では，現下の世界的超低金利・金融緩和の継続という条件が含まれていなかったことに留意しておくべきである．

　行き過ぎたグローバル金融経済の再検討と国際金融システムの安定のために国際資本移動規制を巡る論点が改めて注目されている．世界金融危機後の金融諸規制が BIS をはじめアメリカ・ユーロ圏で導入され始めているが，各国・地域内部の金融規制を考える大前提として，国際資本移動の自由化という旧 IMF 協定以降の大転換の是非が問われざるをえないと思われる．

　金融経済が実体経済からますます遊離して独自の循環を作り出す過程で，現代の金融政策もまた，実体経済の景気浮揚効果や経済成長への仲介者という役割を見失いつつある．だがこれは決して金融政策の舵取りという次元の問題ではない．実体経済のための金融仲介という本来の機能を，分解し多様化させることで金融政策の「公共財」としての役割が後退しているからである．08 年の世界金融危機が，世界の実体経済を巻き込んで複合危機を生み出したこと，そして契機こそ違え金融危機が再現する懸念が払拭できないという現状をどう見ればよいか．それは現代の経済社会の様々な領域で「経済の金融化」が深く浸透していることを土台に，新自由主義的経済政策を背景に突き進んできたグローバル経済と国民経済との対立が沸点にまで達していることの現れに他ならない．現代の金融危機とそれを醸成する実体経済危機の相互反復過程は時間軸として見ても地理的に見ても複合的な性格を帯びざるをえないのである．しかもその複合危機はたんなる経済危機の位相を越えた政治経済危機への展開を見せている．それらの危機への諸々の政策的対応の困難さもまたグローバル経済を主導してきた金融依存型資本主義，すなわ

ちグローバル資本主義そのものの存続が問われていることと同義なのであろう.

注

1) IMF (2017), *World Economic Outlook*, Sep., および World Bank (2017), World Economic Prospect, Jun. のデータにもとづく.

2) Epstein, ed. (2005).

3) Fumagalli and Mezzadra, eds. (2009).

4) ドーア (2011), 8 頁以下.

5) BIS (2017).

6) 『日本経済新聞』2017 年 7 月 2 日付による.

7) IMF (2014, 2017).

8) 『日本経済新聞』2017 年 11 月 14 日付朝刊は, 世銀の統計に基づいて「ワールドダラー」の直近の動向を伝えている. それによれば,「ワールドダラー」は同年 10 月末で約 6.9 兆ドル (約 785 兆円) で 10 年間に 3.4 倍になっている. また世界の通貨供給量は 2016 年末で 87.9 兆ドル (約 1 京円) となり世界の GDP 総額を 16% 上回っている. このマネー経済と実体経済との乖離はまさに 09 年以降ますます鮮明になっているという.

9) USDC (2014).

10) 注 6 に同じ.

11) 資産額については各中央銀行のホームページ参照. なお日銀の 2017 年 7 月時点での資産残高約 502 兆円は, FRB の資産額約 4 兆 4650 億ドル (約 500 兆円) を上回った. 周知のとおり, FRB は 17 年 10 月から資産圧縮の過程に踏み出し, 縮小ペースを徐々に上げていくことを決めている.

参考文献

小倉将志郎 (2016),『ファイナンシャリゼーション――金融化と金融機関行動』桜井書店.

柴田徳太郎編著 (2016),『世界経済危機とその後の世界』日本経済評論社.

建部正義 (2013),『21 世紀型世界経済危機と金融政策』新日本出版社.

高田多久吉編著 (2015),『マルクス経済学と金融化論』新日本出版社.

鶴田満彦 (2016),「グローバル資本主義と金融化」(『政経研究』No.107), 政治経済研究所.

ドーア, R. (2011),『金融が乗っ取る世界経済――21 世紀の憂鬱』中公新書.

鳥畑与一 (2016),「経済の金融化とは何か――日本における金融化の現状と特徴」, 渡辺治他編『戦後 70 年の日本資本主義』新日本出版社.

宮川重義 (2016),『世界の金融危機とバブルの分析』中央経済社.

渡辺雅男 (2015),「経済の金融化と資本の神秘化」(『政経研究』No.104), 政治経

済研究所.

A cura di Andrea Fumagalli e Sandro Mezzadra (2009), *Crisi dell'economia globale. Mercali finanziari, lotte sociali e nuovi scenari politici*, ombre corte, Verona. (朝比奈佳尉・長谷川若枝訳『金融危機をめぐる 10 のテーゼ』以文社, 2010 年)

Attali, J. (2008), *La Crise, et après?*, Fayard. (林昌宏訳『金融危機後の世界』作品社, 2009 年)

BIS (2017), *BIS Quarterly Review*.

Chesnais, F. (2011), *Les Dettes Illégitimes: Quand les banques font main basse sur les politiques publiques*, Éditions Raisons d'Agir. (長原豊・松本潤一郎訳『不当な債務——いかに金融権力が負債によって世界を支配しているか——』作品社, 2017 年)

Epstein, G.A., ed. (2005), "Introduction: Financialization and the World Economy", in *Financialization and the World Economy*, Edward Elgar.

Fumagalli, A. and S. Mezzadra, eds. (2009), *Crisis in the Global Economy: Financial Markets, Social Struggles, and New Political Scenarios*, ombre corte, Verona. (A. フマガリ・S. メッサドーラ編『金融危機をめぐる 10 のテーゼ』(朝比奈・長谷川訳) 以文社, 2010 年)

Hein, E., D. Detzer and N. Dodig, eds. (2015), *The Demise of Finance, Dominated Capitalism, Explaining the Financial and Economic Crises*, Edward Elgar.

IMF (2014), *World Economic Outlook*.

———— (2017), *World Economic Outlook*.

Lapavitsas, C. (2009), Financialzation and Capitalist Accumulation: Structual Account of the Crisis of 2007-9, SOAS discussion paper No. 16. (横内正雄訳「金融化と資本主義蓄積—— 2007～09 年危機の構造的説明」, 『季刊経済理論』第 47 巻第 1 号, 2010 年 4 月)

Reinhart, C. and K. Rogoff (2009), *This Time is Different: Eight Centuries of Financial Folly*, Princeton University Press. (村井章子訳『国家は破綻する——金融危機の 800 年』日経 BP 社, 2011 年)

Rodrik, D. (2011), *The Globalization Paradox: Democracy and the Future of The World Economy*, W.W. Norton & Company. (柴山桂太・大川良文訳『グローバリゼーション・パラドックス』白水社, 2014 年)

Shipman, A. (2015), *Capitalism without Capital: Accounting for the Crash*, Palgrave Macmillan.

USDC Bureau of Economic Analysis (2014), "US International Transactions."

Wolf, M. (2014), *The Shifts and Shocks: What We've Learned-and Have still to Learn- from the Financial Crisis*, Penguin Press. (青山真美訳『シフト＆ショック——次なる金融危機をいかに防ぐか』早川書房, 2015 年)

World Bank (2017), *Global Economic Prospect: A Fragile Recoverly*.

（付記）　本稿は平成 27 年度國學院大學国内派遣研究による研究成果の一部であ
　　　　ることを付け加えておく．

第2章
複合危機の過去と現在

上 川 孝 夫

1. 複合危機をめぐる状況

リーマン・ショックから10年を迎えようとしているが，この間，主要国では，様々なレベルの危機が複合して現れるようになっている．財政出動に伴う先進国のソブリン問題の浮上に続いて，ヨーロッパでは統一通貨ユーロが売られるとともに，実体経済の危機，銀行危機，ソブリン危機（政府債務危機）が相互に絡みあう形で進行した．その後もヨーロッパではウクライナ危機，移民・難民危機，テロ事件，イギリスのEU離脱劇と続いており，これら一連の動きを総称して「複合危機」（Multiple Crisis）と捉える見方もでている[1]．さらに，この流れに拍車をかけたのが米トランプ政権の誕生であり，ヨーロッパ同様のグローバル化に対する揺り戻しの動きとして見られているだけでなく，世界のパワー・バランスの地殻変動と捉える論調もあるようである．

危機が複合して現れるという事態は，もちろん今に始まったことではない．経済面に限っても，たとえば，キンドルバーガー（Kindleberger, C.P.）は，熱狂から恐慌へと進んだ歴史上の数々の金融危機を取り上げ，それらを経済システムに衝撃を引き起こす様々な状況との関わりにおいて分析している[2]．近年では，ラインハート＝ロゴフ（Reinhart, C.M. and K.S. Rogoff）が800年間の金融危機を振り返り，銀行危機，通貨危機，インフレ，ソブリン危機などの面から分析し，危機の関連性を検証しているが，これなども複合危機

の研究に入るであろう[3]．ちなみに筆者も，歴史上の重要な危機として，銀行恐慌，バブル崩壊，通貨危機，ソブリン危機，地域統合危機を取り上げ，それらに関する重要な文献を紹介したことがある[4]．その1冊として紹介した宮崎義一（1992）は，バブル崩壊後の日本の不況を「複合不況」と名づけたことで知られるが，それは，財（フロー）と資産（ストック）の同時調整，つまり短期的な在庫調整と銀行の不良債権の長期的調整が連動して，日本のリセッションを引き起こしているというものであった．バブル崩壊後の早い段階で，実体経済と銀行行動の絡み合いに注目した書物であり，近年の複合危機に通じる視点が含まれていたといえよう．

　ところで，近年の複合危機には新しい特徴も見られる．それは何よりもまず，かつては戦時などに限って膨張していた先進国の政府債務が平時にも累積し，途上国の専売特許と考えられていたソブリン危機が先進国でも発生しうるようになったことであろう．加えて，先進国の金融政策も，伝統的な金融政策から非伝統的な金融政策へと刷新が図られてきたものの，現在のところ，成長の危機を克服するほどの景気浮揚効果は確認されていない．こうした事態は「マクロ政策の新たな危機」といってよいが，これが近年の新しい特徴であることは，世界大恐慌と世界金融危機という，2つの危機の時期を比較すれば明瞭になると思われる．

　本章では，19世紀以来の最大の危機であった世界大恐慌と世界金融危機を取り上げ，それらを実体経済，金融機関と金融市場，中央銀行の政策と行動，財政政策と政府債務，危機の国際的側面という5つの視点から比較することによって，複合危機の過去と現在を検証することにする．なお，本稿にいう世界大恐慌とは，狭義には1929年の株大暴落から景気が底に達した33年までの4年間を指しているが，広義にはその影響が続いた1930年代を含めて考えている．また世界金融危機も同様に，直接にはリーマン・ブラザーズが破綻した2008年を指しているが，広義には危機の引き金となったサブプライムローン危機から危機の影響が続いたその後の時期を含めて検討することにする[5]．

2. 複合危機の回顧：大恐慌と世界金融危機

(1) 実体経済と長期停滞論

　周知のように世界大恐慌は，19世紀以来の恐慌史で最も激しく，かつ長く続いた恐慌として知られる．一般に大恐慌期といわれる1929年10月から33年3月までのアメリカ経済を見ると，名目GNPは46％の減少，卸売物価は31％下落したが，とくに農産物価格は51％の下落と大きかった．さらに目立つのは銀行倒産件数であり，30-33年の倒産件数は30年1月の営業銀行数比で37％にものぼった．失業率も高く，29年に3.2％だったのが，ピーク時の33年には25.2％に達している[6]．加えて，大恐慌期は，金本位制から離脱する国が相次いだことに特徴があり，いわゆる「本位貨恐慌」としての性格があった．このように大恐慌は，実体経済の危機，激しいデフレ，大量失業，農業恐慌，銀行恐慌，通貨危機などによって特徴づけられる恐慌であり，文字どおり，複合的な危機であった．

　危機の複合性は，時系列でみると，株大暴落の翌1930年に早くも現れている．この年，アメリカでは，耐久消費財支出の大幅な落ち込み，デフレの更なる進行，関税の引き上げ（スムート・ホーリー関税法の制定），最初の銀行恐慌の発生といった出来事が立て続けに起きている[7]．経済学者ケインズ（Keynes, J.M.）は，この年12月の論稿で「われわれの生活が今年，現代史上最大の経済的破局の淵にのぞんでいる」[8]と指摘するほどであった．翌31年，危機はヨーロッパへと波及し，大恐慌は「国際的性格」[9]を帯びるようになる．銀行恐慌が5月にオーストリア，7月にドイツで勃発し，9月にはイギリスの金本位制が停止される．そしてその影響はブーメランのごとくアメリカへと跳ね返り，大恐慌期で最大規模の金の流出がアメリカで起こり，折からの第二波の銀行恐慌が激化している．こうして危機が深化し，世界化する中で，33年3月にアメリカでは民主党のローズベルト（Roosevelt, F. D.）が大統領に就任し，同じ月にドイツではヒトラー（Hitler, A.）が国会に

より独裁権を付与されるなど，政治の変化も生まれるのである．

ローズヴェルト政権の誕生後，アメリカ経済は次第に回復傾向をたどるが，後述するように1937-38年に再び落ち込み，アメリカが大恐慌から脱出したのは戦時生産が強化された41-42年のことであったといわれる[10]．ただ，株式市場に残された爪痕は深く，ダウ平均株価が29年のピーク時を回復するのは，ようやく戦後の1954年のことであった．

では，世界金融危機の場合は，どうだったろうか．大恐慌と共通するのは，実体経済の落ち込みが急激だったこと，金融部門の受けた影響も甚大で，アメリカの5大投資銀行が単体としては全て消滅したことが指摘できる．危機の海外への波及という点も共通しており，ヨーロッパ系金融機関の経営悪化が相次ぐなど，世界的危機としての性格が明瞭であった．一方，大恐慌と異なるのは，何よりも経済の回復が比較的早かったことである．アメリカの実質GDPの前年比伸び率は2007年から下落しはじめ，リーマン・ブラザーズが破綻した08年にはマイナスとなり，09年にはさらにマイナス3.5%へと悪化したが，翌10年にはプラスに転じている．世界大恐慌（1929-33年）と同じ4年間（2007-11年）をとってみると，実質GDPは5.6%の減少，物価は0.5%の上昇，失業率はピーク時に8.1%であった[11]．

ただし，その後の景気の足取りは，大恐慌期と同様に緩やかであり，危機前に比べて経済成長率は鈍化している．アメリカの実質GDP（年平均）は2000-07年の2.65%から，2010-15年には2.14%へと低下したが，こうした成長率の鈍化は，ユーロ圏やイギリスなど，他の先進国でも確認されている[12]．

このような状況の下で，奇しくも世界大恐慌と世界金融危機の2つの時期には「長期停滞」（secular stagnation）論が現れた．大恐慌期で有名なのは，ケインズ『一般理論』（1936年）の影響を受けてケインジアンに改宗したハンセン（Hansen, A.H.）の長期停滞論であろう．彼は大不況が1930年代末に至っても十分に克服されていないと指摘したうえで，経済進歩の構成要素として，(1)発明，(2)新領土・新資源の発見ないし発達，(3)人口の増加，

の3つがあるが，新領土の開拓等と人口の増加は現在急速に減退しており，将来の役割も小さい．それゆえ，今後は発明や技術進歩に頼らなければならないが，その際に問題なのは金融・財政政策などの果たすべき役割を見極めることだと述べている[13]．

一方，世界金融危機では，ニュー・ケインジアンと目され，第2期クリントン政権で財務長官を務めたサマーズ（Summers, L.H.）が，同じく長期停滞論を唱えた．彼はこの言葉がハンセンに由来すると指摘したうえで，世界金融危機後に先進国経済が停滞した要因は，貯蓄過剰と投資不足により，完全雇用に見合う自然利子率が低下し，総需要が低迷していることにあると指摘した．そして，長期停滞の処方箋としては，投資を阻害している規制の緩和に加えて，財政支出拡大や輸出促進策などを挙げている[14]．

長期停滞論が指摘されたのは，この150年余りの歴史を見ると，19世紀末，1930年代に続いて三度目のことである．これらの時期はいずれも，デフレーション，ないし低インフレ的な状況を経験しているが，最近，これら3つの時期の比較研究が活発化している．

(2) 金融機関と金融市場の変貌

ところで，世界大恐慌と世界金融危機は，いずれもアメリカ発のグローバル金融危機であり，危機前にアメリカで旺盛な信用ブームが起きていた点に特徴がある．ここでは金融機関や金融市場の面から，両者を比較してみよう．

図2-1は，資本移動の活発度の面から，グローバル化の推移を見たものである．まず，第一次大戦前にグローバル化の大きな波があった．この波は戦後1920年代に復活するが，大恐慌をきっかけに崩壊に向かい，1930年代にはブロック経済へと後退する．第二次大戦後，とくに1980年代頃から再びグローバル化の動きが始まるが，そこに発生したのが世界金融危機である．

まず，大恐慌期から見ると，1920年代後半のアメリカは自動車や電機，化学などの新産業が勃興する中で「黄金の20年代」と言われ，25-26年に不動産や住宅ブームが発生し，続いて株式ブームへと移行した．この過程で，

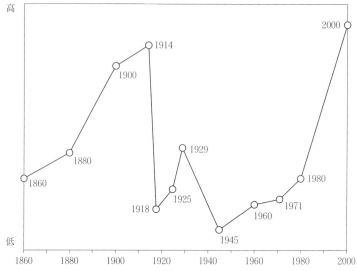

出所：Obstfeld, Taylor and Williamson, eds. (2003), p. 127. 元の図にある説明を一部削除．

図2-1　資本移動の活発度から見たグローバリゼーションの歴史

不動産担保貸付，耐久財に対する割賦信用，証券会社への融資（ブローカーズ・ローン）などが拡大する．それゆえ，信用ブームの後遺症として，大恐慌期には民間銀行の経営が悪化し，取り付け騒ぎへと発展するが，銀行恐慌が最終的に収まったのは，第三次銀行恐慌の最中に誕生したローズヴェルト政権が，就任直後に「全国銀行休日」の実施や金本位制の停止を行ったのに続いて，「1933年銀行法」で，連邦レベルで初めての預金保険制度が導入されたことが大きかったといわれる．

　大恐慌前のアメリカ向けの資金フローを見ると，当時のアメリカが金本位制のもとにあったことから，国際資本移動に加えて，金の移動も無視することはできない．大恐慌前のアメリカは，経常収支黒字国，長期資本輸出国，世界最大の金準備保有国であり，ニューヨーク市場では，ヨーロッパ特にドイツや中南米など向けにドル建て公債が大規模に発行されていた．1928年初頭にニューヨーク連銀が株式投機抑制のために利上げを行うと，長期対外

貸付が激減する反面，高い金利に引き付けられて，海外や米企業からの証券会社向けのブローカーズ・ローンがますます増加する．しかし株大暴落直前には，この海外からのブローカーズ・ローンも引き揚げられていたといわれる．その後，31 年のイギリスの金本位制離脱後には，アメリカも金本位制を離脱するのではないかとの懸念から，ニューヨークの市中銀行からフランスやイギリスなどに向けて巨額の短資が流出している．32 年秋には金の海外流出も勢いを増し，国民は預金を金貨や金証券（財務省発行の兌換紙幣）で引き出し，退蔵した．既に述べたようにローズヴェルトは大統領就任直後に全国銀行休日と金本位制停止を実施したが，これは金の内外流出と銀行危機の共振を阻止するためのものであった．世界金融危機の際と異なるのは，銀行危機との共振が懸念されたのが，ソブリン危機ではなく，金の内外流出だったことである．

　一方，世界金融危機では，商業銀行の取り付け騒ぎは深刻化せず，むしろ投資銀行，ヘッジファンド，SIV（Structured Investment Vehicle）といった「影の銀行」に危機が集中した点に特徴がある．2001 年の IT バブル崩壊後，FRB（連邦準備制度理事会）が利下げを行うなか，住宅投資が活発化し，住宅価格が上昇していくが，住宅ローン会社の融資基準は緩くなり，信用力の低い階層向けのサブプライムローンが拡大する．ここで，とりわけ投資銀行は，傘下の SPC（Special Purpose Company）などを使って，住宅ローンを買い取り，これを証券化したモーゲージ担保証券（MBS），さらにそれを含めて再証券化した債務担保証券（CDO）などを発行し，内外で積極的に販売した．投資銀行の資金源泉は，商業銀行のような小売預金ではなく，卸売マーケットとでもいうべき銀行間市場や CP（Commercial Paper）市場，レポ市場などであったが，2004 年に米証券取引委員会（SEC）の投資銀行向け自己資本ルールが条件付きで緩和されたことにより，商業銀行を上回る高レバレッジの経営が可能となったのである．

　米連邦準備制度理事会（FRB）はインフレを懸念して 2004 年 6 月から政策金利の引き上げに転じるが，住宅価格はなおも上昇した．これは高値での

住宅の売却を意図した投機目的の購入が増加したためといわれ，住宅の過剰供給につながった．住宅価格が反転するのは06年半ばのことで，住宅ローン延滞率や差し押さえ件数が増加し，証券化商品の価格も下落しはじめる．投資銀行の経営は急速に悪化し，株価が急落するが，そこに発生したのが2008年3月のベア・スターンズ，そして9月のリーマン・ブラザーズの破綻であった．同じ9月には大手保険会社AIGもCDS（Credit Default Swap）の販売から経営危機に陥った．CDSとは信用リスクを対象としたスワップであり，デリバティブ取引の一種である．このCDSの売り手であったAIGは，買い手から一定の手数料を受け取ることにより買い手の保有する金融商品の元利払いを保証したが，危機の進展とともに買い手に追加担保を差し入れる必要が生じ，資金繰りを急速に悪化させたのである．

　世界金融危機時のアメリカは，大恐慌期と違い，世界最大の純債務国となっていたが，危機前のアメリカ向けの資金フローとしては，次の2つが重要であった．1つは日本や中国のように，経常収支黒字を背景に，多額の外貨準備を抱えた国の公的部門によるドル投資で，主に米国債や政府機関債の購入に向けられていた．もう1つはヨーロッパやオフショア金融センターなどからの民間資金の流入であり，市場からドルを調達して，アメリカの民間証券（MBSを含む）などに運用していた．とくにヨーロッパは，ロンドンのユーロダラー市場に所在する金融機関が，銀行間市場，銀行以外のノンバンク（とくにアメリカのMMF（Money Market Fund）），さらには海外通貨当局から取り入れたドルを，再びアメリカのMBSの購入などに振り向けていた．この場合，当該金融機関のバランスシートは，対外債権と対外債務が両建てで増加することになる．しばしば指摘されているアメリカと残余世界との間の「グローバル・インバランス」とは，これを広義にとれば，アジア諸国との間のように経常収支不均衡を反映した「実物的インバランス」と，ヨーロッパとの間のように経常収支不均衡とは関係なく形成される「金融的インバランス」とから構成されていたと考えられる[15]．

　ところで，後者の金融的インバランスの場合，ひとたび危機が発生すると，

当該金融機関は，資金の急速な引き揚げにあい，新しい資金の取り入れが全く困難となった．そのため，市場では支払手段としてのドルに対する需要が殺到し，いわゆる「ドル不足」が発生することになったのである[16]．特にこの種の仲介を積極的に行っていたヨーロッパ系金融機関は，大規模な流動性危機に陥った．また，タックス・ヘイヴン（租税回避地）などオフショア金融センターとの間の資金移動も激減したのである．

　このように世界金融危機は，ドルの母国としてのニューヨーク市場，海外のドル取引の場としてのユーロ市場（オフショア市場を含む），さらにはCDS に見られるようなデリバティブ市場という，現代の国際金融市場の「三層の構造」がフルに関わって展開された危機だったといえる．また，流動性の観点から言えば，個別金融機関の資金調達に関わる「資金流動性」のみならず，グローバルな市場機能の維持に関わる「市場流動性」が大きな問題となった危機でもあった．そのため，国際金融市場から見れば，世界金融危機は，大恐慌に比べて，はるかに重層的な性格をもっていたと言わなければならないのである[17]．

(3)　中央銀行の政策と行動

　世界大恐慌と世界金融危機という 2 つの危機の真っ只中で，アメリカの中央銀行は，どのような行動をとったであろうか．なによりも大恐慌期の共和党フーヴァー（Hoover, J.E.）政権や連邦準備制度に強い影響を与えていたのは，いわゆる「清算主義理論」であった．この考え方によれば，不況はそもそも投機の行き過ぎに対する経済的償いであるため，過度に拡張した事業や信用，労働力を清算することが先決であって，中央銀行の人為的な信用拡大政策はかえって不況を長引かせ，深刻にすると見られていた．当時，この考え方に大きな影響力を与えていたのは，新古典派経済学オーストリア学派のハイエク（Hayek, F.A.）であったとされるが，こうした清算主義的発想が大恐慌期にいかに強かったかについては，同時代人のケインズや，後にFRB の議長となったバーナンキ（Bernanke, B.S.）も指摘している[18]．

具体的にその現れを見よう．まず，株大暴落の翌 30 年の 10-12 月に起き
た第一波の銀行恐慌に至る過程では，連邦準備による政府証券の積極的な買
いオペが見送られている．次に，31 年 9 月のイギリスの金本位制離脱直後，
大恐慌期で最大の金の流出がアメリカで起きた際には，ニューヨーク連銀は
割引率を 1 週間のうちに連邦準備史上で最大の上げ幅となる年 1.5% から
3.5% へと引き上げ，救済融資を実施したが，民間銀行の現金準備の減少を
相殺するほどのものではなかった．いわゆる「バジョット・ルール」（Bage-
hot's Rule）によれば，危機時には割引率を引き上げつつ，自由な貸出を行
うというのが中央銀行の責務であったが，それが不完全な形でしか実施され
なかったわけである．さらに，32 年 2 月には「グラス = スティーガル法」
によって大規模な公開市場操作を行うことが法律上可能になったが，連邦準
備はこれをいったん実施したものの，途中で中止している[19]．

　このような状況から，大恐慌期に銀行破綻が頻発した背景として，連邦準
備の行動に批判の目を向けるのは，フリードマン = シュウォーツ（Fried-
man, M. and A.J. Schwartz）に代表されるマネタリストである．銀行危機は，
連邦準備がマネーストックの減少を相殺するのに十分な買いオペを行わなか
ったために起きたと主張しているが，危機をもっぱら国内的現象として描き，
しかも，それを単純な貨幣数量の問題に置きかえたとの批判がある[20]．

　それから約 70 年後の世界金融危機の際に FRB 議長の地位にあったバー
ナンキは，もともとプリンストン大学教授などを歴任した大恐慌研究者であ
るが，彼はフリードマン = シュウォーツの見解を高く評価しつつ，大恐慌期
の誤りを二度と繰り返さないため行動したと述べている[21]．まず，FRB は
政策金利をゼロ近傍まで引き下げるとともに，機能麻痺に陥った CP 市場や
レポ市場など金融市場の修復を試みた．また，大恐慌と決定的に異なるのは，
投資銀行ベア・スターンズや大手保険会社 AIG を救済するなど，「最後の貸
し手」（Lender of Last Resort）として行動したことである[22]．のみならず，
対外的にも FRB は，既に述べたようなドル不足に対処すべく，主要国中銀
との間にスワップ協定を締結し，無制限のドル供給を行った．これは，いわ

第2章　複合危機の過去と現在　　39

ば「国際的な最後の貸し手」(Global Lender of Last Resort) としての機能であり，FRB が「事実上の世界中央銀行」として行動したことを意味する．

　では，実際のところ，大恐慌当時の連邦準備当局の認識はどうだったのだろうか．彼らの行動が消極的に見えた背景には，既に述べた新古典派の非介入主義の影響が強かったこともあるが，以下のような特別の事情も指摘できる[23]．(1)いわゆる「真正手形主義」(real bills doctrine) の影響があったことである．真正手形主義とは商業銀行が商取引に裏付けられた手形を割引くかぎり，健全経営が維持されるとの考え方であり，これは中央銀行の行動原理でもあった．しかし大恐慌当時は，不況の影響から手形流通量が減少していたうえ，連邦準備制度の非加盟銀行（地方銀行が多い）が再割引の対象から外されていたこともあって，このルートからの現金準備の供給は望むべくもなかったとされる．(2)また重要なことは，当時の連邦準備内に「貨幣数量説」を忌避する考え方があったことである．金融制度に対する公衆の信頼が失われている当時にあっては，通貨量の拡大が物価の上昇よりも銀行準備の積み増しに帰結する可能性が高いことを，連邦準備の幹部が米議会で陳述していた．(3)さらに指摘すべきは，金本位制による制約である．当時のアメリカは金本位制の下にあり，前述したように恐慌下でも短期間に史上最大幅の利上げが行われている．金本位制の維持は至上命題だったのである．(4)加えて，当時の銀行恐慌は流動性危機にとどまらず，支払不能危機であった可能性がある．「バジョット・ルール」は，あくまで支払能力のある金融機関に対する一時的な流動性供給を旨としていたが，支払不能危機であれば，マネーサプライの供給だけで銀行経営（とくに自己資本）を改善することは難しい．以上のような諸点を考慮すると，当時の銀行恐慌は，マネタリストの言うように単純に連邦準備の責任に帰すことはできないと言わなければならない．

　ところで，既に述べたようにローズヴェルト大統領は就任と同時に銀行恐慌対策と金本位制停止策をとったが，それに続いて彼が取り組んだのは，物価の引き上げを図るリフレーション政策であった[24]．これは主に金の買い上

げ（ドルの減価）政策をつうじて実施され，1934年1月にはドルの金平価が純金1オンス20.67ドルから35ドルへと引き下げられた．また，ニューヨーク連銀の割引率も33年4月に年3.5％から3％へ，翌34年2月にはさらに年1.5％へと引き下げられ，37年8月には年1.0％の過去最低水準となっている．しかし，こうしたリフレ政策も成功したとはいいがたく，前出のハンセンが述べていたように，アメリカ経済は確かに好転したものの，大不況から脱出するほどのものではなく，焦点の1つであった農産物価格は37年に至っても86（1926年＝100）にとどまり，失業率も14.3％と高止まりしていた．リフレ政策の遂行は容易ではなかったのである[25]．

　しかるに，その反面，1930年代にアメリカの対外ポジションは飛躍的に強化されることになった．とくに金の公定価格の引き上げは，当時のアメリカの「双子の黒字」（経常収支と資本収支の黒字．ただし，35-36年は経常収支赤字）とあいまって，巨額の金をアメリカへ流入させる契機となったからである．金本位制の停止によって民間の金を集中する権限を手にした米財務省は，アメリカに流入した金を買い上げるために，連邦準備に金証券を交付して対連銀政府預金を補塡し，民間銀行などへの支払いにあてた．その結果，巨額の金の流入が続くもとで，民間銀行には過剰な現金準備が形成されることになった．こうした状況下で，20年代後半のような株式投機の再燃やインフレに結びつくことを懸念した連邦準備は，36-37年にかけて預金準備率を3回連続で引き上げるが，当時はこれに均衡財政主義による財政支出削減なども加わって，「1937-38年不況」を招くのである[26]．

　一般に金本位制から管理通貨制への移行によって，中央銀行の国債買いオペが大々的に実施され，現金準備が市中に供給されるとの印象があるが，アメリカではそのようなことは起こっていない．30年代に連邦準備のバランスシートを増加させたのは国債ではなく，金の流入（正確には金証券）だったことに注目しなければならない．この金証券の増加が止まり，代わって国債が急増するのは，戦時体制に突入した1941年以降のことであった（図2-2）．

第 2 章 複合危機の過去と現在　　　41

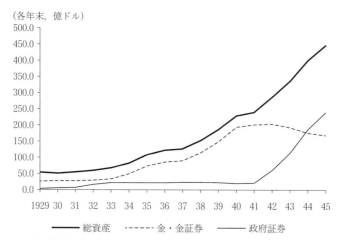

注：連邦準備銀行の統合バランスシート．
出所：Board of Governors of the Federal Reserve System (1943), pp. 331
　　-332; (1976), p. 468, より作成．

図 2-2　米連邦準備の主要資産の推移（1929-45 年）

　このような大恐慌期と比較すると，世界金融危機における米中央銀行の行動は，文字どおり，管理通貨制の機能をフルに活用するものであったといえる．「最後の貸し手」機能に加えて，政策金利を事実上ゼロまで引き下げるとともに，MBS や国債などを大量に買い取る「量的緩和」政策を展開した[27]．FRB は「最後のマーケット・メーカー」（Market Maker of Last Resort），ないし「最後のディーラー」（Dealer of Last Resort）などと呼ばれる存在になり，国債や MBS に主導される形でバランスシートが膨張した（図 2-3）．アメリカ経済の立ち直りが比較的に早かったのは，大恐慌期と違い，管理通貨制がフルに活用されたことと無関係ではないであろう．ただし，危機の傷跡は深く，量的緩和（QE3）が終了したのはリーマン・ショックから 6 年後の 2014 年 10 月，ゼロ金利が解除されたのは 15 年 12 月，そして，保有資産の縮小を決定したのは，ようやく 17 年 9 月のことであった．背後では，大恐慌期と同様，長期停滞論も指摘されており，アメリカの金融政策はなお試練を抱えている．

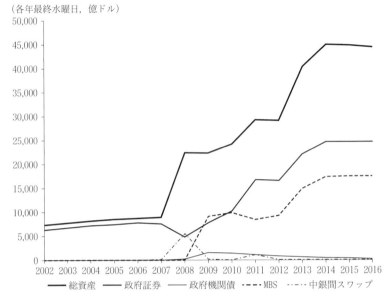

図 2-3　米連邦準備の主要資産の推移（2002-16 年）

（4）　財政政策と政府債務の動向

　中央銀行の行動に加えて，財政政策や政府債務の動向という点でも，大恐慌と世界金融危機の間には大きな相違が見られる．ここでは，検討の前提として，アメリカの民間部門と政府部門の債務残高を比較しておこう．

　まず，図 2-4 は，アメリカの民間債務残高の対 GDP 比率を見たものである．2 つの危機に至る時期にはいずれも急上昇しているが，どちらかといえば，大恐慌期よりも世界金融危機の時期のほうが高い水準にあったことが分かる．つまり，2 つの危機はともに，民間信用ブームを背景にもつ危機だったことが再確認できるのである[28]．そこで，危機後の政府の対応が注目されるわけであるが，政府債務残高はどうであったろうか．図 2-5 から，アメリカの政府債務残高（連邦債）の対 GDP 比率を見ると，大恐慌の発生から二

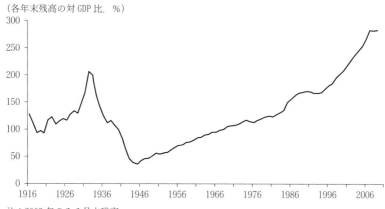

(各年末残高の対 GDP 比, %)

注：2009 年のみ 6 月末残高.
出所：Reinhart (2010), p. 118. 図中の説明とグラフを一部削除.

図 2-4　アメリカの民間債務残高の推移 (1916-2009 年)

ューディール体制期にかけて 40% 前後に上昇するが，第二次大戦期にはさらに約 120% まで急上昇している．戦後は 60 年代のベトナム戦争や社会保障費等の増加から財政規模が増加していくものの，政府債務比率が明確に上昇に転じるのは 1980 年代に入ってからである．そして世界金融危機の際には 80% 超となり，大恐慌期を大きく上回っている．この点は，複合危機の過去と現在を比較する際の重要なポイントとなろう．

　大恐慌期には，既に述べたようにフーヴァー政権は清算主義的発想が強く，金本位制の維持を至上命題としたが，財政面でも基本的に均衡財政主義に立っていた．そのことを端的に示す事例として，たとえば，第二次銀行恐慌が激化した 1931 年 12 月，フーヴァー大統領は連邦議会での演説で，連邦予算の均衡化と金本位制の維持を訴えている．翌 32 年にはフーヴァー政権がそれまでの消極姿勢をやや改め，1 月に復興金融公社（RFC）を創設して救済融資に乗り出し，2 月には既に述べた「グラス＝スティーガル法」で連邦準備による公開市場操作の拡張を法的に可能としたものの，6 月には財政均衡を目指した「歳入法」を施行し，増税を実施している．こうして当時は均衡

(各年末残高の対 GDP 比，%)

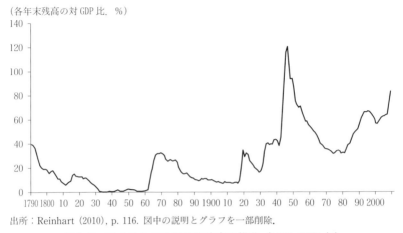

出所：Reinhart (2010), p. 116. 図中の説明とグラフを一部削除．
図 2-5 アメリカの政府債務残高の推移（1790-2009 年）

財政があるべき姿となっていたわけである[29]．

　このような状況の下で，大恐慌期には，政府債務よりも民間債務に焦点を当てた恐慌学説が登場する．その代表例はフィッシャー（Fisher, I.）の「負債デフレーション」（debt deflation）仮説である[30]．彼によれば，大不況の支配的要因は過大債務とデフレーションにある．債務は名目値で固定されているが，デフレは名目所得の減少をもたらすため，債務負担が実質的に増加し，抵当権の喪失やデフォルト（債務不履行）を引き起こし，需要を抑制する．のちに，このフィッシャー説に依拠しつつも，そこに銀行行動を組み込んで新たな大恐慌論を展開したのは，バーナンキである．彼は負債デフレーションによる債務者の破綻とそれによる信用仲介コストの増加から，民間銀行が貸出を国債に切り替える結果，信用収縮が起こり，リセッションが大恐慌へ転ずると見た．先のフリードマン＝シュウォーツが貨幣に焦点を当てているのに対して，非貨幣的な効果（nonmonetary effect）に着目したもので，「クレジット・ビュー」とも呼ばれるが，論証不足との批判がある[31]．

　ところで，フーヴァー政権下で政府債務が抑制されていたといっても，後継のローズヴェルト政権下では，ニューディール政策の開始により，直接救

済や公共事業，社会保障改革などにより財政規模が拡大し，連邦債の発行が増加したのも事実である．しかしながら彼もまた，前任のフーヴァー同様，基本的に財政均衡主義の立場に立ちつつ，法人税や相続税の引き上げ，所得税の累進課税強化なども併せて実施しており，結局，「公債の累積が懸念されねばならないような状態でもなかった」[32] のである．政策理念の転換が起きたのは，先に述べた1937-38年不況がきっかけであったといわれ，38年4月の特別教書の中でローズヴェルト大統領が明確に「フィスカル・ポリシー」を容認したことをもって，ケインズ学説が受容されたとする見方が有力である[33]．

　もっとも，大恐慌期は，ソブリン危機と無縁だったわけではない．既に述べたように1920年代には中南米やヨーロッパなどがニューヨーク市場を中心に大量の公債を発行していたが，農産物や鉱物などの一次産品価格の下落，輸出の落ち込み，アメリカの長期資本の引き揚げなどによって外貨獲得が困難になる反面，対外債務の元利返済が迫られた結果，金・外貨準備が減少し，金本位制の停止を余儀なくされる国が続出した．さらに，この金本位制停止後の通貨下落がまた，自国通貨建てで見た公債の元利返済負担の増加に拍車をかけ，周辺国の財政を圧迫したのである．この結果，大恐慌期には，中南米やヨーロッパを中心に，大規模なデフォルト（債務不履行）が発生する．すなわち1931年1月のボリビアを皮切りに，32年に中東欧へ伝播し，33年には最大の債務国ドイツがデフォルトを宣言した[34]．かくて，ソブリン危機が基本的に周辺国に限定されていた点は，世界金融危機の場合との重要な違いである．

　そこで，世界金融危機の際の対応を見ると，アメリカは最初から積極的な財政出動策に乗り出した．ブッシュ（子）（Bush, J.W.）共和党政権下の2008年10月には「緊急経済安定化法」が成立し，大手金融機関やメーカーなどに公的資金が注入された．続いてオバマ（Obama II, B.H.）民主党新政権下の09年2月には「アメリカ再生・再投資法」が成立し，過去最大規模の財政出動が盛り込まれている．これにより，アメリカの財政赤字は拡大し，

政府債務（連邦債）残高も急増しはじめる．前出の図2-5に示したとおりである．しかも，大恐慌期とは違って，アメリカの通貨ドルが基軸通貨としての地位にあり，アメリカが世界最大の純債務国に転落していたことは，準備通貨としてのドルの信認問題をも惹起することになった．たとえば，08年3月のベア・スターンズ危機の際には，ドル相場の急落に備えて，アメリカは主要国との間にドル防衛のための「秘密合意」を取り結んでいる[35]．

この合意は，その後，支払手段としてのドルへの需要が殺到し，ドル相場が反転・急騰したため発動されなかったが，ドル不安の懸念はその後も続いた．海外の公的部門で米国債と政府機関債を大量に保有していたのは，中国と日本である．中国が日本を追い抜いて世界最大の外貨準備保有国になったのは危機直前の2006年，また米政府証券保有高でも日本を抜いて世界1位になったのは，危機の最中の08年のことであった（香港・マカオを除く）．08年7月，米政府系住宅金融公社2社が経営危機に陥った際，また翌09年3月に再びドル相場が下落した際などに，中国はアメリカ政府に対して，ドルの価値保全を強く求めたとされる[36]．

世界金融危機では，先進国のソブリン問題がクローズアップされたが，それが特に世間の注目を浴びたのは，2009年10月にギリシャの財政赤字の粉飾が明るみに出てからである．しばしば世界金融危機とギリシャ危機との関連が問われるが，世界金融危機後に主要国の財政が悪化し，いわゆる「ソブリン・リスク」という難題を呼び込んだ時期と軌を一にしてギリシャ危機が起きたことは，両者の連動性を示している[37]．粉飾発覚後，ギリシャ国債の利回りやCDS指数は急上昇し，12月には格付会社が相次いでギリシャ国債の格付けを引き下げたのに続いて，10年に入ると，銀行危機がソブリン危機と共振する形で深化し，ギリシャを含むGIIPS諸国に危機が広がるなかで，ユーロ危機が発生する．しかも翌11年初めには，アメリカの政府債務が法律で定められた上限に達する見通しであることが明らかとなり，この上限の引き上げなしでは国債の新規発行はできず，発行済みの米国債がデフォルトに陥る可能性が高まった．この問題が決着したかに見えた8月，スタン

ダード＆プアーズ（S&P）は，政府債務削減計画を不十分と見て，米国債の格付けを最上級の AAA から一ランク引き下げたが，これは米国債史上，初めてのことであった．しかも，12 年 2 月のギリシャ支援では，民間金融機関が実質 7 割の債務削減に応じるなど，戦後の先進国で初めて「管理されたデフォルト」が実施されたのである[38]．

　このように，世界金融危機では，それまで途上国の専売特許と思われていたソブリン危機が先進国で発生しうることを示したが，それだけではない．国債の格付けの引き下げ，CDS 指数の上昇，国債の空売りといった形で，先進国の国債がマーケットの標的になる時代が到来したことを意味するものであった．これは大恐慌期との大きな相違点である．

（5）　危機の国際的側面

　世界大恐慌と世界金融危機は，ともに米国発のグローバル金融危機であったが，危機の世界的な波及を防ぐべく，国際協調や覇権国の行動はどうだったのだろうか．

　周知のように，大恐慌期には，危機からの脱出過程で，国際協調を図る試みに失敗した．その最も有名な例は 1933 年の世界経済会議の頓挫であり，これはその後のブロック化を促すきっかけとなった．すなわち，31 年 9 月のイギリスの金本位制停止，33 年 3 月のアメリカの金本位制離脱によって，ポンドとドルの間の相場は変動相場となり，為替切り下げ競争が開始されたが，33 年 6 月にロンドンで開催された世界経済会議では，ドル，ポンド，そして当時，金本位制を維持していたフランとの間の為替安定に向けた協議が，3 カ国中央銀行家会議で進められた．しかし 7 月初旬，ローズヴェルト大統領はアメリカ代表団に為替協調を拒否する旨の電報を送り，これが同会議の失敗につながったとされる．大統領としては，既に述べたような同国の物価水準の回復を狙ったリフレ政策がまだ実験途上にあり，ドルの減価が十分に進んでいないことから，為替安定のための国際協調はその障害になるとの判断があったといわれる[39]．世界金融危機後，先進国の量的緩和が実質的

に為替切り下げ競争の政策と見られやすいのは，この30年代の協調の失敗が念頭におかれていることはいうまでもない．

世界経済会議の決裂を受けて，グローバリゼーションは後退し，ブロック化が進展する（前掲図2-1）．1933年7月末に「イギリス帝国通貨宣言」が発布され，それまで事実上存在していたイギリスを盟主とするスターリング地域の創設が公式に表明された．また当時金本位制にとどまっていたフランスを中心とするヨーロッパ7カ国は，同じ7月に「共同宣言」を出し，金本位制を維持する意思を再確認したが，これが金ブロックの始まりであった．その後，36年にフランスが金本位制を離脱した際，為替切り下げ競争を回避する目的から，米英仏の間で同時発表されたのが「三国通貨協定」であった．これにより，為替安定が進んだかに見えたが，実際にはフランは安定せず，37年の2回の切り下げとフロートを経て，38年に再び切り下げられている．

大恐慌期における覇権国の行動については，いわゆる「覇権安定仮説」にもとづく解釈があり，キンドルバーガーに代表される[40]．彼は大恐慌期にはイギリスは覇権国の役割を引き受ける意思はあったが能力はなく，アメリカはその能力はあったが意思がなかったという有名なテーゼを残した．ここで覇権国の役割とは，国内市場の対外開放，反景気循環的な長期対外貸付，そして「国際的な最後の貸し手」，の3つを指している[41]．大恐慌当時のアメリカに即していうと，それぞれ関税の引き上げ，長期資本の引き揚げ，一部の例外を除いて危機国への貸し手となりたがらなったことなどが指摘できる．

これに対して，世界金融危機の際には，2008年11月にG20レベルでのサミット（金融サミット）が初めて開催されことが特筆される．翌09年4月にロンドンで開催されたG20金融サミットの首脳声明では，保護主義などの動きに対抗し，「持続可能なグローバリゼーション」を推進することを明記していた．当時，70年以上も前に開催された上述のロンドン世界経済会議が失敗に帰したことに鑑み，これと同じ轍を踏まずに済んだとの社説を掲載した新聞もあった[42]．

キンドルバーガーによりその必要性が指摘されていた「国際的な最後の貸

し手」についても，事実上，米中央銀行がその役割を担った．既に述べたように FRB は「ドル不足」を解消すべく，主要国中銀との間にスワップ協定を締結し，無制限のドル供給を行った．FRB のスワップ協定は，1960 年代や 70 年代後半のドル防衛策では外国為替市場におけるドルを買い支えることに主眼があったが，世界金融危機の際には，短期金融市場におけるドルの供給という目的に変化していたことが注目される．既に述べたように，危機前にユーロダラー市場経由のドル取引が膨張しており，債務返済に必要となるドルの手当てを怠ると，世界的なシステミック・リスクの顕在化につながる危険性があったからである．そこに世界金融危機の深刻さがあった．

　ところで，こうしたスワップ協定の性格変化は，国際通貨ドルの変貌を考える上でも興味深いものがある．国際通貨ドルの機能を，銀行間市場に即して考えると，従来は外国為替市場における媒介通貨機能を重視する見解があったが，世界金融危機で焦点となったのは，ユーロ市場における取引通貨機能である．FRB が「事実上の世界中央銀行」として，ドルを大量に供給したのも，まさにこのユーロ市場対策のためであった．それゆえ，国際通貨ドルの機能を銀行間市場との関連で考える場合には，単に外国為替市場の為替媒介通貨機能だけでなく，短期金融市場（ユーロ市場やオフショア市場）の取引通貨機能をも射程に入れて重層的に展開する必要がある．ユーロ市場（オフショア市場）の成長こそは，大恐慌と世界金融危機の間に起きた最も重要な変化の 1 つだったのである．

3.　複合危機の今後

　本章では，世界大恐慌と世界金融危機という 2 つの危機を比較することを通じて，複合危機の過去と現在を検討してきた．ここで，複合危機の今後について考えてみると，大きな論点となると思われるのは，民間債務の膨張に加えて，政府債務の累積がもたらす問題だろう．日本は先進国で最も大きな政府債務残高（対 GDP 比率）を抱えるようになっているが，もちろん，こ

の間の緩やかな景気回復や歴史的な低金利もあって，先進国で一様に政府債務が増加しているわけではない．たとえば，ヨーロッパで「一人勝ち」といわれるドイツは，財政規律の重視も加わって，2015 年度予算で旧西ドイツ時代も含めて 46 年ぶりに新規国債の発行をゼロとする決定を行っている．また，EU では「銀行危機とソブリン危機の共振を阻止する」[43] ために，銀行監督と財政政策それぞれの統合を強化する動きが見られるが，これは複合危機を回避するための処方箋といってもよい．

　かつて筆者は政府債務削減策の歴史的事例を検討したことがある．その中で特に注目したのは「インフレ税」（inflation tax）と「金融抑圧」（financial repression）である[44]．政府債務残高の名目額が固定されているもとでインフレが進むと，税収増が期待できるため，実質的な債務負担額が減少することが考えられる．つまり，インフレは事実上，民間から政府への所得移転を引き起こすが，これがインフレ税である．これに対して金融抑圧とは，市場実勢に比べて著しく低い水準に名目金利に押し下げる行為を指している．これにより財政当局は国債の利払い費を圧縮しつつ，国債の流通利回り（市場価格）を安定的に維持できる．ここに先のインフレが加わると，インフレ税も取得できる．第二次大戦後に米国の政府債務が急激に減少したのは，経済成長による自然増収に加えて，インフレ税や金融抑圧によるところが大きかったと考えられる（図 2-5）．日本も敗戦後の猛烈なインフレにより，戦時中発行された国債が紙くず同然となったことは，周知のとおりである．

　しかし世界金融危機後，先進国の政府債務残高の対 GDP 比率は，再び上昇するようになった．そのため，金融政策への依存が強まったのだが，新たに登場した非伝統的な金融政策が，思ったほどの効果をあげていないという状況下で，先に見たインフレ税や金融抑圧をめぐる議論が再び登場するようになった．たとえば，プリンストン教授のシムズ（Sims, C.A.）は，減税や歳出拡大などの積極財政によって消費や投資を増やし，それによりインフレを起こせば，デフレ脱却にも政府債務削減にも役立つと主張している．金融政策が効かない場合に物価水準を決めるのは財政政策だとするもので，「物

価水準の財政理論」（FTPL）と呼ばれる[45]．ハーバード大学教授のラインハート（Reinhart, C.M.）は，「金融抑圧」の強化によって債務削減を図るよう提案しているが，この場合にも，ある程度のインフレが成否を握ると述べている[46]．さらに，英金融サービス機構（FSA）元長官のターナー（Turner, A.）は，中央銀行がその保有国債を，償還を要しない永久債に切り替えることにより，マネタリーベースの増加を恒久化し，将来の増税の必要性を封印することで，消費を喚起しようという「ヘリコプター・マネー」論を展開している[47]．

　長期停滞もささやかれる中，いずれの提案も，インフレが実現するまでは放漫財政を止めない政策と映ずる．そして，実際にインフレが思ったように進まないと，バブル・マネーの増発となり，金融危機の再発を招き，ひいては危機対策としての政府債務の更なる増加につながる危険性がある．金融抑圧も，将来の金利上昇を抑えきれなくなるリスクがあり，その場合には，国債価格の下落（利回りの上昇）を通じて，国債費が増加し，財政に逆効果となるばかりか，国債を大量に保有する中央銀行や民間銀行の自己資本を毀損するという事態に発展しかねない．こうして，ソブリン危機に主導された複合危機が現実のものとなる可能性がある．これは，実体経済や金融市場を混乱させ，グローバル経済を不安定にするであろう．

　　注
1)　Multiple Crisis という言葉は，特に 2016 年 6 月の「Brexit ショック」以降，ヨーロッパのマスコミ記事や大学の講義題目などで見られるようになった．わが国では，たとえば，遠藤（2016）がある．氏の言う複合危機とは，複数の危機が同時進行し，お互いに連動し，EU・加盟国・地域という多次元にわたって起きていることを意味している．
2)　Kindleberger（2002）.
3)　Reinhart and Rogoff（2009）. ただし，周知のように，同書については，統計処理や内容上の論争が行われてきている．
4)　上川（2012a）.
5)　世界大恐慌と世界金融危機に 19 世紀イギリスの周期的恐慌を加えて，これら 3 つを簡潔に素描したものとして，上川（2017）がある．

6) Federal Reserve Bulletin (1937); U.S Department of Commerce (1975) による.

7) なお，大恐慌の原因をめぐるケインジアンとマネタリストの初期の論争は，この1930年の出来事をめぐって行われており，前者を代表するTemin (1976) が耐久消費財支出の減少，また後者を代表するFriedman and Schwartz (2008) が銀行危機にそれぞれ焦点を当てたが，必ずしも議論はかみ合っていなかったとの評価もある．たとえば，Bernanke (2000) を参照.

8) Keynes (1930), p. 126, 訳150頁.

9) Hawtrey (1962), p. 221.

10) Hall and Ferguson (1988), pp. 154-6.

11) Parejo and Sudrià (2012), p. 23.

12) 経済産業省 (2016)，90頁.

13) Hansen (1941), 訳388-402頁.

14) Summers (2016). なお，自然利子率をめぐる最近の議論については，翁 (2017) を参照.

15) 以上の2つの資金ルート，及び2つのインバランス概念については，筆者は，リーマン・ショック直後の2009年に，その重要性を示唆している．詳しくは，上川 (2015b)，327-331頁を参照．なお，危機前に，ロンドンのユーロダラー市場がアメリカから取り入れたドルを，再びアメリカへ還流させるという迂回取引が膨張していたことについては，He and McCauley (2012) を参照．Choi (2011) によれば，アメリカの国内銀行債務（インターバンク取引を除く）に対するユーロダラー債務の割合は，1970年代初頭の約10%から世界金融危機直前には70%近くに達していたとされる.

16) 2008年9月15日のリーマン破綻時には，ドルの銀行間市場は一時的に貨幣恐慌，ないし信用恐慌に陥ったと考えられる．当時，バーナンキFRB議長が世界規模でドルを大量に供給しても銀行間取引金利が下がらず「異常な緊張」に直面していると議会で証言していたこと（24日），また白川日銀総裁も「ドル資金の流動性がほぼ枯渇した」と記者会見で発言したこと（29日）などは，その証といってよいであろう.

17) 国際金融市場の三層構造，およびこれと世界金融危機との関係については，上川孝夫「国際金融市場」上川・藤田編 (2012) において指摘している.

18) Wood (2005), pp. 191-3; Hayek (1933) を参照．なお，ハイエクによる指摘は同書の序文を参照．ケインズとバーナンキによる指摘については，Keynes (1931), 訳24頁; Bernanke (2013), p. 20, 訳40頁による.

19) 詳しくは，上川 (2015a) を参照．なお，1932年2月の「グラス＝スティーガル法」は33年6月の同名の法律（正式名は「銀行法」）とは異なる．ちなみに，1913年に創設された米連邦準備制度は連邦準備局（ワシントン）と連邦準備銀行（12地区）から構成されており，当初はニューヨーク連銀，特に当時の総裁ストロング（Strong, B.）の力が強く，大恐慌当時も連邦準備局とニューヨーク連銀

との対立がしばしば見られたが，その後ワシントンへの権限集中が進み，35 年「銀行法」により，連邦準備局が現在の FRB（連邦準備制度理事会）に改組された．

20) Friedman and Schwartz (2008), chap. 7. ここにいうマネーストックとは流通現金，商業銀行の要求払預金と定期預金の合計残高である．なお，注意すべきは，1929-33 年にかけてマネーストック（M2）は確かに 33% 減少したが，マネタリーベースは逆に約 17% 増加していたことである．これは貨幣乗数（M2/マネタリーベース）が約 50% 低下したためであるが，それは公衆が預金を引き出し，民間銀行が現金準備を増やしたことによるもので，当時の銀行不安や預金保険制度の未整備（後者は 1933 年に整備）を反映している．以上の数字は Hall and Ferguson (1998)，訳 13 頁による．これに関連して，サミュエルソン（Samuelson, P.）は大恐慌期にマネタリーベースは増えていたと指摘し，銀行制度が崩壊している時にマネーサプライを増やそうとすれば，マネタリーベースはとんでもない値をとったにちがいないと批判した（Parker (2002)，訳 35 頁）．

21) Bernanke (2013), p. 74, 訳 136 頁．ただ，バーナンキは総裁退任後に著した回顧録の中で，氏を含む FRB のメンバーが住宅バブルとそのリスクの大きさを見誤り，対応が遅すぎたと述べている．Bernanke (2015), chap. 5, 訳第 5 章．

22) この場合，連邦準備の伝統的な貸出先は商業銀行であったため，「異例かつ切迫した状況では」商業銀行以外にも融資が可能であるとする「連邦準備法」第 13 条第 3 項の特例が発動された．ただし，ベア・スターンズや AIG のベイルアウトが「バジョット・ルール」の条件に符合していたかどうかは疑わしい．詳しくは，上川 (2015)，356 頁注 33 を参照．

23) 以下の詳しい内容については，上川 (2015a) を参照．なお，以下のうち(1)と(2)については，1932 年 4 月の米下院銀行通貨委員会で行われた連邦準備局総裁マイヤー（Meyer, E.）とニューヨーク連銀総裁ハリソン（Harrison, G.L.）の陳述から窺える．また(3)の金本位制の制約を強調するグループは「国際学派」と呼ばれ，アイケングリーン，テミン，バーナンキらに代表される．Temin (1989); Eichengreen (1992); Bernanke (2000) を参照．(4)については，小林 (2009) が銀行の自己資本の毀損，公的資金の注入等の分析を通じて明らかにしている．

24) リフレーション政策とは，通貨膨張政策とも称されるが，政策的には，物価をデフレーションに陥る以前の水準にまで押し戻すことを目的としており，一種の統制インフレ政策といえる．当時のアメリカでは 1926 年の物価水準が目標になっていたとされる．Krooss, ed. (1969), p. 2663 を参照．

25) U.S. Board of Governors of the Federal Reserve System (1943) による．リフレ政策に関するニューディール政策と高橋財政との比較については，上川 (2013) を参照．

26) 世界金融危機の際に FRB が採用した量的緩和政策の縮小時期（テーパリング）をめぐる議論では，しばしば「1937-38 年不況」の先例が持ち出され，当局の引き締め時期が早すぎたために，この不況が起きたとの批判もあったという．Ber-

nanke (2013), p. 26, 訳 50 頁を参照．

27)　FRB は当初，「量的緩和」ではなく「信用緩和」(Credit Easing) という用語を使っていたが，これは機能麻痺に陥った金融市場を修復することに目的があり，日銀の量的緩和のように中央銀行のバランスシートの負債サイドではなく，貸出や証券などの資産サイドに焦点をあてた政策であったことによる．詳しくは，Bernanke (2009) を参照．ちなみにバーナンキの大恐慌論は，後述するように「クレジット・ビュー」と呼ばれており，こうしたことも信用緩和というネーミングに多分に関係していたのではないかと思われる．

28)　信用ブームの視点から 1920 年代と 2000 年代の類似性に着目した最近の研究として，Eichengreen (2015) がある．

29)　以上の詳しい経過については，上川 (2015b)，99-100 頁を参照．もちろん，このことは，主要国の財政状態が危機に与えた影響を過小に見るものではない．たとえば，1931 年にオーストリアでは財政赤字の拡大，ドイツでは賠償金支払い問題，さらにイギリスでは財政赤字拡大を予想した『メイ委員会報告書』の公表などがあり，当該国通貨に影響を与えている．

30)　Fisher (1933)．

31)　Bernanke (2000)．原論文が公刊されたのは 1983 年である．詳しくは，上川 (2014a) を参照．

32)　土生 (1989)，184 頁．

33)　Kindleberger (1986), p. 273, 訳 297 頁．これに関連して，FDR Library, "FDR: From Budget Balancer to Keynesian. A President's Evolving Approach to Fiscal Policy in Times of Crisis" も参照．なお，ニューディール期にアメリカの州・地方債残高は停滞ないし減少していたが，これは州・地方政府に債務不履行が発生し，その信用が損なわれていたケースが多かったことによる．詳しくは，土生 (1989)，184 頁を参照．

34)　上川 (2012b)．詳しい状況は，Royal Institute of International Affairs (1937), p. 307, 訳 323 頁を参照．

35)　『日本経済新聞』2008 年 8 月 28 日付朝刊を参照．

36)　Prasad (2014), pp. 117-118; Geithner (2014), p. 174, 訳 222 頁．

37)　上川 (2010)．その間，2008 年 11 月に起きた「ドバイ・ショック」は，このソブリン・リスクに対する警戒を一段と高める媒介的な役割を果たしたといえる．

38)　先進国のソブリン危機を受けて，債務問題を歴史的に検討したものとして，Coggan (2012) がある．

39)　Johnson (1939), p. 19; Wood (2005), pp. 214-5.

40)　これは Keohane (1980) により名づけられたものである．

41)　Kindleberger (1986)．なお，国際的な最後の貸し手に関する歴史的考察については，Kindleberger (2002), chap. 11, 訳第 11 章も参考になる．

42)　たとえば，『朝日新聞』2008 年 11 月 17 日付朝刊，など．

43)　田中 (2016)，37 頁．EU では，銀行危機とソブリン危機の共振を阻止するため

第 2 章　複合危機の過去と現在　　　　　　　　　　　　　　　　55

　　に，財政と銀行監督の権限を統合する動きが見られる．ただし，銀行同盟では単
　　一監督制度，単一破綻処理制度がスタートしたが，預金保険制度の共通化はまだ
　　実現していない．財政では，予算を事前監視するヨーロピアン・セメスターが開
　　始されたが，共通予算化やユーロ財務相の設置といった財政同盟の実現は，財政
　　規律を重視し，モラルハザードを警戒するドイツの強い反対もあって，困難を極
　　めると予想されている．
44) 詳しくは，上川 (2014b) を参照．この論稿では，債務削減策の歴史的事例と
　　して，増税，歳出削減，経済成長，低金利（金融抑圧），インフレ税，デフォルト
　　を検討している．
45) Sims (2016).
46) ラインハート (2016) を参照．なお，金融抑圧という言葉を最初に使った一人
　　であるマッキノンの晩年の関連論文として，マッキノン＝シュナーブル (2014,
　　2015) がある．マッキノンは金融抑圧に批判的な見方をしていた．
47) Turner (2015). なお，ヘリコプター・マネー論に対する批判的検討として，
　　上川 (2016) を参照．

参考文献

遠藤乾 (2016)，『欧州複合危機』中公新書．
翁邦雄 (2017)，『金利と経済』ダイヤモンド社．
上川孝夫 (2010)，「世界金融危機から欧州ソブリン債危機へ――「ドル不足」問題の
　　深層」『国際金融』1217号，外国為替貿易研究科会, 10月1日．
─── (2012a)，「危機の教訓を今に伝える16冊」『週刊エコノミスト』8月
　　14・21日合併号．
─── (2012b)，「世界で頻発してきたデフォルト」『週刊エコノミスト』8月21
　　日号．
─── (2013)，「恐慌期に登場したリフレ政策」『週刊エコノミスト』3月5日号．
─── (2014a)，「日銀が異次元緩和をした理由は」『週刊エコノミスト』2月25
　　日号．
─── (2014b)，「日本は巨額債務を減らせる？」『週刊エコノミスト』5月13日
　　号．
─── (2015a)，「世界大恐慌とリフレ政策――1932年フーヴァー政権下の議論
　　をめぐって」『経済学論纂』第55巻第5, 6合併号，中央大学経済学研究会，3
　　月．
─── (2015b)，『国際金融史』日本経済評論社．
─── (2016)，「「ヘリマネ」議論の歴史」『週刊エコノミスト』8月2日号．
─── (2017)，「恐慌のメカニズム」『週刊エコノミスト』8月29日号．
───編 (2011)，『国際通貨体制と世界金融危機』日本経済評論社．
───・藤田誠一編 (2012)，『現代国際金融論（第4版）』有斐閣．
───・矢後和彦編 (2007)，『国際金融史』有斐閣．

経済産業省（2016），『通商白書』.

小林真之（2009），『アメリカ銀行恐慌と預金者保護政策』北海道大学出版会.

田中素香（2016），『ユーロ危機とギリシャ反乱』岩波新書.

土生芳人（1989），『大恐慌とニューディール財政』東京大学出版会.

マッキノン，R.＝G. シュナーブル（2014，2015），「中国の為替相場と金融抑圧（上・下）」山崎晋・吉川哲生・佐藤秀樹訳『国際金融』1267 号，1268 号，12月 1 日，1 月 1 日，外国為替貿易研究会.

宮崎義一（1992），『複合不況——ポスト・バブルの処方箋を求めて』中公新書.

ラインハート，C.（2016），「債務削減へ金融抑圧強化」『日本経済新聞』11 月 24 日付朝刊.

Bernanke, B.S. (2000), *Essays on the Great Depression*, Princeton University Press.（栗原潤・中村亨・三宅敦史訳『大恐慌論』日本経済新聞社出版社，2013 年）

———— (2009), "The Crisis and the Policy Response," 13 January.

———— (2013), *The Federal Reserve and the Financial Crisis*, Princeton University Press.（小谷野俊夫訳『連邦準備制度と金融危機』一灯舎，2012 年）

———— (2015), *The Courage to Act: A Memoir of a Crisis and Its Aftermath*, W.W. Norton.（小此木潔訳『危機と決断（上）』角川書店，2015 年）

Choi, R. (2011), "Offshore RMB development in Hong Kong: A look into Eurocurrency experience," EABFU of Hong Kong Government.

Coggan, P. (2012), *Debt, Money, and the New World Order*, Public Affairs.（松本剛史訳『紙の約束——マネー，債務，新世界秩序』日本経済新聞出版社，2012 年）

Eichengreen, B. (1992), *Golden Fetters: The Gold Standard and the Great Depression*, 1919-1939, Oxford University Press.

———— (2015), *Hall of Mirrors: The Great Depression, the Great Recession, and the Uses-and Misuses- of History*, Oxford University Press.

Federal Reserve Bulletin (1937), "Bank Suspensions, 1921-1936," December.

Fisher, I. (1933), "The Debt-Deflation Theory of Great Depression," *Econometrica*, Vol. I, No. 4.

Friedman, M. and A.J. Schwartz (2008), *The Great Contraction 1929-1933*, in *A Monetary History of the United States 1867-1960*, chap.7, Princeton University Press, 1963.（久保恵美子訳『大収縮 1929-1933「米国金融史」第 7 章』日経 BP 社，2009 年）

Geithner, T.E. (2014), *Stress Test: Reflections on Financial Crisis*, Crown.（伏見威蕃訳『ガイトナー回顧録』日本経済新聞出版社，2015 年）

Hall, T.E. and J.D. Ferguson (1998), *The Great Depression: An International Disaster of Perverse Economic Policies*, University of Michigan Press.（宮川重義訳『大恐慌』多賀出版，2000 年）

第 2 章　複合危機の過去と現在　　　　57

Hansen, A,H. (1941), *Fiscal Policy and Business Cycles*, W.W. Norton. （都留重人訳『財政政策と景気循環』日本評論新社，1950 年）

Hawtrey, R.G. (1962), *The Art of Central Banking*, 2nd edn., Augustus M. Kelley.

Hayek, F.A (1933), *Monetary Theory and the Trade Cycle*, Jonathan Cape. （古賀勝次郎訳「貨幣理論と景気循環」『ハイエク全集 1』所収，春秋社，1988 年）

He, D. and R. McCauley (2012), "Eurodollar banking and currency internationalization," *BIS Quarterly Review*, June.

Johnson, G.G., Jr. (1939), *The Treasury and Monetary Policy, 1933-1938*, Harvard University Press.

Keynes, J.M. (1930), "The Great Slump of 1930," in *Essays in Persuasion*, in *The Collected Writings of John Maynard Keynes*, Vol. IX, Cambridge University Press, 1972. （宮崎義一訳『説得論集』『ケインズ全集』第 9 巻，東洋経済新報社，所収，1981 年）

———— (1931), "An Economic Analysis of Unemployment," Lecture at the University of Chicago, June. （松川周二訳「失業の経済分析」『デフレ不況をいかに克服するか　ケインズ 1930 年代評論集』文藝春秋，2013 年）

Kindleberger, C.P. (1986), *The World in Depression 1929-1939*, University of California Press, revised and enlarged edition. （石崎昭彦・木村一朗訳『大不況下の世界 1929-1939』改訂増補版，岩波書店，2009 年）

———— (2002), *Manias, Panics and Crashes: A History of Financial Crises*, 4th. edn., Palgrave. （吉野俊彦・八木甫訳『熱狂，恐慌，崩壊——金融恐慌の歴史』日本経済新聞社，2004 年）

Keohane, R.O. (1980), "The Theory of Hegemonic Stability and Changes in International Economic Regimes, 1967-1977," in Holsti, O.R., S. Randolph and G. Alexander, eds., *Changes in the International System*, Westview.

Krooss, H.E., ed. (1969), *Documentary History of Banking and Currency in the United States*, Vol. IV, Chelsea House Publishers.

Obstfeld, M., A. Taylor and J.G. Williamson, eds. (2003), *Globalization in Historical Perspective*, University of Chicago Press.

Parejo, A. and C. Sudrià (2012), "'The Great Depression' versus 'The Great Recession'. Financial crashes and industrial slumps," Revista de Historia Industrial, January.

Parker, R.E. (2002), *Reflections on the Great Depression*, Edward Elgar. （宮川重義訳『大恐慌を見た経済学者 11 人はどう生きたか』中央経済社，2005 年）

Prasad, E.S. (2014), *The Dollar Trap*, Princeton University Press.

Reinhart, C.M. (2010), "This Time Is Different Chartbook," NBER Working Paper, 15815, March.

———— and K.S. Rogoff (2009), *This Time Is Different: Eight Centuries of Financial Policy*, Princeton University Press. （村井章子訳『国家は破綻する』

日経 BP 社, 2011 年)

Royal Institute of International Affairs (1937), *The Problem of International Investment*, London: Oxford University Press. (楊井克己・中西直行訳「国際投資問題」『国際投資論』日本評論社, 1970 年)

Sims, C.A. (2016), "Fiscal Policy, Monetary Policy and Central Independence," Jackson Hole Economic Policy Symposium hosted by the Federal Reserve Bank of Kansas City, 25–27 August.

Summers, L.H. (2016), "The Age of Secular Stagnation," *Foreign Affairs*, March–April.

Temin, P. (1976), *Did Monetary Forces Cause the Great Depression?*, W.W. Norton.

———— (1989), *Lessons from the Great Depression*, MIT Press. (猪木武徳・山本貴之・鳩澤歩訳『大恐慌の教訓』東洋経済新報社, 1994 年)

Turner, A. (2015), *Between Debt and Devil*, Princeton University Press. (高遠裕子訳『債務, さもなくば悪魔』日経 BP 社, 2016 年)

U.S. Board of Governors of the Federal Reserve System (1943), *Banking and Monetary Statistics, 1914–1941.*

———— (1976), *Banking and Monetary Statistics, 1941–1970.*

U.S. Department of Commerce (1975), *Historical Statistics of the United States.*

Wood, J.H. (2005), *A History of Central Banking in Great Britain and the United States*, Cambridge University Press.

第3章
大恐慌と景気理論の系譜

牧野　　裕

1. 景気理論の概観

　ここでは大恐慌論の再解釈を試みよう．「複合危機」としても表象される現代世界経済の歴史的位相を考察するうえで，1つの手がかりとなれば，幸いである．

　1929年恐慌と大不況をうけて研究の広がりと深化がみられた．ヴァルガ（Varga, E.S.）に代表されるマルクス派が，影響力を強める一方で，貨幣理論と景気循環論の体系化がハイエク（Hayek, F.A. von）『生産と価格』（1931年）によって試みられ，ケインズ（Keynes, J.M.）は『一般理論』（1936年）で景気循環を論じた．また，深刻な不況の長期化の解明を課題にフィッシャー（Fisher, I.）は「負債デフレーション論」（1933年）を，ロビンズ（Robbins, L.C.）は『大不況』（1934年）を，遅れてシュムペーター（Schumpeter, J.A.）は『景気循環論』（1939年）を，スウィージー（Sweezy, P.M.）は『資本主義発展の理論』（1942年）を著した．

　こうしたなかでハーバラー（Haberler, G.）は，『景気変動論』（1937年）で，以下のような整理を試みた[1]．

　①純貨幣要因説（ホートレー（Hawtrey, R.G.）），②過剰投資説：(i)貨幣的過剰投資説（ミーゼス（Mises, L.E. von），ハイエク，ロビンズ等），(ii)非貨幣的過剰投資説（シュピートホフ（Spiethoff, A.A.C.），カッセル（Cassel, G.）等），(iii)完成財需要の変化にもとづく過剰投資説（アフタリオン

(Aftalion, A.)，ピグー（Pigou, A.C.），クズネッツ（Kuznets, S.S.），ハロッド（Harrod, R.F.）等），③恐慌ならびに不況の原因としての生産費の変化，水平的不調整，過剰債務説（順にミッチェル（Mitchell, W.C.），ピグー，フィッシャーに代表される），④過少消費説（ホブソン（Hobson, J.A.），レーデラー（Lederer, R.E.）等），⑤心理説（ケインズ，ラヴィントン（Lavington, F.），ピグー，ロバートソン（Robertson, D.H.）等），⑥農業変動の影響を重視する収穫説（ジェヴォンズ（Jevons, W.S.），ピグー，ロバートソン等）である．

　関連文献を渉猟した先駆的なこの研究は，なかでも，ケインズを，ピグー，ロバートソン，ラヴィントンに連なる心理説として区分した点にその独自性が顕著であった．とはいえ，この業績は，景気理論の整理としては有用であったが，1929年恐慌と大不況を直接の対象としたものではなかった．それでは，本稿が課題とする1929年恐慌と大不況は，これまで，どう説明されてきたであろうか．

　キンドルバーガー（Kindleberger, C.P.）の場合，アメリカ金融政策原因説（フリードマン（Friedman, M.）），金本位制誤用説（ロビンズ），デフレ失策説（ケインズ），長期停滞説（ハンセン（Hansen, A.H.）），構造的不均衡説（スヴェニルソン（Svennilson, I.））をあげている．彼自身は，これらの学説をにわかには否定せず，のちに覇権安定理論と呼ばれるようになる説明を付け加えている[2]．

　吉富は，「便宜上」と断りつつも以下の8つの学説に代表させていた．ヴァルガ説，シュムペーター説，ブルッキングス研究所・臨時全国経済調査委員会の研究，国際金融上の諸欠陥を根拠とする説，ハンセンに代表される投資機会消滅説，シュタインドル（Steindl, J.）に代表される寡占と成長に関する学説，乗数理論・加速度論・投資機会論・技術革新論などの複合説，独占と世界経済の構造変化説[3]．

　また，吉富の研究を発展させた侘美は，複合経済循環説（シュムペーター，ハンセン），経済構造要因説（シュタインドル，ブルッキングス研究所），経

済政策失敗説（フリードマン），偶発的要因複合説（ケインジアン，サムエルソン（Samueluson, P.A.）），恐慌の形態変化説（吉富），国際金融原因説（キンドルバーガー）をあげていた[4]．

　近年では，英語文献に限ってみても，注目すべき研究が出されている．フリードマン説をめぐるテミン（Temin, P.）の批判と貨幣的要因を補強するバーナンキ（Bernanke, B.S.）の金融要因説，アイケングリーン（Eichengreen, B.）による国際金本位制度の制約説，あるいはフィッシャー，ケインズを再構築したミンスキー（Minsky, H.P.）の金融不安定化論，さらには非合理主義的，主観主義的要因論を重視するシラー（Shiller, R.J.），アカロフ（Akerlof, G.A.）の学説などがそれである[5]．

　本稿では，大恐慌に関する主要な研究を経済構造原因説（スウィージー，吉富，侘美），景気循環説（シュムペーター），貨幣的過剰投資説（ハイエク，ロビンズ），貨幣的景気循環説（フィッシャー），通貨政策失敗説（フリードマン），主観主義的期待と不確実性説（ケインズ）に分けて，恐慌と大不況の理論の再評価を試み，世界的な複合危機の歴史的位相を考慮しつつ恐慌論，危機論の今後の課題を展望したい．

2.　大恐慌と景気理論の展開

(1)　経済構造原因説

①スウィージーのマルクス恐慌論[6]

　スウィージーは独自のマルクス解釈にもとづき恐慌の必然性を，①資本の有機的構成の高度化にともなう利潤率の低落過程で発現する資本蓄積の過剰に求める「資本過剰恐慌論」，②商品供給の過剰によるその価値実現の困難におく「実現恐慌論」，の2つに整理する．

　だが，かれは，マルクスが①を最終的に論じたかは確証できないとする．資本の有機的構成とは，生産過程の技術的構成——生産に必要な生産手段とその生産に必要な労働力とから構成される比率である——を反映した資本の

価値構成——生産手段の価値と労働力の価値からなる——のことである．資本主義的富は，労働力の使用によって生み出されるのであるから，利潤率の傾向的低下は，資本主義的富の傾向的減少，すなわち資本主義的蓄積過程がその否定的要因を同時に生み出すという逆説，を意味している．なるほどかれは，「この法則の内的矛盾」として，「極端な前提」下での賃金高騰による恐慌の可能性をも説いている．とはいえ，マルクスの考える利潤率の傾向的低下自体は長期的傾向法則にすぎず，必ずしも恐慌現象を説明する論理にはなり得ないのではないか，との反論も起こりうる．

　そこで，かれは「実現恐慌論」に論点を移す．かれによれば，この理論は，①不均衡説，②過少消費説の2つに別れて展開されてきた．①はツガン‐バラノフスキー（Tugan-Baranovskii, M.I.）やヒルファーディング（Hilferding, R.）に代表される．だが，過少消費を否定し，無政府的な資本蓄積運動のなかで生じる生産部門間の不均衡により恐慌を説明するのは，マルクスの正しい解釈ではない．カウツキー（Kautsky, K.J.），レーニン（Lenin, V.I.），ブハーリン（Bukharin, N.I.）が論ずる②こそが，恐慌発生の必然性を説きうる．資本主義的蓄積による資本の有機的構成の高度化が，一方では，「消費増加率／生産手段増加率」の低下，他方で，生産過程の技術的性質が，「消費財産出量の増加率／生産手段増加率」の近似的な安定化を要求する．この結果，消費の増加は，消費財産出高の増加に遅れる内在的傾向が存在し，ここから恐慌ないし不況が生じざるを得ないのである．

　スウィージーは，さらに①「崩壊論争」，②「慢性的不況」についても論じる．①についてかれは，マルクスの著作には崩壊論は見いだせないとする．そこで，カウツキー，ベルンシュタイン（Bernstein, E.），ローザ・ルクセンブルグ（Luxemburg, Rosa）等の所説を批判的に検討する．また，②は，資本主義的生産に内包されている過少消費傾向から生じるが，これへの反作用があるとする．それらは，(i)新産業の発展，(ii)錯誤からの投資，(iii)人口の増大，(iv)不生産的消費，(v)国家支出，である．(i)〜(iii)は弱まりつつあるが，(iv)〜(v)は強まりつつある．とはいえ，これらの問題に答えるた

めには，用意された理論と分析のレベルが抽象的すぎる．かれは，国家，独占，世界経済についての周到な研究が必要であるとして，最終的な結論を留保する．

スウィージーは，マルクスから2つの恐慌論をモデル化した．また，大不況と崩壊論争にも挑戦した．だが，かれは，独占段階の資本主義的蓄積や金融資本と金融経済化等を踏まえた新たな段階の恐慌論と不況理論を提示したとはいえなかった．

②吉富勝『アメリカの大恐慌』（1965年）[7]

吉富は，次のような視角から問題の解明に向かう．「1929年にはじまる大恐慌の問題は，なんといってもアメリカ国内の資本蓄積の構造と発展形態を中心にすえつつ，古典的帝国主義段階および第一次世界大戦が生み出した世界経済（その貿易構造と金融構造）とアメリカ経済との相互作用の展開過程としてみなければならない．」かれによれば，戦前は鉄鋼，石油といった産業が急成長をとげ，独占体化しつつあった．戦後は新たに自動車産業や公益産業が急成長した．かかるなかでアメリカ経済は自動車中心の耐久消費財産業によって特徴づけられた．企業金融面では，証券市場での資金調達よりは，自己金融化による設備投資の拡充が顕著になった．他方，国際金融面では1919年に金本位制に復帰し，戦前のイギリスが有していた国際金融上の覇者としての条件，すなわち①指導的な資本輸出，②自由金市場，③国際割引市場としての役割，を手中に収めつつあった．こうした変化を受けて国際通貨制度は，戦前のポンド本位制から戦後はドル本位制に変容しつつあった．

このような基本認識に立った吉富は，1929年恐慌と大不況をどう説くのか．まずは，1929年恐慌の下降要因の分析である．かれは，外国貿易の影響は見られないとして原因をもっぱら国内事情に求める．自動車需要が一巡し過剰生産が生じていたこと，1929年に入っての住宅建築の停滞，1920年半ばの中小企業の不振，をその特徴的な動きとしてあげる．

次に，1929年恐慌が大不況へと波及していった要因が考察される．①独

占産業での激しい生産制限，それによる価格硬直性．これが独占価格と非独占価格との間に顕著な価格差を生み出した．② 1920 年代，とくにその末期における膨大な固定資本投資．これが不況期に新規投資を控える要因となった．③自動車，住宅など耐久消費財産業の低迷．④金融的要因．株式ブームの崩壊と銀行恐慌による実体経済の悪化，これによる耐久消費財，奢侈品の需要減．

　そうして，「アメリカの大恐慌と世界大恐慌」の考察である．かれは，まず 1931 年夏までの国内恐慌の深化過程をたどる．次に，ヨーロッパ銀行恐慌，アメリカの銀行恐慌，最後にアメリカの金本位制度の崩壊が論じられる．紙幅の都合上，「むすび」を要約しよう．大戦を起源とする大きな矛盾を内包する再建金為替本位制と多角的貿易機構は，「独自の矛盾を発展させつつあった」アメリカ経済の成長による輸入需要と資本輸出という 2 つの大きな柱に支えられていた．それゆえ，それらが減退すれば，「世界経済はたちどころに崩壊する運命にあった．」実際，資本輸出は，1920 年代末の株式ブームによって激減，輸入もそれに続く国内大不況によって世界最大の落ち込みを見せていた．株式恐慌も国内の大恐慌も 1920 年代の「アメリカ金融独占資本自身の矛盾の発現そのものだったのである．」

　「かくして大戦後の世界資本主義は，第 1 に，世界の主導国であり最大の支柱であったアメリカそのものの特異な蓄積構造から，その発展の動力を与えられると同時に，他方では，未曾有の不安定要因をかかえることになり」，第 2 に，「金為替本位制と農産物過剰問題という特殊な不安定問題を内包することになった．」第 2 の「要因のもつ矛盾の爆発は，アメリカ経済の不安定要因ぬきには発現しなかったのだから，けっきょくアメリカ株式ブームと大恐慌，そうしてそれを生み出した国内の蓄積構造の特異性が世界大恐慌の根因であったといえるわけである．」

　吉富は，宇野派の恐慌論を出発点としつつも，ブルッキングス研究所やシュタインドルの研究を踏まえ，アメリカの過少消費構造を所得不平等と耐久消費財産業，とりわけ自動車産業，での自己金融化に求め，過小な新規発行

証券と資本財形成の一方で，過剰貯蓄が既発行証券価格の高騰を招き，耐久消費財部門を起点とする景気後退が，株式ブーム崩壊を招くメカニズムを解明しようとした．それでは，「特異な蓄積構造」と「希有の不安定要因」はいかに恐慌を生み出したのか．「矛盾」はいかなるメカニズムで「爆発」したのか．残念ながらその明確な説明はない．そもそもアメリカ経済を「特異な経済構造」と特徴づけるが，特異ではない経済とは，どのような経済であろうか．そうして特異のない経済であれば，不安定要因は消失するのであろうか．

③侘美光彦『世界大恐慌』（1994 年）[8]

侘美によれば「アメリカにおける大恐慌の発生と世界多角的決済機構の崩壊とが結合して，史上例を見ない世界大恐慌になった」．「このとき循環性恐慌は非循環性恐慌に変身した」．

侘美は，「恐慌が累進的に深化した原因について」「総括」を試みる．そうして，その要因として以下を指摘する．(1)耐久消費財及び農業支出の急速な減退，(2)大企業製品価格の下方硬直性，意図的生産削減，(3)賃金率の下方硬直化，実質賃金コストの上昇，(4)物価・所得の減少に伴う債務支払負担の急増．とりわけ「(2)と(3)の，価格の下方硬直化および賃金率の下方硬直化こそが，アメリカ恐慌深化の最も基本的な原因であった，そして，その背後に耐久消費財支出の普及という産業および消費構造の大きな変化があった」．かかる結論では十分に満足しえないのか．侘美は念を入れる．「さらに次のように結論できるであろう．すなわち，ゆるやかな景気の後退の原因と，恐慌深化の原因との双方に存在し，アメリカ大恐慌を貫く最も基本的原因は，価格機構の硬直化にあった，と.」

他方で，世界多角的決済機構の崩壊は「ポンド・ドル体制の限界とアメリカ恐慌の波及とが結合した」ことがその「直接的原因」である．ここで「ポンド・ドル体制の限界」とは，ロンドン，ニューヨーク金融市場での金利操作を通ずる『国際収支に対する表層的調整力』が著しく弱化した」ことであ

る．すなわち，第1に，ロンドンのマーチャント・バンカーの機能の変質と
弱体化，ニューヨーク金融業界の経験不足，不健全な投機的金融業者の存在，
第2に，イギリスでの金利引き上げの困難化とアメリカでの調整機能の不全
により「金利政策の機能に大きな限界が発生」したこと，である．

　「かくして，①アメリカ大恐慌および②世界多角決済機構崩壊の基本的原
因を総括すると，それは，国内市場における価格機構の硬直化および国際金
融市場における金利に非弾力的な市場構造の成立と，金本位制度ないし金本
位制度的金利政策との結合にあった，そして，このことが，循環性恐慌と質
的に異なる世界恐慌を生み出したのである，と結論してよいであろう．」

　吉富と同様，経済構造に大恐慌の原因を見いだそうとする侘美は，構造分
析に切り込む．だがその研究は，そうした「客観的」な経済構造が，なぜ，
どのようなメカニズムで恐慌として爆発し，大不況として継続したのかを説
明してはいない．

(2)　シュムペーターの景気循環論

　かれは，56歳のときの大著『景気循環論』の序文で次のように述べてい
る．「私は，読者が期待するべきものを簡潔に指し示すために，本書を『景
気循環論』と名付けたが，実際にはむしろ副題が私のやろうとしたことをつ
たえている」[9]．その副題は「資本主義過程の理論的・歴史的・統計的分析」
であった．かれの関心は，景気循環論の体系化よりは，経済発展理論，静態
分析の動態分析化にあった．

　『景気循環論』の理論的体系の核心は，ワルラスの均衡体系を継承し，静
態理論を開陳した『経済発展の理論』にあろう[10]．かれは，ある種の理論的
構築物である定常的な経済有機体の働きに内在する諸要因を解明するために
は，経済領域の作用因を内的要因，外的要因に区分し，まずは，外部要因を
捨象する必要があると考えたのであった．ところが，静態的で循環的な「慣
行軌道」をモデル化したあとで，その動態化を図り，「経済発展」を描くに
は外的な推力が必要となる．そこでかれは，モデルの動態化を「新結合の群

生的出現」, 革新的企業家の衝動といった経済外的要因に求めた.

　かれの経済理論の体系は, 経済の「モデル (model)」(「模型」) である.
これをもって現実的, 歴史的事態に接近し, これとの対照で経済の動きを分
析するのである.

　現実へ接近する方法としてかれは「第1次接近 (First Approximation)」
「第2次接近 (Second Approximation)」「第3次接近 (Third Approxima-
tion)」を考えた. モデルから「歴史的事実までは長い道程がある.」それは,
マルクス『資本論』における商品を始源とする論理——抽象的な, 一般的段
階から恐慌という歴史, 現実的な現象へと上向を試みた方法を彷彿とさせる.

　① 「純粋モデル (Pure Model)」あるいは「第1次接近」: 単一波動・2局
面のシェーマにもとづく静態的経済の純粋モデルである. そこでは, まずは,
完全競争と完全雇用, 貯蓄ゼロ, 人口不変が前提にされている. ここでの変
動要因として, 経済の均衡ないし均衡の近傍において, 企業者の「新結合
(New Combinations)」の発生を導入する. 新結合とは, 生産的諸力の結合
の変更をもたらす諸要因からなる. 新しい財貨の生産, 新生産方法の導入,
新販路の開拓, 原料・半製品の新たな供給源の開拓, 新たな生産組織の実現
などからなる. この担い手である起業家精神をもった経営者が, 恒常的なフ
ローを攪乱するのである. 「群生的出現」なる言葉が躍る.

　この論理次元では, 均衡ないしこの近傍から離れてゆく過程としての好況,
新しい均衡ないしその近傍への接近過程としての景気後退の2局面が想定さ
れている. だが, それは経済発展の循環的過程の周期性を示しはしない.

　② 「第2次接近」: 投機, 信用の拡大 (新結合を遂行する企業者に限られ
なくなる), 楽観, 悲観論からの過誤, といった要因が導入され, 「第2次接
近」への論理の上向が図られる. そうして, 「好況」「景気後退」「不況」「回
復」という4循環論が説かれる.

　③ 「第3次接近」:「3循環図式」. ここでは, あらたに3つの波動, 循環
図式が導入され, 歴史的現実への接近が図られる. コンドラチェフ, ジュグ
ラー, キチンの3循環図式である.

コンドラチェフ循環は，2つの役割をもつ．第1に，その期間内で設備投資の循環を示すジュグラー循環（9～10年周期）と在庫投資の変動をあらわすキチン循環（40カ月周期）の運動を分析することで，経済や産業の歴史記述を行いうる枠組みが提供される（通常1つのコンドラチェフ循環は6つのジュグラー循環を含み，1つのジュグラー循環は3つのキチン循環をそのうちに含む）．第2に，コンドラチェフ循環は，経済社会的歴史的過程を，画期的な技術革新によって段階区分しうる概念である．

だが，かれの循環図式を1929年恐慌に適用すると1928-29年のブームは，キチン循環の回復期，好況期として説明しなければならなくなる．ジュグラー循環，コンドラチェフ循環もそれぞれ不況局面，景気後退局面にあるからだ．ところが，「1928-29年のブームは，われわれの図式が予期させる以上にはげしいものであった．」．このため，シュムペーターは，「若干の独立の貨幣的要因や投機的熱狂の影響によって説明されよう」として，かれのモデルでは除外されている「不規則な要因」を持ち出さざるを得ないのであった[11]．

シュムペーターは，のちに，この問題を再論して，1929年恐慌は「投機的熱狂」「アメリカ銀行制度の脆弱性」「都市および農村の担保と安易な貸借行為」の3つの要因によって生み出された「恐慌過敏症（crisis-neurosis）」の現象であった，と説明している．すでに指摘したように，彼の理論体系では，「恐慌」は，「不況」とは論理的次元の異なる概念であった．恐慌とは，あくまで，循環論での基本概念である「不況」とは論理的に区別される心理的，偶発的な現象なのであった[12]．

かれの景気循環論は，『経済発展の理論』の最終章での論述内容と，ほとんど代わり映えしない代物であった．全15章，2000頁に及ぶ2巻本の『景気循環論』は，野心的な労作ではあったが，中身は大部分が退屈な経済史であった，と評価されるゆえんである．

かれは「新結合」「企業家」を経済発展，景気循環の起点とする．なぜ特定の3循環のみに循環理論を限定するのか．この他にもいくつかの循環論の

第3章　大恐慌と景気理論の系譜　　　69

提唱があったはずである．かれが3循環論の大枠とするコンドラチェフ波動についても異論がある．致命的なのは，かれの循環論では1928-29年のブームを説明できない．そこで，かれは，かわりに「投機的熱狂」などの説明要因を導入せざるを得なかったのである．

(3)　フィッシャーの景気循環論，負債デフレーション論

　フィッシャーは，はやくから，自ら定式化する比例的な貨幣数量説と貨幣が引き金となる現実の恐慌，景気変動との認識上のギャップに気づいていた．かれは，経済行為において，実際には「貨幣錯覚」が生じる事態を，無視しえなかったのである．

①『価値上昇と利子論』(1896年)[13]での信用循環論

　利子率と信用循環が考察されているこの研究は，理論編，実証編，応用編から構成されている．理論編では，まず，将来についての完全な予見 (foreknow, foresee) が可能であるとの前提にたち，論述がなされる．これをハイエクは，1937年の「経済学と知識」で「予想 (anticipations)」を理論の説明要因として取り入れた先駆的業績と評価する[14]．

　ここでフィッシャーは，事実上の名目利子率，実質利子率，期待インフレ率をあらわす要素をもとに方程式を考案する．そのうえで，かれは，第2部の実証編で，方程式をもとに，物価と利子率の関係について，19世紀後半の世界の主要都市の物価と利子率の関係について実証分析を行なう．そうして，物価変動にたいする市場利子率（名目利子率）の調整が完全ではなく，かれの方程式が当てはまらないことを見いだす．かれによれば，こうした変動が生じる根本的な要因は「予測の不完全性 (imperfection of foresight)」と「予測の不均一性 (inequality of foresight)」である．

　現実の経済活動では経済的アクターは全知全能ではない．実際には，かれらは，現在と将来を，完全に，合理的に，認識し，あるいは予測することができないのである．そのうえ，知識と情報は各アクター間に均一に存在して

いるわけでもない．予測の確かさは，不均一にならざるを得ない．こうして，各アクター間の経済行為において，認識，認知上のラグが発生するのである．

そうして，次のような景気変動のプロセスが生じる．

物価上昇──貨幣タームでの企業利潤の増大──これへの利子率の調整の遅れ──借り手による価格上昇後の追加的利潤マージンの取得──借り手の期待利潤率の上昇──借入の活発化──貸出需要の増大──利子率上昇──物価上昇にたいする利子率上昇の遅れ──物価上昇が利子率上昇を上回る状態の継続──物価上昇にたいする利子率の調整の模索過程の継続．

物価上昇に対する利子率の調整の不完全性が，企業利潤を増大させ，投資を刺激し，貸出の増大へとつながる．この変動の累積的過程が景気変動過程なのである．

② 『貨幣の購買力』（1911 年）[15] での貨幣的景気循環論

かれは，比例的な数量説を唱える一方で，動態分析ではこの方程式が当てはまらないため，第 4 章で「過渡期論」として考察した．そこで景気変動を始動させる衝撃は通貨量の変化であった．かれは，貨幣量以外の衝撃が，景気循環を始動させる可能性を排除したわけではなかったが，研究のため，として「貨幣数量」を選択した．そうして，名目利子率と物価上昇率とのラグに注目し，次のような循環図式を考えた．

金の数量増──物価上昇──貨幣ではかった企業利潤の上昇──物価上昇に対する利子率のラグの発生──物価上昇率を上回る利潤率の上昇──企業の借入増大と事業の拡大──銀行の貸付，とりわけ短期貸付の増大──預金創造，預金通貨の増大──物価水準の上昇──流通通貨速度の加速──経済の一層の拡大．

このプロセスは，利子率がその正常値に遅れて上昇する限り続行する．だが，利子率はラグを伴いながらも上昇を続け，ついにはインフレ率に追いつく．なぜか．銀行は，自己防衛のために利子を引き上げざるを得ないからである．そうして，景気は，次のような反転過程をたどる．

第 3 章　大恐慌と景気理論の系譜　　71

銀行の準備に対して法外にまで膨張した銀行貸付──銀行による自衛策としての金利引き上げ──証券価値の下落──担保価値の下落──銀行貸付の抑制──企業の倒産──銀行経営の悪化──銀行不信と預金者の取りつけ騒ぎ──銀行準備の減少，枯渇──金融危機──利子率の急騰──不況．そうして，流動性危機，信用危機が発現する．

フィッシャーは，信用循環を「商業的振り子（the commercial pendulum）」と表現する．その期間は，およそ 10 年である．この振動要因に企業心理，農産物の作柄，発明とともに，なによりも重要なものとして貨幣量の増加をあげていた．

フィッシャーは，過渡期分析に実物要因を明示的に取り込んでいない．恐慌の非貨幣的要因を論じることはそこでの目的ではなかった．また，貨幣的原因が重要であるのは利子率が物価に適合しえないことに関連づけられるときだけである，と断っていた．

③『大恐慌の負債デフレーション論』（1933 年）[16]

かれの大不況論は，『大恐慌の負債デフレーション論』にまとめられる．そこでは，景気悪化のプロセスに焦点が当てられる．かれは，まず，負債デフレーションが発生するきっかけがあるという．「大きな利潤が見込まれる新たな投資機会」がそれである．そうした投資機会は，新発明，新産業，新たな資源開発，新たな土地と市場を通じて生まれる．これとともに，緩和マネーによる過剰借入が進行する．

かれの考える負の連鎖は次のような経過をたどる．すなわち，

過剰債務を解消するための銀行借入の返済，これによる債務の清算，債権の投げ売り──預金通貨の収縮，流通速度の低下──物価水準の低下──企業の資産価値の減少と破産／企業利潤の減少，赤字操業の増大──損失，破産，失業の増加──将来に対する悲観の強まり，および信認の低下──通貨の保蔵の増大，流通速度の一層の低下──名目金利の低下と実質金利の上昇．

フィッシャーによればこの過程で，負債病（the debt disease）が生じ，次いで「ドルの病気（the dollar disease）」が生じる．「われわれは誰でも，小さな病気が大きな病気をもたらすのを知っている．悪性の風邪から肺炎になるように過剰債務はデフレーションになる．そして逆も成り立つ．」

かれの負債デフレーションでは，物価下落──債務者の実質債務負担の増大──→経済活動への抑制的効果，が強調されている．また，大不況を，景気の螺旋的悪循環（the vicious spiral downward）論として把握，「債務者が支払えば支払うほど負担する債務が増大する，というのが，すべてではないにせよほとんどの大不況の秘密であり」，「最大の逆説」である，とした．

負債デフレーションの因果連関の説明では，かれが以前に強調していた利子率の役割が軽視されていた．とりわけ名目利子率と実質利子率との乖離と景気循環との関連が抜け落ちているのはなぜであろうか．また，フィッシャーによれば，負債デフレーションの治療方法は「自由放任」（破産），あるいは「科学的治療（scientific medication）」（リフレーション）であった．

貨幣数量説の呪縛から自らを解き放つことができなかったフィッシャーではあったが，かれの一連の研究は，貨幣経済の動態を生き生きと分析した先駆的な業績であった．

(4) オーストリア学派の景気理論

①ハイエクの貨幣的景気循環論[17]

ハイエクは，貨幣中立説を退け独自の「不均衡動学」の構築を模索した．オーストリア学派の時間理論とヴィクセル（Wicksell, J.G.K.）の累積的過程論を取り込んだかれは，景気変動の原因として，貨幣的変化が及ぼす生産財価格と消費財価格との相対的な価格関係の変化に注目した．生産部門と消費部門にどのようにして不均衡が発生するのか．かれが景気変動の要因として見いだしたのは，現実の貨幣利子率と均衡（自然）利子率との乖離であった．鍵を握るのは金融機関による信用創造である．これによって生み出される資本の供給量は本源的な預金量とは一致しない．ここに貨幣利子率と均衡利子

率との乖離が生じるのである.

　かれは, ベーム-バヴェルク (Böhm-Bawerk, E. von) の迂回生産論を基礎にユニークな「三角形」を案出し, 経済の時間構造を説いた. そこはすべてフローの世界である. それは時間を縦軸に財の産出量を横軸にした三角形で,「本源的生産 (土地と労働)」を頂点に, 高次財の生産に向かって垂直的に拡大し, 底辺の消費の最終段階まで続いてゆく図である. 各段階で財・サービスに価値を付加してゆくにしたがい, 三角形は拡大し, 生産構造の高度化が示される. 三角形の範囲は, 全ての財・サービスのための支出を表現している. 貯蓄率の増大は三角形を拡大する. これにより長期的には価格は低下し, 産出量は増大し, 新しい均衡が生まれる.

　だが, 貨幣利子率が低下するなかで銀行組織による信用拡大は, 自発的貯蓄が可能とするよりも多くの投資資金の供給をもたらす. この結果, 時間選好の変化をともなわず多くの資金が投資財部門に向けられる. 消費財の供給は, 生産財と比例的に増加せず, 消費財価格は上昇する. 賃金が上昇するなかで消費財の供給が相対的に減少し, 物価上昇が生じる. これに対応しようとする人々の消費の減少と貯蓄の拡大という「強制貯蓄」が生み出される.

　均衡利子率と貨幣利子率との不一致による「三角形」の伸縮を景気変動になぞらえたかれの難解な理論を図式化すれば次のようになろう.

　貨幣利子率の均衡利子率以下への下落──新規投資の拡大──銀行信用の拡大──資本財需要の消費財需要に対する相対的増加──資本財価格の消費財価格に対する相対的上昇──資本財生産増大, 高次生産の拡大──生産構造の高度化の進展──好況──生産構造の一層の高度化──好況の持続 (この間, 生産の転換による消費財生産の減産と需給の逼迫──消費財の価格上昇, これと同時に所得の増加による消費財支出の増加)──貨幣利子率の均衡利子率を超えた上昇──銀行信用の収縮──恐慌.

　ハイエクの方法的立場は,「景気循環過程で観察されるすべての異なった特徴を演繹的に説明する」というものであった. とはいえ, それは, 景気変動, あるいは循環論というよりも経済成長のモデルとでもいうべき論理体系

であった．他方でハイエクは，その政策的含意を次のように述べている．
「……，ひとたび恐慌が到来すると，それが自然な終焉を迎える前にそこか
ら脱出するためにわれわれがなし得ることは何もない」．

1929年恐慌直後にオーストリア学派の景気理論をひっさげさっそうと登
場したハイエクは，ロンドンやケンブリッジで自説を説いてまわった．だが，
そのかい渋な理論を理解し受け容れたものは多くなかった．

かれの体系の決定的弱点は，経済崩壊後の不況局面の説明を欠いた点にあ
った．ヒックス（Hicks, J.R.）は指摘する．「ハイエク理論の最大の欠陥は，
それがデフレ・スランプに適用された場合である」[18]．

②ロビンズ『大恐慌』（1934年）[19]

ロビンズは，第3章でハイエク流のパニック論を擁護し，次章で1930年
代の大不況について独自の説明を行なっている．そこでは一転して，多様な
説明要因が考察されている．

ロビンズは，まず，『大恐慌』第4章の冒頭で，長期の深刻な不況の原因
を単一の説明によっては論じきれないと断っている．そうして，政治的偶然，
各国の政策，経済構造の脆弱性，心理的要因などは無視することができない
と指摘し，さらにこうした要因がどのような役割を果たしたのか，未だ十分
な時間が経過していないので，評価することができないとも率直に述べてい
る．こうしたあと，ロビンズは，不況をもたらしたかかる政治的状況（賠償
問題，国境紛争，ナチスの台頭など），経済的状況（ドイツ，中欧での資本
不足，長期利子の異常変動など）について論述する．ここでかれが強調する
のは，政治的要因が不況の長期化をもたらし，政治的脆弱性を強める要因と
なっている点である．かれはさらに戦後の経済構造の副産物として，産業の
カルテル，組合の力の増大と労働市場の硬直性，これらによる非弾力性，不
確実性の高まりを強調する．一次産品の価格統制も重要な要因のひとつであ
る．ロビンズはこうしたさまざまな要因を指摘したあと，いかさま師や詐欺
師による不正行為の横行とこれが経済的行為に錯誤をもたらした心理的要因，

経済構造の変化（国家介入，公共事業や公的金融の拡大など）についても言及する．これらに留まらず，さらには，消費購買力，および賃金率と配当の維持政策を試みたことが不良債権の一括処理を遅らせ，不確実性の持続，デフレの悪化と長期化を招いたのだ，と論ずる．

後年ロビンズは，『自伝』（1971 年）で，経済諮問委員会でケインズの公共支出の拡大政策に反対したことを誤りであったとして，これとの関連で，『大不況』について次のように回想している[20]．そこで好況と危機を生みだした諸要因の分析としてミーゼス，ハイエクの学説が有効であったとしても，その後の深刻なデフレーションを説明する理論としては間違っていた，当時この理論にとらわれていたことがケインズとの論争で，公共支出政策に強く反対した結果となった，わたしの専門的な来歴のなかで最も大きな誤りであった．

(5) フリードマン゠シュワルツ，バーナンキの大恐慌論

①フリードマン゠シュワルツの『米国金融史』第 7 章[21]

フリードマンとシュワルツ（Schwartz, A.J.）は，通貨的要因が大恐慌を生み出したとの解釈にたち，その直接の原因を，通貨管理の失敗にあるとする．その主張は，以下のように要約できよう．この時期に流動性危機，信用危機に見舞われアメリカの通貨，金融制度は崩壊した．その原因は政策的対応の失敗に帰せられるべきであり，必然の事態ではなかった．また，かかる事態への対処で新奇な政策が必要であったわけではなかった．1873 年にバジョット（Bagehot, W.）が大枠を示した政策——バジョット・ルール——を採用していたのであれば，あるいは過去の経験を踏まえ適切な政策を実施していれば，大惨禍を免れることができたであろう．

著者は，貨幣の変化が，短期的には実質経済に変化を及ぼすと考える．それは，フィッシャーの過渡期論を発展させた理論として位置づけることができる．かれは，また，ケインズ理論の洗礼を受けている．それでは，経済予測に失敗し，なぜ失政を重ねていったのか．その原因として著者は，意外にも，

非経済的な要因を指摘するのである.

　ひとつは,信条体系による錯誤の発生である.当時,多くの専門家,当事者は,恐慌を経済の非効率性や脆弱性を除去するために止むをえぬ経済現象ととらえ,それへの適切な対処法は,緊縮財政であると信じて疑わなかった.このような経験主義的で伝統的な信条,経済政策思想にとらわれていたために,必要不可欠な政策を講じることができなかった.

　いまひとつは,ニューヨーク連銀総裁ストロング（Strong, B.）の逝去（1928年10月）にともなうパワー・シフトである.経験,威信,影響力,気概などで,かれに勝る人物はいなかった.かれの不在は連邦準備局の指導力を損ね,パワー・バランスをかえた.1930年3月,連邦公開市場委員会（FOMC）のメンバーが5人から12人に増やされた.連邦準備局の政策は12人の多数決によって決められ,FOMCは,地方連銀の利害を受けて行動する理事によって支配されるようになった.ストロングのような威信とパワーを欠いたニューヨーク連銀総裁のハリソン（Harrison, G.L.）は,リーダーシップを発揮できず,かれの提案は幾度も否決された.FOMCがようやく公開市場操作の実施で合意することができたのは1932年春になってからであった.

　また,国際金融業務を知悉し習熟していたニューヨーク連銀の地位低下は,大不況へのアメリカの適切な対応を困難にした.多くの他の準備市の代表者は他の地域の動向に積極的ではなかった.

　市場ではなく政府の失敗を原因とするマネタリストの大恐慌論として流布されたかかる研究は,信条体系やパワー・シフトなどの非経済的要因を通貨管理の失敗を主因とした点にこそ,政府の失敗説とする本来の所以をみるべきであろう.

　②バーナンキの所説

　バーナンキは,非貨幣的な金融要因説をもってフリードマン゠シュワルツの貨幣要因説を補強しようとする[22].いったい,なにが世界的規模での総需

要の崩壊をもたらしたのか，なぜ賃金と物価による通常の安定化メカニズム
が効かなかったのか，なにゆえにかくも長く大恐慌が持続したのか．かれの
所説の特徴は，貨幣的要因に加えて，さらに銀行パニックや企業破綻のよう
な非貨幣的な金融要因に重要な役割をあたえている点にある．非貨幣的な金
融要因こそが，通常の信用フローを妨げ，これによって世界経済の崩壊をさ
らに加速させたのである．

　かれは，経済の大収縮を，フリードマンが2つの経路から生じたと説いて
いると理解する．第1に，銀行株主の資産の収縮，第2に，より重要な経路
としての貨幣供給の急速なる減少，である．バーナンキは，さらに第3の経
路があると考える．それは金融仲介の実質コストの増大にともなう信用収縮
が総需要に与える影響といってもよい．つまり，金融危機が信用仲介コスト
を増大させ，総生産を低下させたのである．ここで信用仲介コストとは，貸
し手から資金をよい借り手へと向かわせるコストのことである．これには，
悪い借り手に融資することで被ると予想される損失，スクリーニング・コス
ト，モニタリング・コスト，会計上のコストが含まれる．銀行は，信用仲介
コストを最小にする業務手続きを選択する，というわけだ．

　バーナンキのアプローチは，この他，いくつかの点で興味深い．第1に，
あくまで合理的行為仮説を堅持しようとする．この立場から信用仲介の実質
コストに焦点をあてることで，民間の経済主体の非合理的行為を仮定しない
で大恐慌を説明できるメリットがあるという．これに対して，金融システム
に特有の不安定性を強調し，合理的仮説から逸脱せざるを得ないと主張する
のがミンスキーやキンドルバーガーの研究であった．

　第2に，かれが貨幣の中立性論を否定している点である．かれは次のよう
に論じている．「すべての国で観察された物価の下落と生産の低下との相関
関係は，貨幣が実体経済に影響を及ぼすのであり，その逆ではないこととい
うことを反映していると解釈するのが妥当である．」だが，ここで，貨幣錯
覚を説くのは，合理性を仮定するかれ独自の信用仲介コスト論と方法論上，
明らかに齟齬を来している．

3. 期待と不確実性のケインズ景気理論

かれは,『一般理論』刊行直後の『クォータリー・ジャーナル・オブ・エコノミックス』（1937 年）の論文で,『一般理論』の核心について次のように説明している.

「……将来についての実際的理論は, ……脆弱な基礎に基づいているのであるから, それは突然の激しい変化にさらされる. 静穏, 静止, 確実, 安全の慣行は, 突然崩壊する. 新たな不安と希望は, 警告もなく人間の行動を支配するであろう. 幻滅の力が突然の価値評価の新たな慣行の基礎を与えることになるかもしれない. 立派な内装の重役室での会議やうまく制御された市場のための, あらゆる洗練された手法は, 崩壊しかねない. いつでも, 漠然とした突然の恐れや, これと同様の漠然とした根拠の無い希望が, 緩和されることなく表面下に横たわっているのである.」われわれの知識は, 変化し, うつろい易く, 不確かであるという事実からは,「計算可能な確率を成立させる科学的根拠は, 存在しないのである.」[23].

1939 年の「フランス語版への序」のなかでも次のように記している.「一般に, 産出量および雇用の現実の水準は, 生産能力や既存の所得水準に依存するものではなく, 生産に関する現在の決意に依存するものであって, この決意はさらに投資に関する現在の決定と現在および将来の消費に関する現在の期待に依存する. さらに, われわれが消費性向および貯蓄性向（私の命名による）——すなわち, 一定の所得をどのように処分するかについての個々人の心理的性向を社会全体についてまとめたもの——を知ることができれば, 与えられた新投資水準のもとでの利潤均衡点において, 所得の水準したがって産出量および雇用がどれだけであるかを計算することができる」[24].

ケインズは, ソーントン（Thornton, H.）, マーシャル（Marshall, A.）, あるいはより明確に景気変動論の「心理主義」的理論を展開したピグー『富と厚生』(1912), ロバートソン『産業変動論』(1915) の流れにあったとも評

価できる．予想と期待についての言及は，はやくも『貨幣改革論』（1923）
でみられた．もっとも，『一般理論』にいたる過程では，同書のなかで中心
的な概念として用いているこのアプローチを，ケインズは，初めのうちは，
やや冷笑的に採用していた節がある．1928，29年の『貨幣論』草稿で「ピ
グー教授のいくらか神秘主義的な楽観主義と悲観主義の錯誤」との記述があ
るからだ[25]．

　ケインズは『一般理論』で「多数の無知な個人の群集心理」が投資誘因の
決定要素であり，利子率は，「群集心理によって決定される市場評価」によ
って決まるとも論じている．これを文字どおり解釈すれば，ケインズは，一
種の社会心理学的アプローチに立っていることになる[26]．

　ケインズは『一般理論』第6編第22章「景気循環に関する覚書」の冒頭
で，「景気循環の実際の場合を詳細に研究してみると，それがきわめて複雑
であり，それを完全に説明するためには，われわれの分析の中のあらゆる要
素が必要であることが分かる」と述べている[27]．だが，「あらゆる要素」と
言ったのでは説明を放棄したのも同然である．そこでかれは，「とくに消費
性向，流動性選好の状態，および資本の限界効率の変動がすべての役割を演
じていることが分かる」と前言を翻す．そうして，これら3つの要素のうち
でも，「資本の限界効率の循環的な変動」こそが「他の重要な短期的変数の
変化のからみ合いによって複雑にされ，激化させられることが多い」景気循
環を引き起こす，と論ずるのである．

　ケインズによれば，「資本の限界効率は，資本財の現在における多寡およ
び資本財の現行の生産費に依存するだけでなく，資本財の将来の収益にたい
する現在の期待にも依存している.」景気循環も極めて心理的な不安定要因
に依存していることになる．

　ケインズは，この後，好況の後段階と恐慌の襲来に焦点をあて議論を展開
する．とくに耐久消費財の場合，将来に関する期待が新投資の規模を決定す
るに当たり支配的な役割を演ずる．ところが期待の基礎は，きわめてあやふ
やで変わり易く，当てにならない根拠にもとづいているために，急激かつ激

甚な変化にさらされる．従来の恐慌学説では，利子率の上昇を恐慌の原因とするムキがある．だが，典型的，支配的な原因は，資本の限界効率の急激な崩壊にある．また，好況の後段階は，資本財の将来収益に関する期待によって特徴づけられる．

ケインズによれば，期待は資本財の過剰化傾向も，その生産費上昇も，利子率の上昇も相殺するほど強力である．組織化された資本市場では，過度に楽観的な思惑買いがみられ，一方で幻滅が急激な破局的な勢いで起こることが特質である．買い手は，自分の買っているものについて全く無知である．投機家は資本資産の将来収益の合理的推定よりもむしろ市場人気の次の変化を予測することに夢中になっている．

かかるなか突然の幻滅に見舞われる．これは，資本の限界効率の崩壊による狼狽と将来についての不確実性の高まり──流動性選好の急激な増大──利子率上昇──投機の著しい低下，へと連鎖する．

資本の限界効率は，産業界の制御できない強情な心理によって決定され，個人主義的資本主義経済では確信の回復は容易ではない．好況が続いている間は新規投資の多くは一応満足すべき現行収益を示す．幻滅が生じるのは，予想収益の信頼性が急激に疑わしくなるためであり，それは，新しく生産された耐久消費材のストックが絶えず増加するにつれ現行収益が低下する兆候を示すからである．

「覚書」は，このあとも警句に満ちた記述が続くが，紙幅の都合で省略せざるを得ない．そこでケインズ景気循環論の特徴と政策的含意を以下のように概括しよう．①「期待」と「資本の限界効率」が景気の循環的運動のキー概念であること．②恐慌の原因を資本の限界効率の急激な低下に求め，過剰投資論を否定していること．③ケインズの恐慌対策は，結局，投資を大々的に増やせない状況下では，「二方面作戦」を実施すること，すなわち，資本の限界効率を漸次的に低下させるために投資率を社会的に制御すること，消費性向を高めるためにあらゆる政策を講じること，である．しかし『一般理論』では，財政的，あるいは金融的な刺激策を強く主張しなかった．

4. 景気理論の方向性

　世界経済な複合的危機を考察するうえで1929年恐慌と大不況期の研究は，今後の研究にどのような課題を提起しているであろうか．

　スウィージーは，恐慌論，崩壊論を試みた．だが，それは，マルクスの『資本論』を手がかりとする，余りにも歴史的に制約された抽象的な「原論」的なアプローチであった．先進国に顕著な低収益性，歴史的低金利は，国家の財政危機と相まって資本主義の終焉を画する事態であるのか．マルクスが『資本論』で予言した資本の有機的構成の高度化にともなう利潤率の傾向的低下の「法則」は，100年余りの長期タームでは，的中したといえるのか．

　経済構造論的アプローチは，過少消費や過剰蓄積の構造的原因に焦点を当て，経済に内在的な構造的不均衡や矛盾の存在を，その形成のメカニズムとともに動態的に解釈してみせた．とはいえ，それらが恐慌や大不況となって発現するメカニズムを解明してはいない．グローバなインバランスが「実証」されたとしても，それが直ちに世界恐慌となって発現するわけではないのと同様である．経済の構造的不均衡の解明と，それが恐慌となって発現するメカニズムの解明は，別の課題である．これとともに，より根底的には，「客観的」な経済構造分析を可能と考えるかれらの自然科学主義的な，強い実証主義が，経済分析の方法として成立しうるかを問わなければならない．

　ハイエクは，演繹的な方法によってモデルを構築し，景気分析を試みた．かれによる1929年恐慌の予言は，的中したかもしれないが，恐慌の発現メカニズムの解明に成功したとは言えず，大不況の持続を究明する理論も提示し得なかった．他方で，かれは，経済の自律的運動を重視する立場から，恐慌への政策的対応を否定したが，その拱手傍観の姿勢を支持するものは少なかった．ハイエクをLSEに招聘し，オーストリア学派の景気理論のイギリスへの普及に力を入れたロビンズの大恐慌論は，皮肉なことにハイエクの論理では，大恐慌を説明できず，雑多とも言いうる説明要因を動員してその解

明にあたらざるをえなかった．当のハイエクは，1930年代半ば，旧著の精緻化と動学化をめざし景気理論の体系化に着手する．だが，『一般理論』が刊行され，その影響力が強まるなか，理論の再構築に行き詰まり，事実上，その研究を投げ出してしまう．この後，かれは，失意のうちに経済学研究から社会哲学，認識論，知識論へと研究分野の転換を図らざるをえなかった．後年，新オーストリア学派は，主観主義的認識論に立脚し，無知と不確実性論を前面に押し出し，経済活動への国家介入の悪影響をひたすら強調するようになる．とはいえ，今日のような複合的危機下の大衆民主主義的状況では，国家は，景気対策を講じざるを得ない．かれらは，現代経済社会は，景気政策が新たな不均衡要因を生み出すという悪循環から脱出することができないというのであろうか．

シュムペーターの景気循環論については，キンドルバーガーの次のような酷評をもってかえよう．「ほとんどの経済学者は，これら3種の循環が軌道運動中の天体のように相互に独立しているとか，大不況が日食や月食のように不規則ではあるが予見可能な事象であるとかは，考えないであろう」［一部改訳］[28]．

フリードマンは，なんであれ，予測に成功した理論がよい，との主張で知られた．だが，この一方で，かれ自身は適正な通貨管理にこだわり，かれの大不況論は通貨管理政策ミスのアプローチとして位置づけられた．その根底には経済の客観的な分析によって正しく望ましい政策を案出し，これを実行に移しさえすれば，経済的災禍を回避できたとの考えが潜んでいる．これでは，さきのアナーキーな方法論的と矛盾している．かれの大不況論についていえば，それは結局，後知恵の事後的な解釈であって，政策展開に対する人々の認識，認知的，心理的活動上の連鎖的な反応を考慮せず，また，その過程で生じうる錯誤を考慮しない．

そもそも政策ミス説は，後世の観察者による1つの解釈にすぎないともいいうるのである．この点では，ヘッティンガー（Hettinger, A.J.Jr.）の批判が有用であろう．「私の頭に刻みこまれているのは，金融政策とは，煎じ詰

めれば，その行動が予測できない人間に対して作用するものだということである．金融政策が実施される世界は，真空空間でも，他の要因をすべて一定と仮定できる世界でもない」[29]．かれはさらに，イギリスの『「物価，生産性，所得に関する審議会」第3次報告書』（1959年7月）から，次のような記述──D.H.ロバートソンが執筆したと考えられている──を引用している．「……経済的な制約要因やインセンティブは人間の思考に働きかけるものであり，これらが人の考え方にどう影響するかを正しく予測することは不可能である．また，これらの要因は，つねに変化する状況のなかで作用する」．こうした見地に立つヘッティンガーは，経済政策の展開に対する人々の期待と経済的行為の不確実性を考慮すべきであると論ずる．「ハイパワードマネーという武器を使用すれば，必ずリスクの発生が予測される．この作用が人間の心理にもたらす影響が好ましいものか，せめて中立的なものであれば，著者らの主張する算術的な結果が必然的に生じることになる．」

　キンドルバーガーの批判も興味深い．その説明が一国的で，貨幣的な政策決定に関わる単一原因説であると評価し，大恐慌の原因論としては誤っている，と批判する[30]．かれ自身は，次のような説明を採っている．手形割引と景気調整的貸付を行ない，商品に対して開放された市場を提供することで指導性を発揮する国が存在しなかった．イギリスは1931年になって指導性を発揮できないことが明らかになったが，アメリカはイギリスに代わって世界の主導的役割を引き受けようとしなかった．アメリカはスムート・ホーリー関税という近隣窮乏化的な貿易政策を実施し，最後に頼れる貸し手としての役割意識にも欠けていた．かかるキンドルバーガーの業績は，覇権安定理論の歴史的事例についての優れた研究でもあった．かれは，世界大不況の際に，アメリカは，覇権国として，相応の役割を果たすべきであったというのである．

　かれは，別の著書では，通貨供給量をコントロールできることを確信し，信用機構の不安定性を全く看過しているとフリードマンを批判する．この点で，かれは，ケインズの再解釈にもとづき金融不安定性論をとなえるミンス

キーの試みを支持する．さらに，かれは，テミンの研究を引き，名目ではなく実質残高に注目し，フリードマンとは異なる統計処理を施すと，1929 年 8 月から 1931 年 8 月までの間に通貨供給量は，減少したどころか，実際には 5% 増加していた，大不況の原因が通貨にあるとする証拠は全くない，と結論づけている[31]．複合要因説に立つかれは，また，生産の減退，国際資本移動，為替相場，あるいは海外のデフレーションとも無関係ではないと考える．

　信用仲介コストを独自の概念として押し出すバーナンキの所説の最大の問題点は，その概念規定が不十分であり，その計測ができていないことであろう．かれ自身がこれを認めている．「信用仲介コストを直接計測できれば便利なのであるが，残念ながら満足できる実際的，経験的な数値は得られない．」かかる仲介コストを端的に示す数値をかれ自身把握していないのである．かれは，さらに，銀行危機が取引コストに与える影響も直接観察できないという．「われわれは，銀行危機が信用仲介コストにあたえた効果を直接は観察できない．」このため，かれは，代わりに，銀行融資残高の月別変化，月別銀行貸出残高の要求払い預金残高と定期性預金の合計に対する比率などを用いざるを得ないのであるという[32]．

　バーナンキは，明らかに，短期の動態分析で，通俗的な教科書化された貨幣数量説が説く貨幣の中立性論にこだわらず，その実物経済への影響を認めている．短期，長期を問わず，貨幣の非中立性を考えているのであれば，かれは，大胆にも主流派経済学からの脱皮を試みていることになる．だが，他方で，主流派経済学の公準である合理的行為仮説を堅持している．これら 2 つのアプローチが両立しうるのか，疑問が残るところである．

　フィッシャー，ケインズの研究は，貨幣的，金融的アプローチの先駆的な業績と評価できる．とくにケインズは，金融経済化，ギャンブル経済化現象の考察を深めた．その際，かれは，主観主義的立場から，人々の行動の認識，認知，心理的側面に力点を置き，将来への不確実性のもとで人々の期待が動揺する不安定な経済世界をイメージしていたのであろうか．『一般理論』では，資本の限界効率，消費性向などの基本概念が期待と関連づけられ，キー

概念に位置づけられていた．新古典派の均衡論的経済観の否定につながるとも思えるその方法論的立場は，認識論からみて混乱している．それというのも，景気対策として投資の社会的管理を主張しているからである．これでは，経済の社会的制御の可能性を説いたことになる．かれには，その特有の倫理観からか，政策的対応への強い衝動があったように思われる．そうであっても，経済理論が「主観主義的基礎」のうえに構築され，このうえで経済政策が案出されるのであるとすれば，国家の介入政策の当否の「客観的根拠」は失われよう．

　ケインズの金融経済論に注目し，ケインズの再評価を試みたのがミンスキーである．かれによれば，新古典派総合の強い影響のもとで，ケインズが強調した現代経済の本質的要素が無視されてきた．不確実性下での意思決定，資本主義経済過程の循環的性格，先進資本主義経済における金融経済化，である．主として投資を決定するのは，金融諸変数であり，経済の全般的な状態を決定するのは，投資水準とその変化である．経済は将来の期待によって強く影響を受け，投資の決定は不確実性にさらされる．かれは，このうえで，金融脆弱性論の展開を試みる．そこで重視するのが，①ヘッジ金融，投機的金融，ポンツィ金融，②システムにおける流動性の状態，③投資資金調達の際の負債への依存度，である．そうして，かれは，デフレ局面への移行過程の定式化を図る．

　　景気拡張局面での負債の利用──利潤の増加──さらなる負債の利用──
　　投資の拡大──信認の高まり──証券市場の活性化──資産に占める現金
　　保有比率の低下──流動性の低下──短期借入による資金調達──投機的
　　金融・ポンツィ金融の比率上昇──金融脆弱性の高まりと深化──金利上
　　昇──金融恐慌[33]．

　主観主義的アプローチとの関連ではシラー，アカロフ等の研究も興味深い．シラーの場合は，もっぱら非経済学的要因によって説明するアプローチの新奇性が顕著である．かれは，文化論，情報科学，社会心理学，心理学，精神分析，認知科学，精神病理学，行動科学など多様な要因を用い，経済の金融

化，バブル経済化，投機化を説明し，金融恐慌発生のメカニズムを説明しようとする[34]．

　心理的要因を含めた複合的な説明要因によるのは1907年金融恐慌を研究したブルナー（Bruner, R.F.）とカー（Carr, S.D.）である．かれらは，"パーフェクト・ストーム"なる修辞を用いて現象を物語る．そこではシステムの構造，急速な経済成長，不十分な資本バッファー，危機を煽るリーダー，実体経済の危機，過度の恐怖，拝金主義，その他の極端な行動，集団行動の失敗という7つの要因で，金融恐慌を解釈する．かれらは，かかる説明が，2007年のサブプライム危機にも当てはまると主張するのである[35]．

　問題を認識論的レベルまで掘り下げた業績にソロス（Soros, G.）の「再帰性論」，オルレアンの慣行論がある．ソロスは，人々の社会的行為における認識の相互主観的な特徴と認識の非合理性，不確実性を論理的に説いてみせた．それは，人々の相互解釈的な行為のなかで期待，慣行が構築され，再構築される基本的メカニズムを説明するこころみでもある．かれは，自然科学主義的，実証主義的な方法論を退け，「再帰性」論からの経済行為論を説く．かれは「再帰性」を次のように定式化し，説明する[36]．

$$FC(W) \rightarrow U$$
$$FM(U) \rightarrow W$$

（W：「世界の現実的ありよう」，U：「観察者の世界理解」，FC：「認知機能」，FM：「操作機能」）

ここで「認知機能」とは世界を知識として理解する機能，また「操作機能」とは，人が世界に対して影響を与えようとして，自分の都合の良いようにこれを改造することである．

　かれの基本的な立場は，「人間は世界を『完全』に理解することはできない」との所説にある．なぜならば，「人間においては認知能力と操作能力が『再帰的』に繋がっているために，どちらの機能も不確実性なり非決定性なりを排除しきれない」からだ．

　かれは，このうえで次のような主流派経済学への批判的見地を表明し，経

済・金融危機論を根底から覆そうとする.「現行の『金融市場のさまざまな変数は均衡値に向かって収斂する傾向がある』という経済学上のパラダイムは偽りでしかない. この誤ったパラダイムを基盤にして国際金融システムが築かれたことこそが, 現在の世界経済危機の主たる原因なのである.」

　かれは, とりわけ, 合理的期待仮説を「嘘」であるとして批判の矛先を向ける. 人間の相互行為, 解釈の相互行為によって構築される社会現象は, 合理主義的な認知, 認識論では理解できないという. 実証主義的認識論への批判が, ポパー（Popper, K.R.）の哲学とシュッツ（Schutz, A.）の解釈学的アプローチを継承し, オースチン（Austin, J.L.）, サール（Searle, J.R.）らの日常言語派に精通する「哲学徒」であった「伝説の投資家」ソロスによって説かれるのである.

　オルレアン（Orlean, A.）は, ケインズの「美人投票」を手がかりに, 人々の行為の集合的意識, 相互主観, 準拠基準, 慣行が構築されるメカニズムを精緻化した[37]. かれは, 投資行動における相互主観の構築過程を, ①ファンダメンタル主義合理性, ②戦略的合理性, ③自己言及的合理性, をもって説明する. ケインズの美人投票の事例では, ①は各行為主体が, 美人と考える人を選択する行為, ②は参加集団の多数が美人と考える人を選択する行為, ③は参加者が相互に相手の意見を探り, 多数の意見が美人と考える人を発見する行為, ということになる. ③によって投資行為の準拠基準たる慣行が構築される. だが, それは脆弱な一時的なもので, 経済ファンダメンタルの変化, これを反映した市場についての行為主体の解釈の変容を受け, 問い直され, 疑念をもたれ, やがて崩壊する運命にある.

　ソロスの業績は, 期待と不確実性が, 社会的な集合行為のなかで, どのようなメカニズムによって, 相互主観として構築されるのか, その１つの論理を提供している. また, オルレアンは, 相互主観性を基礎に投資行動にあたっての慣行が構築され, 再構築されるメカニズムを概念化している.

　こうして大恐慌論をめぐる多様な動きを概観すると, 恐慌論, 危機論の理論創造が容易ではないことが明らかである. それでも, 世界経済の複合的な

88

危機に直面するなかで，経済学は，その認識論的基礎と方法論を問い直しつ
つ，学際的な広がりのなかで，時代の課題にとりくんでゆかねばならないの
であろう．

注

1) Haberler (1958 [1937])，訳 14-5 頁.
2) Kindleberger (1973)，訳 263-4 頁.
3) 吉富 (1965)，330 頁.
4) 侘美 (1994)，23-87 頁.
5) Temin (1976); Bernanke (2000); Eichengreen (1992); Minsky (1975); Shiller (2000); Akerlof and Shiller (2009).
6) Sweezy (1942)，訳 201-323 頁.
7) 吉富 (1965)，とくに 6-9 頁，263-328，とくに 322-3 頁.
8) 侘美 (1994)，とくに 938-42 頁.
9) Schumpeter (1939)，訳 1 頁.
10) Schumpeter (1926).
11) 同 (1962)，訳 1176 頁.
12) Schumpeter (1946).
13) Fisher (1896), pp. 75-8.
14) Hayek (1948 [1937])，訳 58 頁.
15) Fisher (1911), pp. 59-8, pp. 63-4, p. 66, p. 70.
16) Fisher (1933), p. 15, p. 21, p. 346.
17) Hayek (1935 [1931])，とくに訳 57, 202-3 頁.
18) Hicks (1967)，訳 297 頁.
19) Robbins (1934).
20) Robbins (2009)，訳 167-9 頁.
21) Friedman and Schwartz (2008)，訳 295-8, 310-3 頁.
22) Bernanke (2000), p. viii, p. 6, p. 8. pp. 41-3, pp. 49-50.
23) Keynes (1973b), pp. 114-5.
24) Keynes (1936)，訳 xxxiii-iv 頁.
25) Keynes (1973a), p. 89; Meltzer (1988)，訳 63-6 頁.
26) Keynes (1936)，訳 152, 168 頁.
27) ibid.，訳 313, 315-7, 324-5 頁.
28) Kindleberger (1973)，訳 3-4 頁.
29) Friedman and Schwartz (2008)，訳 323-35 頁.
30) Kindleberger (1973)，訳 2, 263-82 頁.
31) Kindleberger (2000)，訳 98-9 頁.

第 3 章　大恐慌と景気理論の系譜　　　89

32)　Bernanke（2000）, pp. 51-2.
33)　Minsky（1986, 1975）.
34)　Shiller（2000）; Akerlof and Shiller（2009）.
35)　Bruner and Carr（2007）.
36)　Soros（2008）, 訳 21, 44, 46-9 頁.
37)　Orléan（1990）.

引用文献

侘美光彦（1994），『世界大恐慌── 1929 年恐慌の過程と原因』御茶の水書房.
吉富勝（1965），『アメリカの大恐慌』日本評論社.
Akerlof, George A. and Shiller, Robert J.（2009）, *Animal Spirits: How Human Psychology Drives the Economy, and Why It Matters for Global Capitalism*. New Jersey: Princeton University Press.（山形浩生訳『アニマルスピリット──人間の心理がマクロ経済を動かす』東洋経済新報社，2009 年）
Bernanke, Ben S.（2000）, *Essays on the Great Depression*. New Jersey: Princeton University Press.（栗原潤他訳『大恐慌論』日本経済新聞社，2013 年）
Bruner, Robert F. and Carr, Sean D.（2007）, *The Panic of 1907: Lessons Learned from the Market's Perfect Storm*. New Jersey: John Wiley & Sons.（雨宮寛・今井章子訳『ザ・パニック　1907 年恐慌の真相』（東洋経済新報社，2009 年））
Eichengreen, Barry（1992）, *Golden Fetters: The Gold Standard and the Great Depression, 1919-1939*. New York: Oxford University Press.
Fisher, Irving（1896）, "Appreciation and Interest," *Publications of American Economic Association*, 11. No. 4: 38-45.
─────（1911）, *The Purchasing Power of Money: Its Determination and Relation to Credit, Interest and Crisis*. New York: Macmillan.（金原賢之助・高城仙次郎訳『貨幣の購買力』改造社，1936 年）
─────（1928）, *The Money Illusion*. New York: Adelphi Company Publishers.（山本米治訳『貨幣錯覚』日本評論社，1930 年）
─────（1933）, "The Debt-Deflation Theory of Great-Depression." *Econometrica* 1： 337-57.
Friedman, Milton and Schwartz, Anna Jacobson（2008）, *The Great Contraction 1929-1933*. New Jersey: Princeton University Press.（久保恵美子訳『大収縮 1929-1933「米国金融史」第 7 章』日経 BP 社，2009 年）
Haberler, Gottfried（1958 [1937]）, *Prosperity and Depression*. New York: George Allen & Unwin.（松本達治他訳『景気変動論』東洋経済新報社，1966 年）
Hayek, F.A. von（1935 [1931]）, *Price and Production*. second ed. London: Routledge & Kegan Paul.（谷口洋志他訳「価格と生産」ハイエク全集第 1 巻『貨幣理論と景気循環／価格と生産』所収，春秋社，1988 年）
─────（1933）, *Monetary Theory and the Trade Cycle*. London: Jonathan Cape.

（古賀勝次郎訳「貨幣理論と景気循環」ハイエク全集第 1 巻『貨幣理論と景気循環／価格と生産』所収，春秋社，1988 年）

——— (1948 [1937])，"Economics and Knowledge," *Economica, N.S.*, Vol. 4: 33-54; reprinted in *Individualism and Economic Order.*: 33-56. Chicago: University of Chicago Press. （嘉治元郎・嘉治佐代訳「経済学と知識」『個人主義と経済秩序』所収（春秋社，1990 年））

Hicks, John Richard (1967)，*Critical Essays in Monetary Theory*. Oxford: Oxford University Press. （江沢太一・鬼木甫訳『貨幣理論』東洋経済新報社，1972 年）

Keynes, John Maynard (1936)，*General Theory of Employment, Interest and Money*. In *The Collected Writings of John Maynard Keynes*, Vol. VII. London: Macmillan. （塩野谷祐一訳『雇用・利子および貨幣の一般理論』東洋経済新報社，1995 年）

——— (1937)，"The General Theory of Employment." *Quarterly Journal of Economics*, 51: 209-23; In *The Collected Writings of John Maynard Keynes*, Vol. XIV: 109-23.

——— (1973a)，*The General Theory and After, Pt.1: Preparation*. In *The Collected Writings of John Maynard Keynes*, Vol. XIII. London: Macmillan.

——— (1973b)，*The General Theory and After, Pt. II: Defense and Development*. In *The Collected Writings of John Maynard Keynes*, Vol. XIV. London: Macmillan. （清水啓典・柿原和夫・細谷圭訳ケインズ全集第 14 巻『一般理論とその後　第 II 部弁護と発展』東洋経済新報社，2016 年）

Kindleberger, Charles P. (1973)，*The World in Depression 1929-1939*. California: University of California Press. （石崎昭彦・木村一朗訳『大不況下の世界1929-1939』東京大学出版会，1982 年）

——— (2000)，*Manias, Panics, and Crashes*. Forth ed., New Jersey: John Wiley & Sons. （吉野俊彦・八木甫『熱狂，恐慌，崩壊——金融恐慌の歴史』日本経済新聞社，2004 年）

Meltzer, Allan H. (1988)，*Keynes's Monetary Theory: A Different Interpretation*. Cambridge: Cambridge University Press. （金子邦彦・秋葉弘哉訳『ケインズ貨幣経済論：マネタリストの異なる解釈』同文館出版，1997 年）

Minsky, Hyman P. (1975)，*John Maynard Keynes*. New York: Cambridge University Press. （堀内昭義訳『ケインズ理論とは何か——市場経済の金融的不安定性』岩波書店，2014 年）

——— (1986)，*Stabilizing an Unstable Economy*. New Haven: Yale University Press. （朝田統一郎・内田和男・吉野紀訳『金融不安定性の経済学——歴史・理論・政策』多賀出版，1989 年）

Orléan, André (1990)，*Le Pouvoir de la Finance*. Editions Odile Jacob. 1999. （坂口明義・清水和巳訳『金融の権力』藤原書店，2001 年）

Robbins, Lionel C. (1934), *The Great Depression*. London: Macmillan.

———— (1971), *Autobiography of An Economist*. London: Macmillan. (田中秀夫監訳『一経済学者の自伝』ミネルヴァ書房, 2009 年)

Schumpeter, Joseph A. (1926 [1912]), *Theorie Der Wirtschaftlichen Entwicklung*. Leipzig: Duncker & Co. (塩野谷祐一・中山伊知郎・東畑精一訳『経済発展の理論——企業利潤・資本・雇用・利子および景気の回転に関する一研究』岩波書店, 1977 年)

———— (1939), *Business Cycles: A Theoretical, Historical, and Statistical Analysis of the Capitalist Process*. (吉田昇三監訳, 金融経済研究所訳『景気循環論——資本主義過程の理論的・歴史的・統計的分析』有斐閣, 1958-64 年)

———— (1946), "The American Economy in the Interwar Period." *AER*, Vol. XXXVI, No.2: 1-10.

Shiller, Robert J. (2000), *Irrational Exuberance*. New Jersey: Princeton University Press. (植草一秀監訳・沢崎冬日訳『投機バブル 根拠なき熱狂』ダイヤモンド社, 2001 年)

Soros, George (2008), *The New Paradigm for Financial Markets: The Credit Crisis of 2008 and What it Means*. Mass.: Public Affairs. (徳川家広訳『ソロスは警告する——超バブル崩壊＝悪夢のシナリオ』講談社, 2008 年)

Sweezy, Paul M. (1942), *The Theory of Capitalist Development: Principles of Marxian Political Economy*. New York: Oxford University Press. (中村金治訳『資本主義発展の理論』日本評論社, 1951 年)

Temin, Peter (1976), *Did Monetary Forces Cause the Great Depression?* Mass.: W. W. Norton & Company.

第4章
アメリカの対外経済政策の変貌と複合危機

山﨑　晋

2017 年に誕生したアメリカのトランプ政権は伝統的な国際政策協調に背を向ける姿勢を採り，世界を瞠目させている．ところで，振り返ってみれば，アメリカは常に国際的な政策協調のパートナーを必要としてきた．第二次大戦後，アメリカの主要な協調相手はヨーロッパ諸国であった．1980-90 年代には通貨や貿易の問題で日本と時に反目し，時に協調してきた．しかし，1990 年代以降新興国が台頭した現在では，中国といかに協調していくかも無視できなくなっている．新興国は先進国とは異なる発展段階にあり，異なる問題を抱えているが，世界経済を安定的に成長させていくためには，アメリカなど先進国と新興国の協調が欠かせない．しかし，現実には，両者の利害対立が強まり，複合危機を本格化させてきた．

そこで，本章はアメリカを中心に，先進国と新興国の動向を国際政策協調の観点から考察し，金融，国家債務，通貨で危機が連鎖する複合危機を両者の政策協調の動向と関連付けて性格づけることを目的とする．なお，考察の対象を 2000 年代以降のアメリカなど先進国，新興国，IMF（国際通貨基金），G20，G7 に限定し，紙幅の関係上 BIS（国際決済銀行），FSB（金融安定理事会）などの諸機関は原則的に含めないことにする．

ここで全体構成を述べると，1 では 2000 年から世界金融危機までの時期のアメリカを中心とする先進国と新興国の動向，特に国際政策協調に関する利害対立のあらましを描写し，複合危機の醸成期とする．2 では，2008-09 年の先進国（特に米欧）と新興国の危機対応を通じて，一時的な政策協調関

94

係が成立したことを描き，複合危機の発生段階とする．さらに3では，2010
-17年アメリカなど先進国，新興国の動向，特に国際政策協調に関する利害
対立の変化（特に「通貨戦争」）を描写して複合危機が新たな展開を見せた
時期と位置づける．また，危機後の調整長期化がもたらす諸問題を考える．

1. 危機以前：複合危機の醸成期

この時期は，ドル体制の下で先進国企業などによるクロスボーダーな生産
ネットワーク展開と新興国の輸出主導型成長を背景に，特にアメリカの経常
収支不均衡や資本移動をめぐる利害対立が顕著となった．そこで，ここでは
2000年から世界金融危機以前の時期のアメリカなど先進国と新興国の動向，
特に国際政策協調に関する利害対立のあらましを描写し，複合危機の醸成期
とする[1]．

(1) アメリカと他の先進国・新興国の動向

伝統的に戦後アメリカの歴代政権は国際的な政策協調に積極的に取り組み，
幅広い意味でのアメリカの利益を増進しようとしてきた[2]．国際的な政策協
調には，例えば外国市場で競争するアメリカ企業を援助すべく圧力をかけて
金融開放を引き出すことなどが含まれる．他の先進国は主にこのアメリカの
姿勢に追従した．アメリカなど先進国は，通貨統合を行っているユーロ圏諸
国を例外として，変動相場制，自由な資本移動という政策を採った．また，
少子高齢化の進展により成長余力低下に直面する国も見られるようになった
のもこの時期の特色である．

ブッシュ政権の国際協調は基本的にこの路線を継承している．同政権はグ
ローバリゼーションを擁護，推進する姿勢を採った[3]．WTO（世界貿易機
構）において積極的な貿易自由化を主張した．しかし，WTOにおける多角
的な貿易交渉は停滞した．すでに低関税率を達成していたアメリカなど先進
国の関心はサービス，投資，知的所有権などの非関税障壁であった．この時

期中国，インドなど新興国が発言権を強め，非関税障壁のアジェンダ化や先進国の農業保護政策に強く反対した．このため，多くの先進国はWTO交渉に関心を失った．WTOを通じた多角的貿易交渉が長期的にしか実現しないと見ると，アメリカは一方的なアプローチにより中国などにアメリカの輸出を阻害するような国内法制度や慣行を変えるように圧力をかけた[4]．他方ではFTA（自由貿易協定）の締結を重視するようにもなった[5]．

製造業ではクロスボーダーの生産ネットワークが増強された．金融部門では買収によりクロスボーダーのネットワークが形成される一方で，金融技術の進歩によって金融資産の証券化が進展した．また，主にアメリカで経常収支赤字の膨張が発生した．

一方，この時期アメリカなどの協調相手として存在感を高めたのが，新興国である．新興国は，1990年代から引き続いて輸出主導型の経済成長を追求した．多くの諸国は為替相場の安定を重視して中間的為替相場制度を採り，資本移動の自由度は各国の事情に合わせて設定された．先進国からの直接投資を誘致する目的で，インフラや税制面の整備を行うなどした．結果，新興国は先進国などへの輸出を伸ばした．また，競争条件維持と通貨危機防止を目的として外為市場に介入する国が多かった．入手した外貨準備の多くは，アメリカ財務省証券など安全資産の形で保有された．それが次に述べるように，グローバル・インバランスへと結びついたのである．

(2) 米中など先進国と新興国の対立

この時期に注目を集めたアメリカの経常収支赤字拡大は，同国による過度の金融緩和と，他の諸国による赤字ファイナンスを特徴とする．これを新興国の視点から見ると，新興国の輸出主導型成長の実現は，先進国，特にアメリカの経常収支赤字の拡大をともなったといえる（グローバル・インバランス）[6]．そのため，アメリカと経常収支黒字諸国，特に中国との対立関係が顕在化した[7]．

また，この時期には国際的な資本移動が拡大した．これは，新興国による

アメリカの経常収支赤字ファイナンスのみならず，新興国の成長機会を取り込もうとする先進国金融機関の活発な活動の結果でもあった．先進国金融機関は新興国金融機関を買収するとともに，買収した金融機関の活動資金を供給するために多額の資本を送り込んだ．こうした先進国金融機関の対外進出強化は，進出先となった新興国（「ホスト国」）の景気過熱をもたらす結果となった．ホスト国当局は，本店所在国（「ホーム国」）当局に資本輸出の抑制を要請することもあったが，信用拡張を抑え込むことに成功しなかった（ホーム国・ホスト国対立）[8]．

グローバル・インバランスの問題は，経常収支赤字が拡大したアメリカと，経常収支黒字国，特に中国との関係を中心としたものになっていったため，以下では米中関係に注目する．

両国の対立関係は 2003 年ころからほぼ一貫している．ブッシュ政権と財務省は「静かな外交」（quiet diplomacy）による解決を好んできたが進展を見せなかった．2005 年になると国内製造業からの要請を受けて中国を対象とする貿易障壁に関する法案が議会に提出されるようになった．最もよく知られる例は，2005 年 7 月シューマー上院議員とグラハム上院議員によって提出されたもので，中国製品に 27.5％ の関税を課すものである[9]．財務省は法案可決を封じるべく中国の為替政策の具体的な変更を取り付けるために行動することを約束した．それゆえ，以降これが政策の重要な課題となった．

しかし，グローバル・インバランスの調整負担を中国に負わせることは困難であった．それは，安全保障で中国が米国に依存していないこと，一方的な関税押し付けは WTO のルールに反すること，両国はサプライチェーンで強いつながりがあることなどが理由であった．また，アメリカ財務省が『通貨に関する半期報告書』で中国を「通貨操作国」と認定すると，保護貿易の議論を認めてしまい，貿易戦争を招きかねないためでもあった[10]．

ブッシュ政権は中国の為替政策問題を WTO に持ち込み，中国の輸出に対して懲罰関税が課せないかを検討した．しかし，まず IMF が中国を為替操作国と認定しなければ，実現は難しいと結論した[11]．以降アメリカは

IMFをして中国を為替操作国と認定させるように圧力をかける方針を採用した.

次いで,アメリカからの圧力に曝された中国の動向に目を転じると,中国の指導者たちは,為替政策に関して,互いに相矛盾する国内的・国際的圧力の間でバランスを取ろうとしていた[12).国内ではインフレ圧力が高まっており,対外的には米国による保護主義的政策導入の可能性があった.

中国の方針は,この時期IMFや主要貿易相手国との関係が決裂しないように多角的ルールと規範の政治的な領域に止まるものであったといえる.2004年10月の米中交渉では,中国政府関係者は為替改革を必要と受け入れたが,慎重でゆっくりとしたアプローチが好ましいとした[13).中国は多角的義務を犯したと非難されないようにしながら,ブッシュ政権からの大幅切り上げ要請を拒否して,2005年7月に人民元の非常にゆっくりとした増価を選択した[14).また,2007年初頭にアメリカ議会からの圧力の高まりに対して外務省スポークスマン秦剛は「人民元相場の問題については,責任と独立の原則を一貫して採っている」と応じた[15).

全体としては中国政府の立場は,「グローバル・インバランスと中国貿易収支黒字は為替相場問題を超えた構造的原因を持つものである.それには米中間の貯蓄率の顕著な格差,多国籍企業の生産拠点移転,世界の準備通貨ドルの役割が含まれる」というものであった[16).

(3) グローバル・インバランスをめぐる国際協調

これまで述べてきたアメリカの経常収支赤字のような問題の解決には,国際機関と国際的なフォーラムを通じた交渉というアプローチが考えられる.ここでは前者としてIMF,後者としてG7を取り上げる.そして,両者ともに機能を果たさなかったことを述べたい.

まず,IMFでは,アメリカ(主に財務省)が経常収支不均衡是正を目的として,中国に為替相場の基礎的な乖離を認めさせようとIMFを通じて圧力をかけ,中国がそれに反発するようになった.アメリカの保守系論者は,

対外調整の過程で生じる不利益を回避するために為替相場変動を抑制することに寛容的過ぎると IMF を批判した[17]．IMF は，こうした批判に応えて2006-07 年にグローバル・インバランスの是正に取り組んだ．

すなわち，IMF は理事会を通じて 2007 年 6 月 IMF 協定第 4 条に基づく為替相場サーベイランスに関する取決めを改定した[18]．それによって，「対外安定」（external stability）と「基礎的ミスアラインメント」（fundamental misalignment）という 2 つの概念が加盟国の為替政策のレビューに導入された．この決定は従来の 1977 年取決め（the 1977 Decision）の方針を変更するものであった．1977 年取決めは為替操作を禁じつつも，サーベイランスにあっては為替相場に影響を及ぼす国内政策などの要因を考慮したため，有名無実化していた．

これに対して 2007 年取決め（the 2007 Surveillance Decision）は，加盟国の為替政策の二国間サーベイランスにだけ焦点を当てており，為替政策の多角的な影響のサーベイランスや当該加盟国の国内政策の一貫性といった事柄は避けられていた．

しかし，翌 2008 年には 2007 年取決めは加盟国の為替政策に対して何の影響も与えなかった．為替政策のサーベイランスには対象となる加盟国との協議が必要となるが，2007 年取決めに反発した中国を含むいくつかの国の当局が協力を拒否したためである[19]．中国は同取決めに対して繰り返し反対の意を表明した．

その後，IMF 理事会は行き詰まりを打破できなかったため，二国間為替相場サーベイランスに関する手続き上のガイダンスから，「基本的ミスアラインメント」という用語を削除した．こうした経緯を経て事態は改善し，2009 年 7 月 22 日中国の 2008 年レビューの完了が公表された．なお，2007年取決めのその後の展開については後述する．

次に IMF 以外にアメリカが利用しうるチャンネルとして G7（1998-2014年は G8 だがロシアは新興国に区分されるため，以下では全て G7 とする）に目を向けたい．G7 は 1990 年代まで国際協調の主要な舞台の 1 つとなって

きたが，この時期には世界経済の発展の中で埋没しつつあった．それは，1つにはこのフォーラムが先進国からなるのに対して，2000年代の主要な成長エンジンは新興国であったためである．新興国，途上国が世界経済に占めるシェアは2000年時点では20%程度であったものが，2014年には40%弱となっており，G7は存在感を高める新興国の役割を吸収できなかったことが重要性を失った一因である．

　もう1つは，G7の国際協調のあり方にあった[20]．G7諸国は，新興国が欲するような多角的政策協調の原則に言葉ではコミットしつつも，マクロ経済政策が国内経済の安定と再配分の目的に不可欠という政治的正当性を盾に取ったため，協調には実行が伴わなかった．G7諸国は，多角的な政策協調には熱意があまりなく，たとえ多角的協調を議論する場合にも，G7内の非公式ベースのものを好んだ．その際，ドルの基軸通貨としての役割がもたらす非対称性のような問題は取り上げられない．また，グローバル・インバランス縮減に関する多角的努力には偏りがあった．2005年以降，アメリカは自国の財政緊縮をこれに含めるように求める一方で，歳出削減のみを強調し，増税には言及しなかった．さらに，IMF専務理事は参加を認められない．ここから，G7は外部に対して開かれておらず，また相互不干渉的な性格を強めていったと理解できる．したがって，世界経済での埋没に対処できなかったのである．

2. 世界金融危機の時期：複合危機の発生段階

　続いて2008-09年を対象として世界金融危機の震源地となったアメリカなど先進国と，新興国（中国）の経験を取り上げ，危機対応策として一時的な政策協調関係が成立したことを描く．また，各国の危機対応がその後の複合危機の発生段階となったことを指摘する．

（1） 個別国の危機対応

まず，世界金融危機の脅威に直面したアメリカでは，2007 年 9 月から 08 年 11 月の時期には通常の金融緩和に加えて，時間軸効果を含むゼロ金利政策が実施された．金融機関救済も実施された．2008 年 3 月の J.P. モルガンによるベア・スターンズの吸収合併と同年 9 月の AIG 救済の後，アメリカ政府はファニー・メイ（連邦住宅抵当公庫）およびフレディ・マック（連邦住宅抵当金庫）の両政府支援機関を政府管理下に置いた．財政政策としては，2008 年 2 月共和党政権下の緊急経済対処法（Economic Stimulus Act of 2008），2009 年 3 月アメリカ再生・再投資法（American Recovery and Reinvestment Act of 2009），2009 年夏の自動車買換え支援策やクライスラーと GM の再建支援が挙げられる．

ヨーロッパでは，金融政策においては，欧州中央銀行（ECB）による標準的金融政策の長期化と担保適格の緩和などが，それ以外では金融機関への資本注入，銀行間取引の政府保証などの緊急的対応，資本注入枠の設定が実施された．財政では欧州経済回復プラン（European Economy Recovery Plan）により，欧州連合（EU）全体の財政刺激が決定され，総額 2,000 億ユーロの財政支出が決定された．ドイツ，スペインなど影響の大きかった諸国は比較的大きな支出を行う傾向があった．

これに対して新興国は，当初アメリカ金融市場の混乱に端を発する国際金融・資本市場の相場下落と機能麻痺，次いで主要な貿易相手国であるアメリカなどへの輸出需要減退を通じて危機の波及を受けた．しかし，2009 年半ばころから世界的金融緩和により資本が流入し，株式，不動産などで資産価格の上昇を見た．ここでは新興国の中でも，特に中国の危機対策を見ていく．

中国政府は世界最大の景気刺激策を適用した[21]．金融面では，預金準備率引き下げや銀行貸出総量規制の撤廃が，為替政策では 2008 年 6 月から 10 年 3 月の期間ドル・ペッグ回帰が実施された．財政面では，2008 年 11 月（2010 年末まで）に 4 兆元の投資，自動車と家電の販売促進策などが実施された．4 兆元の内訳は，中央政府の負担分 1.18 兆元，地方政府，民間企業な

どの負担分 2.82 兆元（地方政府に財源調達として地方債発行が認められた）
であり，地方政府は，「融資プラットフォーム」（融資平台）として都市イン
フラ開発公社を設立し，銀行融資を得て開発プロジェクトを実施した．刺激
策は明らかに成功したが，圧倒的に投資に偏っていた[22]．また支出の大半が
信用を通じた形で調達されたため，信用拡張と地方財政の健全性の面で懸念
をもたらした．投資に偏った景気刺激策は過剰設備を生むこととなり，鉄鋼
などでの安値による輸出攻勢は後日アメリカとの貿易摩擦の火種となった．

（2）　危機対応における協調

　次いで，危機対応における国際協調について検討する．この時期，危機対
応をめぐり，大枠では一時的に協調関係が成立したが，個々の局面では失敗
も見られた．

　まず，G20 は元来 1990 年代末に新興国に市場志向型改革を促す目的で結
成されたものだが，アメリカの提唱を契機としてこの時期国際協調において
重要性を持つようになった．リーマン・ショックの後当初は，システミック
な金融機関をこれ以上無秩序に破綻させないことを目的とする共同コミット
メントの面が強かった．

　2008 年 11 月のワシントン・サミットで初会合を開き，翌年 4 月のロンド
ン・サミットで IMF 増資，SDR（特別引出権）の新規配分などが合意され
た．ここが国際協調のピークと考えられる．米英から提案のあった立ち入っ
た財政刺激策では合意できなかった．その後 2009 年には国際的な協調によ
る財政刺激策が展開されたため，各国は他国の刺激策にただ乗りすることは
避ける形となった．

　また，アメリカ連邦準備制度（以下「米連銀」）を中心とする通貨スワッ
プ網の形成も協調の成功例に数えられる．2007 年 12 月 12 日から 2008 年 10
月 29 日の間に 14 の外国中央銀行との間に一時的なドル建てスワップ協定を
締結し，使用枠すべてが引き出された．これにより，外国金融機関のドル建
て流動性が確保され，さらなる金融危機の伝染が抑制された．

他方では，政府や各国金融当局は自国のクロスボーダーな金融機関や主要金融機関の経営危機，世界的な金融危機の到来に対する準備がなく，目先の問題への対処を優先させる余りに協調の失敗に陥ることが，多々見られた[23]．

クロスボーダーな金融機関の経営危機に対する国際協調の失敗の代表的な例は，リーマン・ブラザーズ破綻をめぐるものである．アメリカ金融当局の対応は，自国のみに配慮したものであったため，その後イギリスなどの諸国が悪影響を受けた．こうした経験は，クロスボーダーな金融機関を倒産させるに当たってのルールと負担の分担の明確化が必要なことを痛感させるものであったが，得られたはずの教訓は危機後の対処に活かされているようには思われない．

それ以外には，ヨーロッパにおいて協調の失敗が目立った[24]．特に2008年9-10月には各国が独自に行った危機対応が，周辺国に悪影響を与える例も見られた．2008年9月アイスランド政府による同国銀行部門の自国預金者のみを保護対象とする措置と，同国銀行に多くの預金者を抱えていたイギリスによるアイスランド銀行ランズバンキの資産凍結，フォルティス救済をめぐるベルギー政府とオランダ政府の協調失敗などが相次いで発生した結果，金融混乱が深まった[25]．

結果として世界金融危機の影響を抑え込んだことから，全体的には国際協調は機能したといえる．しかし，その評価は決して高いものとはいえまい．金融面では，協調の失敗を重ね，金融危機を深めてようやくと政策協調にたどりついた．

財政刺激策においては協調には成功したが，それにはアイケングリーン（Eichengreen, B.）が疑問を呈している[26]．彼は，「諸国は単なる刺激策を超えた，より緊密な政策協調（more closely stimulus coordination）に失敗した」と指摘している．それは，各国の財政事情格差を反映した協調を行えば，現在各国政府が直面している過剰債務問題を回避しつつ，より効果的に世界経済を刺激できたであろうとの考えである．現在，多くの先進国が置かれた財政の硬直化と政府債務の拡大を見ると，筆者もこの考え方に同意せざるを

得ない.

　また，危機対応は時間に追われる中で作成しなければならないため，近い過去に効果のあった政策の寄せ集めになりがちである[27]．市場を安心させるために対策全体の金額をある程度積み上げることにも注意が払われよう．しかし，危機対応にありがちなこのような性格は，危機が過ぎ去った後には需要の先食いと成長余力の低下という副作用を生む可能性がある．実際には，すでに財政状態があまり好ましい状況ではなかった先進国が多額の資金を費やして危機対応を行った結果財政を悪化させるケースが見られた．財政悪化に見舞われた諸国はポスト危機期には金融緩和に偏ったポリシーミックスに傾斜していった．また，中国では，投資と信用拡張を過剰に行った結果，偏ったマクロ経済運営を強いられるようになった．危機対応にまつわるこれらの事柄が複合危機へとつながっていくのである．

3.　ポスト危機期：複合危機の新段階

　そこで次に，世界金融危機後の 2010-17 年を対象として，アメリカを中心に，先進国と新興国の動向，両者の利害対立の変化（特に「通貨戦争」）を描写し，複合危機本格化の時期として位置づける．また，危機後の調整長期化がもたらす諸問題を考える．

(1)　先進国と新興国の動向

　まず，アメリカなど先進国から見ていくと，景気回復の歩みが遅く，また危機対応の結果財政が悪化したため，傾向的に金融緩和に傾斜するようになった．

　アメリカでは，貿易面の国際協調においては，TPP（環太平洋戦略的経済連携協定）や TTIP（環大西洋貿易投資パートナーシップ協定）などのメガ FTA による貿易ルールの推進，金融面では世界金融危機の時期に G20 や FSB が打ち出した方針を受けて，金融機関の業務制限，自己資本の充実，

ストレス・テスト，破綻処理制度（リビング・ウィル）などが実施された．金融政策では，2008 年 10 月〜13 年 12 月の 3 度にわたる量的緩和政策（各種金融商品買取りを主とする）を行った．2013 年後半〜14 年に住宅市場が劇的に改善したため，2014 年 1 月から金融緩和を縮小する局面に移った．2015 年 12 月にようやく利上げ局面に入り，2017 年 8 月までに都合 4 回の利上げを実施したが，依然として低金利が続いている（2017 年 11 月現在 12 月の利上げが検討されている）．また，10 月以降の米連銀の資産圧縮が決定された．

　経常収支不均衡への関心は一時低下したが，景気回復が遅々として進まぬ中 2010-11 年に再び高まりを見せ，議会はオバマ政権に圧力を強めた[28]．2013-15 年 TPP と TPA（貿易促進権限）法案を審議した時期には，議会は再びこれまでよりも強く圧力をかけた．これは，為替操作を「不公正な貿易慣行」として，外為市場で直接的に介入を行った国を対象として輸入関税を課すという特徴を持つ[29]．オバマ政権は，「静かな外交」によって主要な問題を大まかに解決でき，行き過ぎた為替政策の行動は貿易交渉の差し障りになるとこれを拒否した．しかし，議会には TPP に為替操作国への対抗措置が含まれていないことへの批判があった．そのためオバマ大統領は 2016 年 2 月，アメリカの対抗措置等を規定した 2015 年貿易円滑化・貿易執行法（Trade Facilitation and Trade Enforcement）に署名した[30]．同年 4 月に同法に基づき財務省は為替政策の監視対象国として中国，ドイツ，日本など 5 つの国・地域を公表した[31]．

　2017 年トランプ政権が登場するとアメリカの方針は大きく転換した．同政権は貿易収支赤字を雇用の喪失を通じた損失と捉える方針を採る．多角的な自由貿易の追求よりも，保護主義的な手段による輸入制限を好む傾向が強い[32]．TPP を離脱し，NAFTA（北米自由貿易協定）の再交渉を進めている[33]．したがって，トランプ（Trump, D.J.）大統領の掲げる「アメリカ第一」（America First）主義では，国際政策協調を通じた米国の利益はアメリカの領域内をより重視するこれまでよりも幅の狭いものとなる可能性があ

る[34].

　アメリカが圧力をかける主要な対象は中国だが，近年中国経済の減速を受けて事態は変化を見せた．2015 年半ばから人民元相場は軟化を見せ，同年 8 月に中国政府が為替相場の切り下げと同時に変動幅拡大を認めたためである．財務省の『通貨に関する半期報告書』では，人民元相場の評価は以前の「大幅に過小評価されている」から「中期的な適正相場を下回る」とされたため，オバマ政権は，中国の為替政策に対する批判を弱めた[35]．対中貿易収支は相変わらず大幅な赤字であり，議会では依然として外為市場介入を続ける中国への風当たりは強い．こうした中で，これまで為替相場を市場メカニズムに委ねることで人民元相場を増価させようと追求してきた同政権は方針転換を迫られた．アメリカ政府は利上げ局面で中国に変動相場制移行を迫るのは得策とは見ておらず，むしろ二国間交渉などで過剰設備削減に向けた圧力をかけた[36]．トランプ政権になっても，こうした流れは続いている．大統領選では，中国を「為替操作国」に指定するとの方針を打ち出していたが，北朝鮮情勢との関係もあり 2017 年 10 月時点ではこれを回避している．また，5 月には，アメリカ産牛肉の対中輸出再開などで合意して貿易不均衡是正に向けた 100 日計画を発表した[37]．次いで鉄鋼輸入に対して通商拡大法 232 条の適用により制限する動きに出ている[38]．

　ユーロ圏も，アメリカと同じく金融緩和に傾斜していった．ヨーロッパ諸国は 2009 年 10 月頃からギリシャ問題に直面したが，ドイツなど一部の諸国を除くと自律的回復には乏しかった．また，アイルランド，ポルトガル，スペインなどでは金融機関の経営問題が財政とマクロ経済の悪化につながった．他に目ぼしい手段に乏しい中で ECB による金融緩和が進められたが，それだけでは抜本的な問題解決には不十分であった．ギリシャ，アイルランド，ポルトガル，スペイン向けには，IMF，ECB，EU を軸とする支援体制が確立された（後述）．しかし，長期にわたる緊縮策によって多くの国ではマクロ経済の停滞が続き，2015 年 3 月には量的緩和政策が採用された（2017 年 10 月には，2018 年 1 月以降も量的緩和政策を 9 月末まで延長し，ECB の資

産購入額を半減することが発表された）．2017年に入り，景気はようやく上向いている．また，奮闘努力の甲斐もあり，アイルランド，ポルトガル，スペインでも状況は好転しつつある．他方ギリシャでは抜本的な債務削減が回避されているため，債務借換えの度に緊張が高まることとなった．

　こうした事態解決のために統合を深化させるアプローチが採られている．そのため，単一監督者メカニズム（Single Supervisory Mechanism）など銀行同盟による通貨金融安定化，資本市場同盟による域内投資活発化が目指されている．また，2017年3月には『白書　ヨーロッパの将来』（White Paper on the Future of Europe）が公表され，統合について，将来どのように統合が進化するのかについて，2025年に向けた5つのシナリオが示されている[39]．しかし，ドイツなど北部諸国は財政規律に固執しており，大幅な財政支出を伴う可能性のある措置（銀行同盟のうち，単一破綻処理メカニズム（Single Resolution Mechanism）による金融機関の救済，共同の預金保険機構）に強硬に反対し，この面では先が見えない．

　次に，この時期先進国，特にアメリカの非伝統的金融緩和の影響を受けた新興国に目を向けると，その立場はアメリカの金融緩和の影響を顕著に受けたメキシコの中銀総裁カルステンス（Carstens, A.）の演説に端的に表れているので，以下ではその要点を見ていきたい[40]．

　カルステンスは世界経済の回復過程が主要先進国の金融緩和に大きく依存していることを懸念している．なぜならこの金融緩和は中長期的に見て持続可能ではないためである．また，非伝統的金融政策の巻戻しのプロセスで，インフレ率上昇，金利の不適切な上昇，金融不安定が起きかねないことを不安視する．

　次いで2015年4月までの流れを以下のように述べている．アメリカの金融緩和を受けて，資本は当初先進国株式市場に向かい，その後先進国長期債とハイイールド債，新興国ソブリン債と社債へと流入した．幅広い範囲で信用スプレッドが縮小するなどした．新興国はこれを受けて，外貨準備を蓄積して先進国による「競争的金融緩和」に対応しようと試みた．マクロ・プル

デンシャル政策を採用した諸国もある.

マクロ経済のファンダメンタルズは時間が経つにつれて悪化していった. 先進国の主要な出来事と連動しながら, 新興国への資本移動は次第にボラティリティを高めていった. アメリカの金融正常化論議を受けて, 2013年4・5月には新興国金融市場で混乱が発生した. 一時の小康状態の後, 2014年半ば以降アメリカの成長率上昇により新興国の対外金融状況がタイト化し, ドル増価, 新興国からの資本流出が目立つようになった.

カルステンスはこの時期の新興国金融政策を, 国内では経済成長が勢いを失い, エネルギー価格下落によりインフレ率低下が見られる一方で, 対外的にはアメリカ金融政策正常化が間近に迫り通貨が減価したため, 期待インフレ率の上昇が見られる中で, 適切な政策スタンスを採ることが困難になっているとしている. こうした状況に関しては, 2017年に新興国の景気が回復したため, 事態は幾分改善されている. 景気回復は資本流入と通貨の増価を伴っており, これら諸国では政策の自由度が高まったことによる. しかし, 今度はアメリカの景気後退局面入りが視野に入っており, 米国債に流入している資本の急激な動きがリスクとなりうる.

新興国の中では, 中国がそれまでのドルへの過度の依存から脱却し, 人民元を国際化させる政策を本格的に推進することになったのも, ポスト危機期の重要な特徴である. 同国は, 2005年以降対ドルで人民元をゆっくりと切り上げる政策を採った影響で, 貿易取引の為替リスクと外貨準備の価値毀損リスクに直面して人民元の国際化を志向するようになった[41]. こうした動きは, 2009年3月の周小川中国人民銀行総裁による国際通貨体制改革案と, SDRの役割強化の提唱, 貿易における人民元の使用推進, オフショア市場における人民元建て債券の発行, 資本規制の段階的緩和, 2015年12月のアジアインフラ投資銀行 (AIIB) 創設などに見て取ることができる.

しかし, 近年では人民元国際化の動きは足踏みしている. これは2015年以降資本流出が見られるようになったためである. 悪影響を抑制するため, 断続的な外為市場介入と資本流出規制の強化が行われている. 外貨準備は

2016 年末には 3 兆ドル程度にまで減少を見せている[42]．資本規制の面では，2016 年 11 月より運用面での資本規制強化に加えて，500 万ドル超の両替，海外送金，海外事業の買取に関して当局との事前相談が義務付けられるようになった[43]．2017 年に入り事態はやや改善されている．外貨準備額は持ち直しており，海外送金に関する規制も 4 月には緩和された．これらの動きにより，貿易決済における人民元の利用が減少するなどしているが，当局は資本流出の抑制を優先させ，5 月には人民元相場の基準値算出方法を見直すなどしている．9 月に仮想通貨の ICO（イニシャル・コイン・オファリング）を禁止し，取引所を閉鎖したことも同じ文脈で捉えられる．

(2)　国際協調の成功と失敗

アメリカによる量的緩和など先進国の金融緩和の実施によって為替相場の変動が生じ，また新興国には資本流入と為替増価による競争力減退が発生した．2010 年 9 月ブラジルのマテンガ（Matenge, G.）財務相は声明でこうした動きを「通貨戦争」（currency war）と呼び，非難した．2012 年 4 月の同国レセフ（Rousseff, D.）大統領による非難も同様の内容であった[44]．

これに対してアメリカは，通貨の減価は必要とされる金融緩和の結果であり，そのため 2009-11 年のドル減価は支持されるものであると主張した[45]．したがって両者の主張は平行線をたどった．量的緩和政策をめぐっては，先進国と新興国との国際協調に見るべきものはなかったと評価できる．これは，次に取り上げる G20，G7，IMF などの動きによってもわかる．アメリカの動きと併せて見ていこう．

① G20

まず，G20 の動きから見ると，危機が過ぎ去ると，改革への協調的な取り組みは急速に勢いを失った．2009 年 9 月のピッツバーグ・サミットから 2010 年 11 月のソウル・サミットでは，金融規制の再構築を展望する議論を通じて，主な金融規制改革の枠組みで合意した．しかし，経常収支不均衡の

縮小の取り組みにおいてはソウル・サミットで対外不均衡是正のために経常収支の数値目標設定を議論するも合意に至らなかった．アイケングリーンは，これを「相互に利益のある金融・財政政策に合意できなかったことで，潜在的な政策協調の利益を得られなかった」と評している[46]．

2013年2月のモスクワ金融サミットでは，「通貨戦争」が議論され，競争的な切り下げの回避，「財政・金融政策は為替レートを目標にはしない」ことで合意したが，自国通貨高を懸念する新興国と先進国の対立が残った[47]．

2014年2月のシドニー金融サミットでは，アメリカの量的緩和政策縮小の影響が議論されたが，資本流出に悩む新興国と先進国が対立し，溝が埋まらなかった[48]．また，世界経済成長に数値目標を導入したが（5年で2%以上底上げ），具体策は各国に委ねられることとなった．

2015年11月のアンタルヤ・サミットでは，開催国トルコは前年決定の「2018年までに成長率を2%底上げ」の目標に向けてインフラなどの投資目標を示したが，ドイツ，フランスなどが異議を唱えた結果有名無実化した．アメリカはドイツに「内需拡大へ幅広い政策手段を用いるべきだ」と促したが緊縮財政を旨とするドイツはこれに反論した．金融政策では，金融引き締めに舵を切ったアメリカと他の諸国との間で意見が対立した．共同宣言当初案の「正常化が許されるまで金融の緩和的状態を続けるべき」との一節には米国が反対した[49]．

2016年2月開催の上海金融サミットでは，中国経済の減速，原油価格下落，アメリカ経済の回復鈍化，ヨーロッパの銀行収益低迷を受けて政策手段の総動員を表明するも，ドイツなどの反対で具体策は各国に委ねることになった[50]．同年の伊勢志摩や杭州でのサミットも類似の展開となった．

2017年には保護主義的な動きをとるトランプ政権の登場により，G20の国際協調には転機が訪れていると考えられる．3月のバーデン＝バーデン金融サミットに向けては，アメリカがドル高修正を主張したことを受けて，開催国ドイツは事前に金融引き締めへの支持を取り付けようとしたが，ドラギ（Draghi, M.）ECB総裁による反論もあり，取り下げざるを得なかった[51]．

為替政策については「競争的切り下げを懸念する」という表現をめぐりアメリカと日中独が対立し、「為替切り下げ競争を回避する」という従来の線で折り合った。貿易についてはこれまでの自由貿易堅持の国際協調に亀裂が入った。これは、自国の貿易収支赤字削減を優先するアメリカの姿勢に交渉が難航したためである。「公正」という表現を持ち出して中国に貿易収支黒字削減を迫ろうとするアメリカとこれに反論する中国との対立が先鋭化した[52]。

　同年7月のハンブルグ・サミットでもアメリカの保護主義的な動きは同様であった。温暖化対策で孤立するばかりでなく、直前に鉄鋼での輸入制限を検討すると明らかにしてEU諸国などと対立した[53]。

　これまでのG20に関する考察をまとめると、アメリカなどの金融緩和政策の悪影響を国際協調によって緩和し、世界経済の成長促進やグローバル経済のガバナンスを前進させることには失敗しているといえる[54]。今や、改革意欲は失われている中で、参加国が多すぎ利害の調整が容易でないというデメリットが目立つ。また、参加国が相互に配慮し合うという仕組みが抜本的な解決を難しくしているとも考えられる。しかし、こうした膠着状態はトランプ政権登場により転機を迎えつつあるのかもしれない。これまではまがりなりにも自由貿易体制を堅持する名目で結束を図ってきたが、アメリカが保護主義的な動きに出るに及び、相互に配慮し合う原則が崩れる恐れが出てきたためである。アメリカの保護主義的な動きを起点として他の参加国が玉突き的に保護主義的な動きに出ることはぜひとも避けたい。しかし、たとえそれが適っても、G20はこれまでの膠着状態に回帰する可能性が高い。これは、グローバリゼーションが進んだ現在の世界経済では、G20諸国はサプライチェーンを通じた相互依存が高度に進んでおり、これを破壊することからは利益を得られないためである。これまでのところ、アメリカ以外のG20諸国はトランプ政権の保護主義的な動きを封じ込めることで精一杯である。このため、トランプ政権の動きはG20から世界経済の成長促進やグローバル経済のガバナンスを前進させる取り組みを行う機会を奪っているといえよう。

② G7

通貨戦争に関して G20 における国際協調の機能不全に先進国が対応したのが，2013 年 2 月の G7 合意である[55]．日本の金融緩和と政府関係者による円安チャンネルに関する発言への懸念から，アメリカのリーダーシップにより実現した．この合意では，通貨の減価を引き起こすことが目的でない場合に限り，各国の国内目的に向けた拡張的財政政策と金融緩和はこれまでどおり問題ないとされた．こうした合意は，景気回復に手間取る中で財政政策の余地が限られるところ，金融緩和に依存する状況が各国に共通するからこそ実現したものと見ることができよう．現在でも，G7 諸国はこの合意の下で協調を図っている．

しかし，G7 諸国の協調に脅威として立ち現れているのが，やはりトランプ政権である．従来の G7 による経済政策は，バーグステン（Bergsten, C. F.），トルーマン（Truman, F.M.），ツェッテルメイヤー（Zettelmeyer, J.）の指摘するように，マクロ経済政策の協調，開放的でルールに基づく多国間の貿易システムの推進，共通の規制スタンダードと IMF などの国際機関を通じたグローバルな金融安定という主要な 3 つの目的を追求してきた[56]．しかし，トランプ政権の掲げる「アメリカ第一」の考え方はこのすべての目的と対立するもののように見える．経常収支不均衡はマクロ経済政策よりもむしろ貿易協定の再交渉により解決されるべきであるという考え方に立てば，G7 諸国間のマクロ経済政策協調の余地は少ない．また，アメリカの金融規制を後退させようとすれば，規制に関して協調するという従来の方針に逆行する[57]．

実際 2017 年 5 月の G7 タオルミーナ・サミットでは，アメリカは公正な貿易と関税引き下げを主張した[58]．なお，ここでの「公正な貿易」とは貿易収支均衡のことである．各国にアメリカ並みへの関税引き下げを要求する一方で，アメリカ製品に高関税を課すならば対抗措置として関税を引き上げると訴えた．ムニューシン（Mnuchin, S.）財務長官は「公平で自由な貿易でなければ（アメリカは）保護主義を講じる権利がある」と言明した．また，ア

メリカは首脳宣言に反保護主義を明記することに反対した（最終的にはしぶしぶ合意した）．アメリカが G7 の国際協調の足並みを乱すこととなった．

③ IMF

ここで IMF に目を転じると，世界金融危機以前には IMF はアメリカが中国に圧力をかけるチャンネルの 1 つとなっていたが，国際協調という面では転機を迎えていることがわかる．まず，サーベイランスの枠組みが改定された[59]．既に述べたように，2007 年取決めでは，為替相場が過度に強調されていたが，新興国，途上国からの支持に欠けたため，2013 年初めに二国間・多国間サーベイランスに関する取決めである，統合サーベイランス取決め（Integrated Surveillance Decision）が決定された．そこでは，サーベイランスの焦点が拡大され，①加盟国自らの政策が国際通貨システムに及ぼす影響を意識させるように促す，②リスクに注目し，金融リンケージを考慮することを強調する，③国内外のバランスを考えるに当たり，国内政策と為替政策をよりバランスよく扱う，ということを支持するものとなった．

この時期問題となったのは，ユーロ圏諸国向け貸付である[60]．ヨーロッパ・ソブリン危機が発生すると，システミックな波及リスクがあるため従来の IMF 貸付は不適切と判断され，例外的アクセス基準（exceptional access criteria）に改定を加え，支援対象国債務が高確率で持続可能であるという条件を問わなくとも良いとされた．また，多角的な支援プログラムを作成するために他の機関とのいわゆる「トロイカ」（troika）が組まれた．EU 諸国が資金を拠出しているため，債権者と債務者の双方が EU 諸国という異例の事態となった．そのため，IMF が自ら適切と見なす条件を課すだけの能力を維持しているのかについて疑問が呈された[61]．

こうした特別扱いともいうべき措置は，論争の的となった．アメリカ議会には IMF のギリシャ支援に対して不満を持つ勢力があった．また，以前から先進国に対するサーベイランスが甘すぎると感じてきた新興国，途上国からもユーロ圏諸国向け支援に関しては不満の声が上がった[62]．2015 年 12 月

にアメリカ議会は IMF 改革パッケージを承認する際に，その条件として IMF の例外的アクセス，ないしは大規模資金プログラムに関する政策を改定するという条件を付した[63]．その後，2016 年 1 月に IMF はシステミックな波及リスクを抱える場合には例外的アクセス基準に関する条件が免除される規定を廃止した[64]．ギリシャ向け支援に対する不満は IMF の貸付に影響を及ぼしたものと見られ，IMF の対ユーロ圏諸国支援は後退し，2015 年の第 3 次ギリシャ支援には参加しなかった．2017 年 6 月に再びギリシャ支援交渉が行われた場でも，ドイツなどは IMF の参加を求めたが，IMF はこれを認めなかった[65]．

　トランプ政権の下でアメリカは，拠出金を削減するなど国際機関を通じた政策協調には熱心とはいえない．2017 年のギリシャの債務問題はヨーロッパが解決する問題であるとして距離をとった[66]．少なくともトランプ政権の下では IMF のさらなる増資などの政策協調にアメリカが積極的に参加する場面は見られないであろう．

　その一方で，ギリシャ向け貸付の資金調達には新興国が多くの資金を拠出しており，見返りとして IMF ガバナンス構造における代表権の拡大を求めた．このようにユーロ圏向け貸付は，IMF をめぐる先進国と新興国の関係変化の潜在的契機となった．IMF は各国の利害が入り乱れる場と化している．こうした混乱は，国際金融における限定的な最後の貸し手としての IMF の機能を阻害するものとなりかねない．

　なお，IMF 以外の危機対応策として，米連銀を中心とする中央銀行間通貨スワップ網が重要である．2007-08 年に締結されたスワップ協定は，2010 年 2 月に失効したが，同年 5 月にアメリカ国外の短期ドル資金調達市場の緊張再燃を受けて，カナダ，イギリス，日本，ユーロ圏，スイスの中央銀行との間に再締結された．2013 年 10 月には上記 6 先進国中央銀行間で恒久的なベースとなった．これにより，最後の貸し手機能は複数通貨で実施可能となっている．

114

④ホーム国・ホスト国対立

　最後に，ホーム国・ホスト国対立をめぐる国際協調について見ていく．この問題は，金融機関の監督，金融市場の強化と深く関わっている．金融機関と金融市場強化を目的として一国政府が単独で行動しても，金融上の相互依存が進んだ世界では金融安定を達成できない[67]．それは，1つには国内金融市場が外国市場に及ぼす悪影響を内部化するとは見込まれないためである．2つには，規制を緩くして，市場シェアを獲得する誘因が存在するためである．

　ホーム国・ホスト国対立に関しては，アメリカのように個別国としての解決に走る国と，EU 域内での協調的な取り組みに分かれている．全体的には問題解決がそれほど進んでいるようには見えない．

　アメリカはこの問題の解決に一国レベルで取り組んでいる．アメリカ金融当局は 2014 年 2 月ドッド・フランク法に基づき，ホーム国原則を放棄して，一方的にいわゆるホスト国原則へとシフトした（FBO 規制）．これは，アメリカ国内で業務を行う銀行にはアメリカ国内に自己資本を置く義務を課すものである．

　アメリカが単独でアプローチしているのとは対照的に，ヨーロッパ域内では銀行同盟に基づいて協調的なアプローチが指向されている．ユーロ圏諸国のクロスボーダー銀行の監督に関しては，2015 年から単一監督者メカニズムが始まっており，主要行を監督する権限が ECB に移譲され，残りの銀行についても必要に応じて行いうることとなった[68]．また，単一破綻処理メカニズムによりユーロ圏を対象とする銀行破綻処理法制が定められた[69]．しかし，これは総額 550 億ユーロと，ユーロ危機以降資本注入に費やした 2,750 億ユーロと比べて不足は否めない．また，問題が悪化した場合には加盟国とヨーロッパの監督当局の間で，負担の分担をめぐり対立が発生する可能性がある．

　他方で，銀行同盟をめぐってはユーロ圏外の EU 諸国の動きは分かれている．自国主要行がユーロ圏でも活発に取引を行うデンマークとスウェーデン

は，銀行同盟への参加を検討中であると表明している[70]．他の諸国（EU 離脱を決定したイギリスを除く）は態度を留保している．当面のところ，ユーロ圏外のクロスボーダーに活動する EU 銀行に関しては，個別行ベースの覚書に基づく取り組みが行われ，関係する諸国の銀行監督当局間による協力と共同での危機対応シミュレーションなどが実施されている[71]．これには，監督にともなう負担の分担に関する規定も盛り込まれている．ただし拘束力を伴わないソフトローの形式を採る．

　さらに，2016 年 11 月ヨーロッパ委員会は域外を本国とし，EU 域内で事業を展開する大手銀行に対する規制の強化を提案した[72]．この提案では，中間持株会社を設立させて EU 域内に十分な自己資本を積ませることが目的となっている．したがって，EU は域内では単一監督者メカニズムなどを通じてホーム国・ホスト国対立を部分的であれ緩和しようと取り組んでいるのに対して，域外に対しては協調的な方針ではないと見られる．

　以上の考察を踏まえて，ここで，ポスト危機期の調整長期化がもたらす問題を考えたい．ポスト危機期に調整が長期化して苦しんでいるのは主に先進国である．例えば，アメリカでは政府債務の対 GDP 比率が 100% を超えた 2012 年から歳出の自動削減に取り組まざるを得なくなっている．この時期以降歳出削減や政府債務上限をめぐり議会がしばしば紛糾するようになっており，政策運営が困難なものとなっている．こうした事態を受けてアメリカなど先進国では，金融緩和が長期化している．その結果，先進国が自国の経済状況に応じて金融緩和を変更する度に，政策見通しが変化して新興国から資本が流出入し，これに反応した新興国の実体経済が悪影響を受ける構図が見られるようになった．アメリカに関しては，上述の議会をめぐる財政運営が同様の影響を及ぼした．新興国経済の悪化は，先進国に波及するため，先進国経済の調整がさらに長期化するという悪循環をたどった．これが複合危機の一端をなす．逆境を抜け出そうとして政策協調をするにしても，先進国が行う金融緩和とその後の金融引き締めは，新興国への資本流出入を増幅させ，経済的悪影響を与えてしまう恐れがある．このようにして，国際的な経

116

済政策協調は行き詰まりの道をたどったのである．

(3) 国際金融のトリレンマによる分析

　ここまで，ポスト危機期にアメリカなどの先進国と新興国が量的緩和政策をめぐって現れた協調の失敗を描いてきた．その図式の理解を深めるために，国際金融のトリレンマを用いた分析を行いたい．これまでと同じく，先進国と新興国という分類の下で，さらに景気循環による状況の変化を考慮するために，2010 年と 2014 年に分けて見ていく．

　はじめに枠組みを提示し，理論的注意点を示すことから始める．まず，マンデル（Mudell, R.A.）の「国際金融のトリレンマ」に関してだが，固定相場制度，金融政策の独立性，資本移動の自由を同時に実現することはできないというものである[73]．近年レイ（Rey, H.）により異論が提起されている[74]．変動相場制に移行しても，アメリカの金利ショックないしは投資家のリスク態度から来るグローバルな金融サイクルから各国を遮断するには不十分であるため，マンデルの命題のうち為替相場体制の選択肢は無効であり，ことは残りの 2 つからなるジレンマに帰するというものである．

　しかし，これにはオブズフェルド（Obstfeld, M.）からの反論が出されている[75]．彼は各国とアメリカの短期金利の相関は，変動相場制を採る諸国の場合にはゼロとなるため，トリレンマは依然として有効としている．筆者も彼と同様の考えを採るため，以下では，ジレンマではなく，トリレンマを考察の対象とする．

　まず，先進国の場合は，2010 年，2014 年の時点でともに変動相場制，資本移動の自由，独立した金融政策を追求していると理解できる．

　新興国の場合であるが，フィラルドら（Filardo, A., H. Gengerg and B. Hofmann）の議論を用いて国際金融のトリレンマに少し修正を加えた上で議論したい．彼らは，新興アジア諸国の分析から，中央銀行の政策には物価安定，金融安定，為替相場目標という 3 つの柱があるとしている[76]．中央銀行は，政策金利，マクロ・プルデンシャル政策，外為市場介入の 3 つの政策手

段でこれらの達成を追求する．目標と手段が複数存在するため，各手段がすべての目標に影響を及ぼす場合と，1つの目標を達成しようとすると他の目標に関係する問題が影響を受ける場合，手段をどのように管理するのかという課題が発生する[77]．これを国際金融のトリレンマから捉え直すと，新興国には，従来の3つの政策目標に加えて，4つ目の金融安定が加わることになる．フィラルドらは資本規制には言及していないが，中国などの諸国は資本規制を採用しているため，以下の考察では政策手段に資本規制を加える．金融当局は，この4つの目標を政策金利，マクロ・プルデンシャル政策，外為市場介入，資本規制という4つの政策手段で達成しなければならないと考えることが出来る．

　まず2010年時点の新興国の状況を整理すると，アメリカなど先進国の回復の遅れと金融緩和からの資本流入によって，景気過熱が見られた時期である．この時期新興国は資本流入の影響を抑制するために金利操作や外為市場介入を実施することが目立ったため，為替相場体制では中間的体制を採用していたと見られる．資本移動においては，資本規制やマクロ・プルデンシャル政策により部分的に流入規制を行う諸国も見られたため，中間的な資本自由度と考えられる．金融政策の自由度については，イールドカーブの短期部分ではある程度自由度があるものの，政策金利の目標を一部為替相場に振り向けており，また中長期にはアメリカの金融サイクルの影響を受けるためこれも中間的な自由度といえる．また，金融安定に関しては，銀行経営は資本移動と強く結びつくため，両者の相関が強まる時期（例えば中心国アメリカの金融サイクル転換期，自国景気循環拡大期の終了局面）には困難が生じやすいといえる．この時期，新興国金融機関は大まかには健全であったと見られ，中心国アメリカの金融サイクルは緩和期にあり，また，自国の景気循環は景気拡大局面にあったため，金融安定の面で比較的自由度が高かったものと考えられる．

　続いて2014年時点は，アメリカ経済の回復による利上げ予測の高まり，ユーロ圏，日本の低迷による金融緩和強化と，新興国の景気減速があった時

期である．この時期には，新興国においては資本流出の影響を防ぐために外為市場で自国通貨買い介入を行うことが散見された．為替相場体制では依然として中間的体制を採用していたと見られる．資本移動に関しては，2010年と変わりなく，アメリカの利上げ観測から資本流出が見られるものの，依然として中間的な自由度と見られる．金融政策では，アメリカの金融サイクル転換の影響を受けており，自由度が狭まっているものと考えられる．金融安定に関しては，この時期中心国であるアメリカの金融サイクル転換期で，かつ自国景気循環では後退局面の諸国が多いため，この面でも2010年と比べて政策の自由度が狭まっているものと見られる．

　以上をまとめると，新興国の国際金融のトリレンマ分析では，2010年，2014年ともにすべての要素が中間的と判断される．そのため，政策運営には状況に即した組み合わせの調整が必要とされる．また，外的な要素が大きい資本移動の面で金融安定との間に困難が生じる可能性がある．こうした特徴は，特に中心国であるアメリカの金融サイクルが予測困難な場合や，資本移動の不安定性が顕在化した場合に生じやすい．これは，2010年よりも2014年の状況に当てはまろう．

　アメリカなど先進国では，変動相場制と自由な金融政策の下で金融緩和が行われている．他方新興国では，中間的為替相場体制，中程度の資本移動，中程度の金融政策の自由を組み合わせた体制が採られていると整理できる．しかし，新興国は金融安定をも政策目標としており，これは資本移動と関係性が高い．先進国（特にアメリカ）の金融政策が変更されると資本移動が新興国の金融機関に影響を与えるため，新興国はその度に政策運営の見直しを迫られることとなる．ここから，両者の協調は成立し難く，問題の根幹は金融政策だけではなく，資本移動に関する方針の相違にもあると考えられよう．

　こうした困難な状況に対処する方策としては，マクロ・プルデンシャル政策や資本規制の強化が考えられる[78]．また，バーゼルIIIによる自己資本比率などにおける国際協調も部分的な効果があろう．

（4） 国際政策協調の行き詰まりと複合危機

　本章は，アメリカを中心に，先進国と新興国の動向を国際政策協調の観点から考察し，複合危機を両者の政策協調と関連付けて性格づけることを目的としてきた．ここまでを踏まえて，結論を述べたい．

　アメリカなど先進国の国際政策協調は，今なお従来からのアプローチの延長線上にあるものと位置づけられる．しかし，こうしたアプローチは新興国の台頭により行き詰まりを見せている．トランプ政権の登場もこうした傾向を受けてのものだと捉えることができよう．

　現在の世界経済はクロスボーダーな生産体制と資本移動を特徴とする．したがって，サプライチェーンの最終地点である先進国の景気が拡大局面に向かえば経常収支不均衡が拡大する．また，先進国と新興国の資本移動は経常収支不均衡に加えて様々な要因の影響を受ける．安定的な世界経済の運営を目指すためには，こうした前提条件を踏まえた国際協調が必要である．しかし，両者ともに国内事情に囚われる余り，互いに歩み寄ろうとする姿勢が見られないのが2000年代以降の平時の傾向である．2000年代のアメリカを中心とする経常収支不均衡の拡大と，歪みをもたらす資本移動は，世界金融危機の主要な原因となり，ひいては複合危機発生の契機となった．ポスト危機期には，アメリカなど先進国の金融緩和を起点とする資本移動をめぐり，新興国との対立があった．先進国の調整が長期化する理由には，少子高齢化による成長余地の減少や財政の行き詰まりといった国内要因も大きいため，ことは簡単には運びそうもない．また，国内事情に囚われて進まない国際協調に拍車をかけそうなのがトランプ政権である．新興国は輸出の伸び悩み，資源価格などを要因とする内需低迷から，成長が鈍化しつつある国もある．しかし，G20などの場では相変わらず利害がかみ合わない．こうしたことから，アメリカなど先進国と新興国の間には平時の国際協調は極めて成り立ち難いと言わざるを得ない．また，このような国際協調の不在が複合危機の長期化を招く一因となっている．

　その一方で，世界金融危機の対応に際しては，平時とは異なり国際協調が

取り組まれた．危機対応の初期の時点ではアメリカによるリーマン・ブラザーズ破綻の例など個別対応が危機を煽る場面もあった．2008 年 10 月 8 日に協調利下げを実施して以降，アメリカを中心とする各国は政策協調に本格的に取り組むようになった．ただし，危機対応は個別的なものであり，採られた政策内容や規模が適切なものであったのかは不明確である．また対外的な波及効果などは考慮されなかったと考えられる．そのため，危機対応の負の遺産が各国の負担となり，複合危機の解決を困難なものにしたと見られる．

　最後に，上で述べた国際協調の不在を踏まえたうえで，世界が取り組むべき課題に触れたい．

　複合危機解決に資本移動の側面から寄与する分野での取り組みが必要と考えられる．資本移動が膨張した現在では，クロスボーダーの債券投資が拡大しており，2001 年に支払い不能となったアルゼンチン政府債などのように債務整理に際するトラブルが発生している[79]．こうした点を踏まえ，2000 年代に IMF が提案した国家債務再編メカニズム（Sovereign Debt Restructuring Mechanism）のような国際的な処理枠組みを構築する必要がある[80]．債権者と債務者が議論するフォーラムを設立することも有用であろう[81]．クロスボーダーの債権債務関係の問題を円滑に解決できるようにルール整備で協調を推進し，新たな危機の発生リスクを少しでも抑える努力が必要であろう．

　また，世界金融危機の対応による負の遺産がその後の負担となったことから，平時から危機対応の内容，規模などについて個別国で研究するとともに，対応策の波及効果などについて G20 などで共同研究する必要性があろう．

　注
1)　1970-90 年代の国際政策協調については紙幅の関係上触れることは出来ないため，ここで簡単にまとめておくと，ブレトンウッズ体制の固定相場制度崩壊以降，新たな国際通貨体制をめぐる米欧対立を経て，1975 年先進国首脳会議（サミット）による G5（1980 年代後半以降は G7）諸国の国際協調体制が採られるようになる．主な政策協調は 1978 年ボン・サミットの日独機関車論，1985 年プラザ合

意，1987年ルーブル合意における為替相場に関する政策協調が見られた．しかし，マクロ経済政策を用いた政策協調はこれを最後に行われなくなり，為替相場に関する協調も外為市場介入の効果が疑問視されるようになったこともあり1990年代に入ると同様に衰勢を辿った．これらの時期の国際政策協調については，Henning (1994); Bergsten and Green, eds. (2016) を参照．

2) Truman (2017), p. 1 の指摘によると，第二次世界大戦後のアメリカ外交は，世界にとって良いことはアメリカにとっても良いことであるというコスモポリタン的な考え方に基づいて国際的な交渉にアプローチしていたが，この数十年は政治的圧力によって市場開放を求めるなど，国際交渉を用いて幅広い意味でのアメリカの利益を追求するようになっていると指摘している（彼は後者のアプローチを 'communitarian approach' と呼んでいる）．

3) アメリカのグローバリゼーションについては，中本 (2007) と同様の理解に立つ．

4) こうしたアメリカの政策転換については，藤木 (2016)，218頁を参照した．

5) アメリカが締結した主要な自由貿易協定は，1994年発効の北米自由貿易協定（NAFTA）を別にすれば，オーストラリア（2005年発効）とコロンビア，韓国（ともに2012年発効）とのものが挙げられる．

6) グローバル・インバランスに関する議論は，実物面からと金融面からの整理がなされている．実物面では，①世界経済の構造の変化によるという「新パラダイム」説，②アメリカの柔軟な経済構造が情報技術を有効に用いることにつながったとの「柔軟な構造」説，③アメリカの財政金融政策，低金利の資本流入などが高消費という形で経済を歪ませるという「経済の歪み」説などに分類される．「新パラダイム」説は Xafa (2007), pp. 12-4，「柔軟な構造」説は，Cooper, R. (2004), "U.S. Deficit: Is It Not Sustainable, It is Logical," *Financial Times*, 31 October, 「経済のゆがみ」説は Roubini and Sester (2005) による．また，田中 (2008), 369-76頁はこの問題を金融面から整理している．

7) EU諸国のグローバル・インバランスに関する考え方について簡単に説明すると，自らの問題と捉えていなかったと見られる．Ahearne and Hagen (2006) を参照のこと．

8) ホーム国・ホスト国対立については，Song (2004)，この時期のヨーロッパにおけるクロスボーダー銀行業については Barisitz (2006); Shoenmaker and Oosterloo (2007) などを参照．

9) Blustein (2013), p.48; Athavaley (2005) による．

10) こうした説明は，Blustein (2013), pp. 48-9 による．

11) Blustein (2013), p. 49 を参照のこと．

12) この時期の中国の動向に関しては，Walter (2009), pp. 19-20 による．

13) Taylor (2009), pp. 299-300, 訳383-384頁を参照．

14) 2005年5月アメリカ商務省のスピーチで，温家宝首相は，中国の為替相場システムと適正な為替相場水準を国家主権に関わる問題とした．Wen (2005) による．

15) "China urges respect, not threats, from US on Yuan," *Reuters*, March 29, 2007 を参照のこと.

16) Xiaoling（2008）による.

17) Goldstein（2006）を参照.

18) 2007年取決めについては，Truman（2009），pp. 9-10を参照.

19) IMF協定第4条は，IMFと他の加盟国と協力して秩序ある為替相場体制を確保し，為替相場の安定を促すとともに為替相場の操作を回避することを加盟国に対して義務付けている.

20) こうした考え方は，Walter（2009），pp. 20-1を参考にしている.

21) 中国の危機対応については，McKissack and Xu（2011），pp. 758-71を参照.

22) こうした指摘は，De Haan（2010），p. 765にも見られる.

23) Blustein（2013），pp. 134-7を参照.

24) ヨーロッパ各国の危機対応における協調失敗については，主にEichengreen（2011），p. 29; Blustein（2013），pp. 137-42を参考とした.

25) アイスランド政府の銀行部門に対する措置とイギリスの対応，フォルティスをめぐるベルギーとオランダの協調の失敗については，Shoenmaker（2013），pp. 82-85, 79-81を参照. また，2009年1月ウィーン・イニシアチブ（Vienna Initiative）で，民間主導の協調が成し遂げられたことにも注意したい.

26) Eichengreen（2011），p. 29による.

27) De Haan（2010），p. 767は，危機の期間にはよい政策をデザインする時間がないし，政府の力量や財政的な能力も不十分であると指摘している.

28) この時期の米国の経常収支と為替問題については，Bergsten（2016），pp. 273-87による.

29) たとえばKasperowicz（2015）が挙げられる.

30) 2015年貿易円滑化・貿易執行法では，過剰な対米貿易黒字を記録し，一方的外為市場介入を行った国に関してマクロ経済と為替政策の詳細な分析を行い，2016年3月より報告書を作成することを財務省に課した. 財務省は，主要な貿易相手国・地域に関して，経常収支黒字の対GDP比率，対米貿易収支黒字の対GDP比率，過去12カ月の外為市場介入のGDP比率を基準として，不公正な為替操作の可能性を分析・公表する. 3つの基準すべてに抵触した場合，アメリカ政権は二国間協議を開始し，場合によっては制裁対象とする. 同法に関しては，Bergsten and Gagnon（2017），pp. 11-2, 78, 184; U.S. Department of the Treasury Office of International Affairs（2016），p. 29; 西・高品（2016），3頁を参照.

31) 2017年10月の『主要貿易相手の為替政策に関する報告書』では監視対象から台湾を外し，代わってスイスを監視対象とした. U.S. Department of the Treasury Office of International Affairs（2017），pp. 2-5, 20-1を参照.

32) アメリカは2017年4月，カナダ産木材を不当廉売として相殺関税を課した. これに対してカナダは報復措置を採った.

33) トランプ氏は大統領選では国境税（Border Tax）の導入を主張していたが，

実現していない．NAFTA については，カナダ，メキシコ両国は現行の枠組みを維持することを交渉の基本方針とする一方で，アメリカは時間をかけてでも大幅な見直しを求めている．アメリカは輸入制限を容易に行えるようにするため，19章による紛争解決メカニズムの廃止，アメリカのグローバル・セーフガード訴訟における NAFTA 諸国の除外を提唱している．注目すべき点としては，知的財産条項，E コマースとクロスボーダーのデータ移動，労働規制，原産地規制，通貨安誘導に歯止めをかける目的での為替条項が挙げられる．ただし，為替条項については，メキシコによって拒否されている．10 月に行われた第 4 回交渉では，アメリカが特に自動車・部品を念頭に置いた原産地規制の厳格化と，サンセット条項（5 年毎の見直し．更新できない場合アメリカが NAFTA を離脱）を提案し，カナダ，メキシコとの間で深刻な対立を招いた．11 月の第 5 回交渉はこれらの問題を解決するには至らなかった．NAFTA については，National Law Review (2017)；Schott (2017)；日本経済新聞 (2017)「米，関税引上げ見送り」5 月 20 日，朝刊，為替条項については，日本経済新聞 (2017)，「メキシコ外相，米の為替条項に応ぜず」8 月 1 日，朝刊，西川 (2017) を参照．

34) Truman (2017), p. 1 を参照．

35) Wall Street Journal (2015); U.S. Department of the Treasury Office of International Affairs (2015), p. 18 による．

36) Donnan and Mitchell (2016) を参照．

37) この計画では，中国は農業や金融分野で米国勢に市場を開放し，アメリカ側は中国産調理済み鶏肉の米国市場参入を認め，「一帯一路」に協力するとされている．ただし，こうした計画が両国にどのような影響を及ぼすのかは不明確である．Rascoe and Martina (2017) を参照．

38) 日本経済新聞 (2017)「保護主義対抗，乱れる歩調」7 月 8 日，朝刊による．

39) European Commission (2017b) を参照．

40) Carstens (2015) を参照．

41) 人民元の国際化を論じた近年の文献としては，Eichengreen and Kawai (2014) がある．また，Eichengreen (2013), pp. 363-74 も参照されたい．

42) 中国の外貨準備残高については，中国人民銀行国家外汇管理局，Time series data of China's Foreign Exchange Reserve (http://www.safe.gov.cn/wps/wcm/connect/87dcf3804c420ce0aa1daefd3fd7c3dc/The＋Scale＋of＋China's＋Foreign＋Exchange＋Reserves((January＋2017 - July＋2017).xls?MOD＝AJPERES&CACHEID＝87dcf3804c420ce0aa1daefd3fd7c3dc) による．

43) 中国の資本規制に関しては，入村 (2016)；張勇祥 (2017)「人民元，海外流出額を制限」『日本経済新聞』2 月 1 日，朝刊を参照．

44) Blackden (2012) を参照．

45) Frankel (2016b), p. 68 を参照．

46) Eichngreen (2011), p. 31 による．

47) 日本経済新聞 (2013)「通貨安競争を回避」2 月 17 日，朝刊；(2013)「円安批

判封印，G20 の思惑」2 月 24 日，朝刊による．

48) 日本経済新聞（2014）「新興国に自助努力促す」2 月 23 日，朝刊による．

49) 日本経済新聞（2015）「G20，揺らぐ協調」2 月 11 日，朝刊を参照．

50) 日本経済新聞（2016）「G20 声明にも市場警戒解かず，原油安や中国問題解決遠く」2 月 29 日，朝刊による．

51) このような背景には，ユーロ相場をめぐるドイツと ECB との見解の食い違いがある．McGee, P. (2017), "Schäuble blames ECB for euro that is 'too low' for Germany," *Financial Times*, Feburary 5; Jennen, Speciale and Buergin (2017) を参照．ドラギ総裁によるアメリカに対する反論については，Black and Stearns (2017) による．

52) G20 バーデン゠バーデン金融サミットの交渉については，日本経済新聞（2017）「「反保護主義」削除，米譲らず」3 月 19 日，朝刊を参照．

53) アメリカは，通商拡大法 232 条に基づいて鉄鋼に関して関税の一律引き上げを行い輸入制限を検討すると公表した．日本経済新聞（2017）「米鉄鋼輸入制限，摩擦生む」7 月 5 日，朝刊による．また，サミットの交渉については，日本経済新聞（2017）「保護主義対抗，乱れる歩調」7 月 8 日，朝刊を参照．

54) 類似の意見は，Dieter (2016), p. 43 にも見られる．

55) Frankel (2016a), pp. 13-4 は，この合意を，先進国内での通貨戦争の休戦と捉えている．

56) Bergsten, Truman and Zettelmeyer (2017), p. 1 は，トランプ政権の掲げる政策を G7 の従来の政策協調目的の観点から整理している．ここでの記述はそれに依拠している．

57) トランプ政権は，ドッド・フランク法（Dodd-Frank Act）の見直しによってボルカー・ルール緩和と中堅銀行以下の負担を軽減することを検討している．前者については Rappeport (2017); Hamilton (2017)，後者については日本経済新聞（2017）「米金融規制見直し始動」6 月 14 日，朝刊を参照．

58) G7 タオルミーナ・サミットの交渉に関しては，日本経済新聞（2017）「米「保護主義講じる権利」」5 月 14 日，朝刊；(2017)「打ち向く世界　G7 の試練(上)「米国第一」自由世界を翻弄」5 月 28 日，朝刊；(2017)「G7　揺らぐ結束」5 月 28 日，朝刊を参照．

59) サーベイランス枠組みの改革については，Kruger, Lavigne and McKay (2016), pp. 9-11 による．

60) IMF のユーロ圏向け貸付については，Kruger, Lavigne and McKay (2016), pp. 16-19 を参照．

61) この点については，Nelson (2017), pp. 5-6 および Independent Evaluation Office of the International Monetary Fund (2016), pp. vii, 40-6 を参照．

62) Independent Evaluation Office of the International Monetary Fund (2014), p. 7 による．

63) アメリカの対 IMF 政策については，Truman (2017), pp. 9-10 を参照した．

64) 例外的アクセス基準改定については，International Monetary Fund（2016）を参照．

65) IMF が参加を見送った背景には，アメリカによる圧力がある．ギリシア支援をめぐる各国の立場については，Donnan（2017）を参照．

66) Diamataris（2017）による．

67) Eichengreen（2011），p. 29 による．

68) 欧州の取組では，Sheel and Ganguly（2016），p. 194 を参照した．

69) このスキームを通じた銀行破綻処理は，2017 年 6 月にスペインのサンタンデール銀行（Banco Santander）が同国ポピュラール・エスパニョール銀行（Banco Popular Español）を買収した案件で初めて発動された．Arnold, Buck and Sanderson（2017）; European Commission（2017a）を参照．

70) 両国の銀行同盟への参加検討に関しては，デンマークは Jacobsen（2017），スウェーデンは Schwartzkopff（2017）を参照のこと．また，Hüttl and Schoenmaker（2016）は，非ユーロ圏 EU 諸国の銀行同盟参加を検討している．

71) 例えば，スウェーデンのノルディア銀行（Nordea Bank）の銀行監督に関しては山﨑晋（2014；2015）を参照．なお，同行は 2017 年 9 月本部をスウェーデンからユーロ圏のフィンランドに移すことを表明した．

72) 日本経済新聞（2016）「外銀の規制強化提案」11 月 24 日，朝刊を参照．Barker, A., J. Brunsden and M. Arnold（2016），"EU to retaliate against US bank capital rules," *Financial Times*, November 22 は，EU のこうした動きを米国の FBO 規制への対抗措置と見ている．

73) Mundell（1963）を参照．

74) Rey（2015）による．

75) Obstfeld（2015）を参照．

76) Filardo, Gengerg and Hofmann（2014），p. 1, pp. 23-9 を参照．

77) Obstfeld（2015），p. 2 は，グローバリゼーションによって複数の目標間で金融政策が直面するトレードオフを解決することがより難しくなっており，それは目標を達成するのに必要な政策手段が不足している結果であるとしている．

78) こうした提案は，Rey（2015），pp. 319-20，清水（2016），22-3 頁などに見られる．

79) この問題については，Committee on International Economic Policy and Reform（2013），Chapter 3 を参照．この問題に対処する集団行動条項の修正に関しては，International Monetary Fund（2015）が詳しい．

80) SDRM については，Krueger（2002）を参照のこと．

81) Giltin and House（2014）を参照．

参考文献

入村隆英（2016），「中国:流出する資本と下落する人民元相場，資本取引規制を強化する当局」『アジア投資環境レポート』12 月 12 日号，三菱 UFJ 国際投信経済

調査部.

清水聡（2016），「ASEAN 諸国の金融安定—現状と展望—」『国際金融』1285 号.

田中素香（2008），「グローバル・インバランス—「世界不均衡」の性格の解明に向けて—」田中素香・岩田健治編『現代国際金融』（新・国際金融テキスト 3）有斐閣.

中本悟（2007），「アメリカン・グローバリズム：展開と対立の構造」中本悟（編）『アメリカン・グローバリズム』日本経済評論社.

西美希・高品盛也（2016），「TPP 発効に向けた各国の動向」『調査と情報—ISSUE BRIEF—』No. 918，国立国会図書館調査及び立法考査局.

西川珠子（2017），「本格化する NAFTA 再交渉　明らかになる「米国第一主義」の具体案」みずほ総合研究所『みずほインサイト』10 月 19 日.

藤木剛康（2016），「通商政策—メガ FTA 政策への転換と貿易自由化合意の解体—」河音琢郎／藤木剛康（編著）『オバマ政権の経済政策—リベラリズムとアメリカ再生の行方—』ミネルヴァ書房.

山﨑晋（2014），「ノルディック・バルティック諸国の金融監督協力〜スウェーデンとエストニアを中心に〜（上）」『経済社会研究』第 55 号第 3 巻，久留米大学経済社会研究会.

─────（2015），「ノルディック・バルティック諸国の金融監督協力〜スウェーデンとエストニアを中心に〜（下）」『経済社会研究』第 55 号第 4 巻，久留米大学経済社会研究会.

Ahearne, A. and J. von Hagen (2006), "European Perspectives on Global Imbalances," Paper prepared for the Asia-Europe Economic Forum conference European and Asian Perspectives on Global Imbalances, Beijing, 13-14 July.

Arnold, M., T. Buck and R. Sanderson (2017), "Why Santander rescue of Banco Popular is a European test case?," *Financial Times*, June 7 (https://www.ft.com/content/4fe8680a-4b53-11e7-a3f4-c742b9791d43)

Athavaley, A. (2005), "Schumer, Graham May Press for China Tariffs," *Washington Post*, July 29, 2005 (http://www.washingtonpost.com/wp-dyn/content/article/2005/07/28/ AR2005072802040.html)

Barisitz, S. (2006), *Banking in Central and Eastern Europe 1980-2006*, Routledge.

Bergsten, C.F. (2016), "Time for a Plaza II?" In F.C. Bergsten and R. Green, eds., *Currency Policy Then and Now: 30th Anniversary of the Plaza Accord*, Peterson Institute for International Economics.

────── and R. Green, eds. (2016), *Currency Policy Then and Now: 30th Anniversary of the Plaza Accord*, Peterson Institute for International Economics.

────── and J.E. Gagnon (2017), *Currency Conflict and Trade Policy: A New Strategy for the United States*, Peterson Institute for International Economics.

第4章　アメリカの対外経済政策の変貌と複合危機　　127

――――F.M. Truman, and J. Zettelmeyer (2017), "G7 Economic Cooperation in the Trump Era," May, Peterson Institute for International Economics Policy Brief, PB17-15.

Black, J and J. Stearns (2017), "Draghi Rebuts Trump Lines on Currency Wars, Bank Rules," *Bloomberg*, February 6 (https://www.bloomberg.com/news/articles/2017-02-06/draghi-says-qe-strikes-balance-between-upturn-and-weak-inflation)

Blackden, R. (2012), "Brazil president Dilma Rousseff blasts Western QE as 'monetary tsunami'," *The Telegraph*, 10 April (http://www.telegraph.co.uk/finance/economics/9196089/Brazil-president-Dilma-Rousseff-blasts-Western-QE-as-monetary-tsunami.html)

Blustein, P. (2013), *Off Balance: The Travails of Institutions That Govern the Global Financial System*, CIGI.

Carstens, A. (2015), "Challenges for emerging economies in the face of unconventional monetary policies in advanced economies," Text of the Stavros Niarchos Foundation Lecture by Mr. Agustin Carstens, Governor of the Bank of Mexico, at the Peterson Institute for International Economics, Washington D.C., 20 April.

Committee on International Economic Policy and Reform (2013), "Argentina and the Rebirth of the Holdout Problem," in Committee on International Economic Policy and Reform, *Revisiting Sovereign Bankruptcy*, October.

De Haan, A. (2010), "A Defining Moment? China's Social Policy Response to the Financial Crisis," *Journal of International Development*, 22.

Diamataris, A.H. (2017), "Greece's major Problem is Credibility," *The National Herald*, July 29 (https://www.thenationalherald.com/162432/greeces-major-problem-credibility/)

Dieter, H. (2016), "The G 20 and the Dilemma of Asymmetric Soveriegnty: Why Multilateralism Is Falling in Crisis Prevention," in R. Kathuria and N.K. Nagpal, eds., *Global Economic Cooperation: Views from G20 Countries*, Springer.

Donnan, S. and T. Mitchell (2016), "US ire switches from renminbi to Chinese industrial overcapacity," *Financial Times*, June 2 (http://www.ft.com/cms/s/0/dd5c1292-2870-11e6-8ba3-cdd781d02d89.html#axzz4KcYa8Eif)

Donnan, S. (2017), "IMF under pressure in Washington over Greek bailout," *Financial Times*, March 17 (https://www.ft.com/content/e77f3c0c-0abc-11e7-97d1-5e720a26771b)

Eichengreen, B. (2011), "International Policy Coordination: The Long View", NBER Working Paper Series 17665.

――――(2013), "Number One Country, Number One Currency?" *World Econ-

omy, 36, no.4.

───── and M. Kawai (2014), "Issues for Renminbi Internationalization: An Overview," ADBI Working Paper, 454, Asian Development Bank Institute.

European Commission (2017a), "European Commission approves resolution of Banco Popular Español, S.A.," 7 June, Press Release (http://europa.eu/rapid/press-release_IP-17-1556_en.htm)

───── (2017b), *White Paper on the Future of Europe*.

Filardo, A., H. Gengerg and B. Hofmann (2014), "Monetary analysis and the global financial cycle: an Asian central bank perspective," a paper presented at SIRE=MMF-RES-HWU Conference on "Monetary analysis and monetary policy frameworks."

Frankel, J. (2016a), "International Coordination," 2015 Asia Economic Policy Conference Policy Challenges in a Diverging Global Economy, Federal Reserve Bank of San Francisco, November 19-20, 2015, Revised January 4.

───── (2016b), "The Plaza Accord 30 Years Later," in F.C. Bergsten and R. Green, eds., *Currency Policy Then and Now: 30th Anniversary of the Plaza Accord*, Peterson Institute for International Economics.

Giltin, R. and B. House (2014), "A Blueprint for Sovereign Debt Forum," CIGI Papers, No.27, March.

Goldstein, M. (2006), "Currency Manipulation and Enforcing the Rules of the International Monetary System," in E.M. Truman, ed., *Reforming the IMF for the 21st Century*, Peterson Institute for International Economics.

Hamilton, J. (2017), "Banks Asked How the Volker Rule Should be Revised," *Bloomberg*, August 2 (https://www.bloomberg.com/news/ articles/2017-08-02/volcker-rule-revision-ideas-solicited-by-u-s-banking-regulator)

Henning, C.R. (1994), *Currencies and Politics in the United States, Germany, and Japan*, Institute for International Economics.

Hüttl, P. and D. Schoenmaker (2016), "Should the 'outs' join the European banking union?," *Brugel Policy Contribution*, Issue 2016/3 February (http://bruegel.org/2016/02/should-the-outs-join-the-european-banking-union/)

Independent Evaluation Office of the International Monetary Fund (2014), "IMF Response to the Financial and Economic crisis." (http:/www.ieo.org/ieo/files/completedevaluations/FULL%20REPORT%20final.pdf)

───── (2016), "The IMF and the Crises in Greece, Ireland, and Portugal: An Evaluation by the Independent Evaluation Office," July 8 (http://www.ieo-imf.org/ieo/files/completedevaluations/EAC__REPORT%20 v5.PDF)

International Monetary Fund (2015), "Progress Report on Inclusion of Enhanced Contractual Provisions in International Sovereign Bond Contracts," September.

第 4 章　アメリカの対外経済政策の変貌と複合危機　　129

──── (2016), "IMF Survey: IMF Reforms Policy for Exceptional Access Lending," January 29 (https://www.imf.org/ en/News/Articles/2015/09/28/ 04/53/ sopol012916a)

Jacobsen, S. (2017), "Denmark to decide on EU's banking union membership after Brexit," *Reuters*, July 4 (https://www.reuters.com/article/us-denmark-eu-banking-union/denmark-to-decide-on-eus-banking-union-membership-after-brexit-idUSKBN19P146?il=0)

Jennen, B., A. Speciale and R. Buergin (2017), "Germany Abandons Push for G-20 Monetary Policy Restraint," *Bloomberg*, 28 February (https://www.bloom berg.com/news/articles/2017-02-08/german-push-for-g-20-monetary-policy-restraint-said-to-stumble-iyx03z25)

Kasperowicz, P. (2015), "Senate passes controversial bill allowing U.S. to retaliate against currency manipulation," *The Blaze*, May 14 (http://www.thebl aze.com/blog/2015/05/14/senate-passes-controversial-bill-allowing-u-s-to-retaliate-against-currency-manipulation/)

Krueger, A. (2002), "A New Approach to Sovereign Debt Restructuring," Pamphlet, International Monetary Fund.

Kruger, M., R. Lavigne and J. McKay (2016), "The Role of the International Monetary Fund in the Post-Crisis World," Bank of Canada Staff Discussion Paper/Document d'analyse du personnel, 2016-6, February.

McKissack, A. and J.Y. Xu (2011), "Chinese macroeconomic management through the crisis and beyond," *Journal of International Development*, 22, Asian-Pacific Economic Literature, Crawford School of Economics and Governance.

Mundell, R. (1963), "Capital Mobility and Stabilization Policy under Fixed and Flexible Exchange Rates," *Canadian Journal of Economics*, 29.

National Law Review (2017), "NAFTA: USTR Summary of Objectives Released July 7, 2017," July 21 (https://www.natlawreview.com/article/nafta-ustr-summary-objectives-released-july-17-2017)

Nelson, R.M. (2017), "Lessons from the IMF's Bailout of Greece," May 18, Committee on Financial Services Subcommittee on Monetary Policy and Trade U.S. House of Representative, Congressional Research Service 7-5700.

Obstfeld, M. (2015), "Trilemmas and trade-offs: living with financial globalization," BIS Working Papers, No. 480, Monetary and Economic Department, January.

Rascoe, A. and M. Martina (2017), "U.S., China agree to first trade steps under 100-day plan," *Reuters*, May 12 (http://www.reuters.com/article/ us-usa-china-trade-idUSKBN188088)

Rappeport, A. (2017), "Bill to Erase Some Dodd-Frank Banking Rules Passes in

House," *New York Times*, June 8 (https://www.nytimes.com/2017/06/08/business/dealbook/house-financial-regulations-dodd-frank.html)

Rey, H. (2015), "Dilemma not Trilemma; The Global Financial Cycle and Monetary Policy Independence," NBER Working Paper, No.21162, May.

Roubini, N. and B. Sester (2005), "Will the Bretton Woods 2 Regime Unravel Soon? The Risk of Hard Landing in 2005-6." (www,frbsf.org/ economic-research/ files/ Roubini.pdf)

Schott, J.J. (2017), "Flaws in Trump's Agenda for NAFTA." (https://piie.com/blogs/trade-investment-policy-watch/flaws- trumps- agenda-nafta)

Schwartzkopff, F. (2017), "Sweden Will Review EU Banking Union as Nordea Still Silent on HQ," Reuters, July 11 (https://www.bloomberg.com/news/articles/2017-07-10/sweden-will-review-eu-banking-union-as-nordea-still-silent-on-hq)

Sheel, A. and M. Ganguly (2016), "Financial Regulatory Reform: A Mid-term Assessment from an Emerging Market," in R. Kathuria and N.K. Nagpal, eds., *Global Economic Cooperation: Views from G20 Countries*, Springer.

Shoenmaker, D. and S. Oosterloo (2007), "Cross-border issues in Europe financial supervision." (http://personal.vu.nl/d.shoenmaker/Cross-border%20issues%20(BoF%2012-2-2005), pdf)

Shoenmaker, D. (2013), *Governance of International Banking: The Financial Trilemma*, Oxford University Press.

Song, I. (2004), "Foreign Bank Supervision and Challenges to Emerging Market Supervision," IMF Working Paper, WP/04/82.

Taylor, J.B. (2009), *Global Financial Warriors: The Untold Story of International Finance in the Post-9/11 World*, W.W. Norton. (中谷和男訳『テロマネーを封鎖せよ 米国の国際金融戦略の内幕を描く』日経 BP 社)

Truman, E.T. (2009), "The International Monetary Fund and Regulatory Changes," Working Paper 09-16, December, Peterson Institute for International Economics.

Truman, E.M. (2017), "International Financial Cooperation Benefits the United States," February, Peterson Institute for International Economics Policy Brief Number PB17-10.

U.S. Department of the Treasury Office of International Affairs (2015), "Report to Congress on International Economic and Exchange Rate Policies," October 19.

———— (2016), "Foreign Exchange Policies of Major Trading Partners of the United States: Report to Congress," April 29.

———— (2017), "Foreign Exchange Policies of Major Trading Partners of the United States: Report to Congress," October 17.

Wall Street Journal (2015), "Obama Administration Softens Criticism of China's Currency Policy," 29 October. (http://www.wsj.com/articles/Obama-administration-softens-criticism-of-chinas-currency-policy-1445286754)

Walter, A. (2009), "The Mismanagement of Global Imbalances: Why Did Multilateralism Fail?," Paper prepared for Oxford Workshop on Effective Multilateralism, Nuffield College, 23-24, October.

Wen J. (2005), "RMB exchange rate a sovereignty issue of China: Premier," May 17, Embassy of the People's Republic in China Australia, (http://au.china-embassy.org/engxw/t195926.htm)

Xafa, M. (2007), "Global Imbalances and Financial Stability," IMF Working Paper, wp/07/111, May.

Xiaoling, W. (2008), "Keynote Address: China's Exchange Rate Policy and Economic Restructuring," in M. Goldstein and N.R. Lardy, eds., *Debating China's Exchange Rate Policy*, Peterson Institute for International Economics.

第5章
EU・ユーロ圏の複合危機

星 野　　郁

　ヨーロッパは，第二次世界大戦以降70年余りにわたって統合を進めてきた．その核となっていたのは経済・通貨統合であり，この間様々な危機を経験し，紆余曲折を経ながらも，大きな成功を収めてきことは間違いない．しかし，ヨーロッパは，グローバルな金融・経済危機の発生以降，長い統合の歴史の中で最大ともいえる試練に直面している．ヨーロッパは，グローバルな金融・経済危機によって，その震源地であったアメリカ以上に深刻な打撃を受けただけでなく，ギリシャの財政破綻によるソブリン危機や銀行危機を経て，ユーロ圏の存続が試されるユーロ危機にも見舞われることになった．しかも，金融・経済危機の元凶となった銀行は，巨額の公的資金で救済され，ECB（ヨーロッパ中央銀行）からも空前の規模での支援を受ける一方，南欧諸国を筆頭に深刻な危機に見舞われた国々は，救済策と引き換えに厳しい緊縮政策を余儀なくされ，その結果国民の激しい反発や反EU（ヨーロッパ連合）感情の高まりを引き起こし，EUならびに統合の正当性が問われる危機へと発展した．2015年には，シリアの内戦激化を契機に難民危機も頂点に達し，同時にイスラム・テロも頻発したことから，EU全域で反イスラム・移民排斥を掲げるポピュリスト運動が広がった．難民危機の際には，ユーロ危機の際と同様，難民の受け入れをめぐる加盟国間の対立も鮮明となった．そのような複合危機を契機とした反EU感情の高まりの中で，イギリス国民は2016年6月の国民投票でEUからの離脱を選択した．ヨーロッパ統合はその長い歴史の中で最大の岐路に立たされているといっても過言ではない．

こうした激動の政治・社会情勢の最中にあって，ユーロ圏の経済は，最悪の時期を脱し，ECB による空前の規模での非伝統的金融緩和策にも支えられ，緩やかな回復途上にある．デフレ懸念が後退しつつあることで，ECB による量的金融緩和の解除も漸く射程に入りつつある．さらには，危機の最中には悲観論一色であった EU の先行きに対する見方にも，変化の兆しが窺える．難民危機やテロの高まりを受け，2017 年の EU 主要国の選挙では，ポピュリスト政党の躍進も予想されたものの，天王山と見られた 5 月のフランスの大統領選挙では，親 EU 路線を掲げるマクロン（Macron, E.）が圧倒的な勝利を収めるなど，ポピュリズムの勢いはやや鈍りつつあるかのように見える．イギリスも，国民投票で EU 離脱を決めたものの，その後の同国のあまりの混乱ぶりに，離脱ドミノが起きる可能性も著しく後退した．イギリスの国民投票による EU 離脱の決定は，米トランプ政権の迷走ぶりと併せて，むしろ残る 27 カ国の結束を強めているように見える．ヨーロッパの統合推進派の間には，再び楽観論が広がっている．

　しかし，再度ユーロ圏の経済に目を転ずれば，回復基調にあるとはいえ，南欧諸国を筆頭に依然多くの国々が多額の政府債務残高を抱え，財政再建に苦しみ，若年層を中心に高失業率に喘いでいる．銀行部門も，リストラが進展しつつも，イタリア，ギリシャを筆頭に依然多くの不良債権を抱えたままとなっている．要するに，ユーロ圏は依然危機からの回復途上にあり，ソブリン危機や銀行危機が再燃するリスクもなくなってはいない．危機で問われたユーロ圏の経済ガバナンスや金融規制のあり方など，制度・構造上の問題点や課題も残されたままとなっている．銀行同盟は危機解決の切り札とされたが，イタリアで浮上した銀行問題でその限界が露呈することになった．何よりも，アメリカ同様，著しい資産・所得格差の拡大と社会的分断を引き起こすことを通じて，グローバルな金融・経済危機やその後の政治的・社会的混乱の元凶となり，ヨーロッパではまさに統合の政治的正当性が問われることになった，金融主導の成長戦略ならびにネオリベラルな構造改革路線の問題点は放置されたままとなっている．

第5章　EU・ユーロ圏の複合危機　　　135

　よって，本章では，ヨーロッパの複合危機の背景と危機の発生をもたらした構造的要因を分析し，危機対策の成果と限界を明らかにする．同時に，EU がこれまで進めてきた統合の問題点にも言及する．その上で，ユーロ圏ならびに EU が，今回の危機を最終的に克服して再び統合への道を歩むことができるかどうか，ヨーロッパの政治・社会情勢を踏まえて，今後の展望を占うことにしたい．

1.　ヨーロッパにおける複合危機の展開と様相

(1)　ユーロの誕生と危機の醸成

　ユーロの誕生は，ヨーロッパ統合にとって画期的な出来事であった．それは第二次世界大戦後の半世紀にわたる統合の到達点であったと同時に，経済統合や財政統合の更なる前進，さらにはヨーロッパ統合の究極の目標である政治統合の実現のための触媒となるはずであった．ところが，ユーロの誕生は，実際には今日の EU の様々な危機の出発点ともなった．

　ユーロの誕生は，まずユーロ圏の内外における金融統合の飛躍的な進展をもたらした．ユーロ導入後，ユーロ圏の短期金融市場は速やかに統合された．ユーロ圏各国の国債市場も，ユーロ圏で最も信用が高く最も利回りが低かったドイツ国債に収斂し，ユーロ導入以前最もリスクプレミアの高かったギリシャ国債でさえ，ドイツ国債とほとんど同等の水準となった．こうした金融統合の担い手となったのが，ユーロ圏ならびにイギリスやスイスの大手金融機関であった．これらヨーロッパの大手金融機関は，ユーロの誕生を契機にユーロ圏内のみならず，ユーロ圏と非ユーロ圏の EU 諸国，さらにはアメリカを中心とする域外諸国との間で，投資銀行業務を中心に活発なクロスボーダー・ビジネスを展開するようになった．

　これらヨーロッパの大手金融機関は，EU 域内において，ドイツをはじめとする北部 EU 諸国から南欧諸国やイギリス，アイルランド，中東欧諸国に向けたクロスボーダーの金融仲介を担い，後者における不動産・信用バブル

ならびに経常収支赤字をファイナンスする役割を演じた．2000年代には，アメリカとアジアならびに産油国との間のグローバル・インバランスが問題視されたが，ユーロ圏内のインバランスは，対GDP比でグローバル・インバランスを上回る規模に達していた．しかも，赤字国に流れ込んだ資金のほとんどは，不動産融資をはじめとする非生産的な投資に向けられた．にもかかわらず，EUの当局者はそれを通貨統合の画期的な成果であると自画自賛していた[1]．

　同じく，ヨーロッパの大手金融機関は，2000年代の初めに不動産ブームに沸くアメリカにも大挙して進出し，アメリカのMMF（Money Market Fund）ら機関投資家からドル建て資金を調達して，証券化商品をはじめとする金融デリバティブ商品を中心に積極的な運用を行った．アメリカにおけるこれらヨーロッパ大手金融機関によるビジネスは，ハイリスクの投資銀行ビジネスが中心で，オフショア市場を含むホールセール市場からの短期資金の調達に依存し，アメリカの投資銀行を凌ぐ高いレバレッジを掛けてハイリスクの資産で運用するといった極めて投機色の強いもので，アメリカの投資銀行に比べてもリスク管理は著しく杜撰であった[2]．こうしたヨーロッパの大手金融機関の暴走に対して，ヨーロッパの通貨・金融監督規制当局も，これを抑えるどころか，金融統合の目覚ましい進展やヨーロッパの大手銀行の派手なビジネス展開に目を奪われて放置した．IMF（国際通貨基金）らの求めていた，ユーロの誕生に見合ったEUないしユーロ圏レベルでのしっかりした金融機関監督規制体制の構築はなされず，大手金融機関によるクロスボーダー・ビジネスに関しても，専らドメスティックで杜撰な監督規制体制のままに留まっていた．ECBも，ユーロ誕生後のドイツ経済の苦境やユーロ圏の低インフレに気を取られ，既にスペインやアイルランドで不動産・信用バブルの兆候が顕著であったにもかかわらず，低金利政策を継続し，結果的にバブルの膨張を放置した．

　ヨーロッパの大手金融機関は，こうして大西洋の両岸における金融危機の醸成に重要な役割を果たすことになり，アメリカ発のグローバル金融・経済

危機と，後にユーロ危機に繋がるヨーロッパにおける金融・経済危機との媒介者となった．

(2)　グローバル金融危機からユーロ危機への深化

　グローバル金融危機は，2008 年 9 月のリーマン・ショックの発生をもって嚆矢とされる．しかし，実際には 2007 年 8 月に起きた，いわゆる「パリバ・ショック」が，その後の一連の危機のきっかけとなった．

　2000 年代前半に，既に述べたように，ヨーロッパの大手金融機関は，大挙してアメリカに進出し，ハイリスク，ハイリターンの投資銀行ビジネスに積極的に乗り出した．ところが，2006 年以降アメリカの不動産市場が変調を来す中，2007 年 8 月にフランス最大手の BNP パリバ傘下のミューチュアル・ファンドが，サブプライムローン関連証券化商品での運用の失敗と巨額の損失の発生により，投資家からの解約を凍結すると発表したことで，一挙に市場に動揺が広がった．そして，パリバ・ショックを機に，ヨーロッパの大手金融機関によるグローバルおよびユーロ圏における金融仲介の巻き戻しが発生し，運用面では，大規模な損失の発生により資産の取り崩しを余儀なくされる一方，負債面では，信用不安の高まりによりホールセール市場から資金調達が急速に困難となっていった．そして，アメリカの大手金融機関同様，ヨーロッパの大手金融機関にとって決定的な打撃となったのが，リーマン・ショックの発生であり，立ちどころにヨーロッパの大手金融機関も危機に巻き込まれ，流動性の枯渇により市場から資金が取れなくなったことで，軒並み破綻の危機に直面することになった．それは，実体経済が低迷する中で，特にヨーロッパの場合，ユーロの導入と共に顕著となった金融化，すなわち過剰な信用に頼った成長戦略が破綻した瞬間でもあった．

　1930 年代以来といわれた未曾有の金融危機に対して，ヨーロッパでも，中央銀行による巨額の流動性供給や，政府による公的資金の注入，信用保証が大々的に行われた．また，短期間ではあったが，ケインズ (Keynes, J.M.) 主義的な財政出動も行われた．しかし，ヨーロッパの場合，アメリカに比べ

て景気対策目的の財政支出の規模は小さく，政府支出は金融機関の救済に著しく偏っていた．しかも，実体経済の深刻な落ち込みや大手金融機関の救済は，政府の財政収支を著しく悪化させ，2009 年末のギリシャの政権交代に伴う財政スキャンダルの発覚以降，ユーロ圏諸国のソブリン・リスクは急速に高まることになった．さらに，ギリシャの救済をめぐり，救済に慎重なドイツと他のユーロ圏諸国及びアメリカとの対立が鮮明になることによって，ギリシャのユーロ圏からの脱落とそれに続くユーロ崩壊の可能性すら取沙汰されるようになった．

そのような緊張が続く中，2011 年末には極度の信用不安のために，ヨーロッパの銀行全体がホールセール市場から資金調達ができなくなり，ユーロ圏の銀行システムがあわや崩壊しかねない事態にまで追い込まれた．ECB は，ユーロ圏の銀行に対して低利で 3 年ものの巨額の流動性（1 兆ユーロ相当）を LTROs（Longer-Term Refinancing Operations）を通じて供給することで辛うじて危機を凌いだ．

しかし，2013 年早々に不動産バブル崩壊の後始末に苦しむスペインで，銀行危機が深刻となった．銀行危機を鎮めるためには，政府による公的資金の注入が必要となるが，それはそれで政府の財政を悪化させる．その結果生じる政府の信用の低下は，銀行の保有する国債の評価額の下落を通じて銀行の信用の低下につながる．このような銀行危機とソブリン危機との悪循環が生まれ，スペインに次いでイタリアの国債も売り込まれることになった．既に前年の 10 月にはユーロ圏加盟国のために 5,000 億ユーロの融資能力を有する常設の金融支援機関である ESM（European Stability Mechanism）が設立され，6 月の EU 首脳会議では銀行同盟の創設も打ち出された．それでも，金融市場の動揺は容易に収まらなかった．しかし，2013 年 8 月の「ユーロを救うためなら何でもする」という ECB ドラギ（Draghi, M.）総裁の発言と，ユーロ圏の国債を ECB が直接買い入れるプログラムである OMT（Outright Monetary Transaction）の発動を同総裁が示唆することで，漸く金融市場の動揺は沈静化した．

（3）　ユーロ危機から EU の危機へ

ECB の積極果敢な行動により，ユーロ圏の金融システムやユーロの崩壊につながりかねない急性の危機はひとまず沈静化した．しかし，金融・経済危機の発生以降趨勢的に低下していたユーロ圏のインフレ率は，2014 年末についに一時マイナスに転じ，その後も 0% 近辺で推移するなどデフレ傾向が強まり，低成長に喘ぐことになった．急性の危機に代わり，慢性的な低成長とデフレがユーロ圏ならびに EU 経済を支配することになった．

何よりも問題であったのは，一連の危機がユーロ圏ならびに EU 諸国の実体経済に深刻な打撃を与えたことである．しかも，危機が与えた影響は非対称で，国別そして社会階層別でも大きく異なっていた．最大の打撃を受けたのは，ギリシャを筆頭とする南欧諸国で，ギリシャでは著しい GDP の低下が何年にもわたって続き，救済と引き換えにヨーロッパ委員会と ECB，IMF から構成されるトロイカによって強制された緊縮政策がこれに追い討ちを掛けた．社会階層別では，低学力で低技能層，若年層や年金生活者，失業者といった社会的弱者が，最も深刻な打撃を受けることになった．なかでも「失われた世代」とよばれる，南欧の低学歴で低技能の若年層は，就労やスキルアップの機会を失い，将来にわたり取り返しのつかない深い傷を負うことになった．国家レベルでは，危機を通じて一人勝ちを収めたといわれるドイツでさえ，著しく経済格差が広がった[3]．ピケティ（Piketty, T.）の研究でも，アメリカ同様，ヨーロッパでも，ネオリベラルな経済構造改革が始まった 1980 年代以降，各国で著しく経済格差が拡大したことが確認されていたが[4]，金融・経済危機からユーロ危機にいたる一連の危機は，そうした経済格差の拡大をさらに広げるように働いた．しかも，危機の影響が著しく非対称であったことから，国家間や社会階層間で厳しい対立や緊張が生まれ，問題の解決をより困難にすると同時に，EU やヨーロッパ統合に対する信頼を大きく傷つけることになった．その結果，EU の多くの国々で，EU や自国のエリートに対する反発が著しく高まり，ポピュリズムを掲げる極右政党の躍進に繋がった．フランスでは，危機の最中の 2012 年 5 月に誕生し，中

道左派政権として失業問題の解決や社会的弱者の救済を期待されていたにもかかわらず，何ら有効な手を打てずにネオリベラルな政策路線に走ったオランド（Hollande, F.）政権の人気が凋落し，代わって反EU，反移民を掲げる極右国民戦線が躍進した．中東・北アフリカの危機と難民問題の深刻化，相次ぐイスラム・テロも，極右台頭の追い風となった．2017年5月の大統領選挙では，親EU路線を掲げるマクロンが勝利したものの，フランス国内の分断は決して解消されてはいない．ドイツでも，経済的に最も脆弱で社会的に不安定な旧東ドイツ地域で，反移民・極右運動が活発化し，2017年9月の連邦議会選挙では移民排斥を掲げるAfD（ドイツのための選択肢）が第3党に躍進した．イギリスでは，2016年6月の国民投票でEUからの離脱が決定された．その背景には，ヨーロッパ統合やグローバル化の進展によって恩恵を受けず，敗者となっている層の著しい不満があるといわれる[5]．

かくして，ユーロ危機は政治・社会危機を誘発し，EUへの信頼を傷つけることで，ヨーロッパは統合開始以来最大の試練に直面することになった．

2. ヨーロッパの複合危機の背景と特質

(1) 複合危機の原因

①ネオリベラリズムとヨーロッパ統合

ヨーロッパの今日の危機の背景には，1980年代以来ヨーロッパが追求してきたネオリベラルな統合路線がある．70年代前半の高インフレと世界恐慌，その後の長期不況の下で，それまでヨーロッパで支配的であったケインズ政策が放棄され，イギリスのサッチャー（Thatcher, M.H.）政権による「革命」を経て，大陸ヨーロッパにもネオリベラルな経済政策路線が徐々に浸透していった．1980年代前半には，固定相場制を通じてヨーロッパの通貨安定を目指したEMS（European Monetary System）の下で，通貨価値の安定を重視するドイツの経済政策が支配的となり，フランスをはじめ他の国々は厳しい緊縮政策の実施を余儀なくされた．そして，専らフランスら後

者の負担によって EMS の下で通貨の安定が達成された後，1985 年には域内市場統合プロジェクトが浮上する．域内市場統合プロジェクトは，非関税障壁や政府の介入を廃し，モノ・サービス・労働力・マネーが自由に移動する単一市場の形成を通じて，換言すれば，市場（競争）原理の導入による加盟国，企業，労働者間の「競い合い」を通じて，ヨーロッパ経済の再活性化を図ろうとするものであった．

　90 年代に入ると，社会主義体制の崩壊による冷戦の終焉やそれに伴う経済のグローバル化の進展，アメリカや他の先進国諸国との競争の激化，中国などの新興国の追い上げ，少子・高齢化の進行，急速な技術革新の進展といった要因も加わり，ヨーロッパにおけるネオリベラルな統合路線はさらに強化されることになる．産業界を中心とするグローバル志向のヨーロッパのエリートが統合の主導権を握ることにより，エリートによるエリートのための統合という性格がより一層強まることになった．グローバル経済における生き残りが今や統合の主要な目的となり，不戦の共同体の構築や加盟国間の連帯の強化という統合の理想は，後景に追いやられることになった．

　そうした文脈で浮上した EMU（Economic and Monetary Union）は，ネオリベラルな競争原理を最終的に貫徹する戦略的手段に他ならなかった．いわゆる「最適通貨圏論」によれば，単一通貨圏を維持するためには，賃金・物価の高い弾力性，労働力の高い移動性，大規模な財政資金移転が必要とされる．しかし，ユーロ圏の場合，大規模な財政資金移転は，ドイツら拠出国の強い反対で対 GDP 比 1% 程度の低い水準に据え置かれ，調整の中心は賃金・物価の弾力性と労働力の移動の促進に置かれることになった．賃金の弾力性と労働力の移動の促進は，共に労働市場の弾力化と密接に結びついている．その狙いは，解雇やレイオフの制限など雇用保護規制の緩和，労働時間の延長や休日労働といった雇用の弾力化，産業別賃金交渉から企業別賃金交渉への移行，非正規有期雇用規制の緩和等を通じた賃金決定の弾力化ないし賃金水準の引き下げにあった．そして，そうした労働市場の規制緩和や弾力化を通じて，ユーロ圏ないし EU 規模での職種・産業・地域・国家間での労

働力移動の促進とそれによる労働市場の不均衡の調整，さらには失業給付や福祉・社会保障水準の引き下げ，企業の社会保険料負担の軽減等を通じて非賃金労働コストの抑制も図ろうとしていた．EU のエリートや主流派の新古典派経済学者からは，行き過ぎた労働者保護や寛大過ぎる福祉・社会保障制度がヨーロッパ経済の長期停滞の元凶と見なされていた．

　もちろん，ヨーロッパ統合には，社会的ヨーロッパの実現を目指した中道左派や社会民主主義グループ，労働組合も加わっていた．彼らは，既存の国民国家に代わり EU レベルでの福祉・社会保障制度の確立とそれを通じた社会的連帯の強化を夢見ていた．ユーロの導入とほぼ時を同じくして打ち出されたリスボン戦略では，社会的連帯と高い競争力，質の高い雇用を同時に達成している北欧諸国の社会経済モデルを EU 全体に広め，特に労働市場改革では，弾力性と保障，すなわち寛大な失業給付や職業訓練（積極的労働市場政策）を組み合わせることによって就労可能性を高める Flexicurity アプローチの拡張が目指された．

　けれども，そもそもヨーロッパの福祉国家は，北欧諸国を例外として，大規模な所得の再分配を通じた格差の是正や，社会的弱者や底辺層の救済を目指そうとするものではなくて，中間層の利益の保護と社会的リスク（失業や疾病など）の回避を目的とし，80 年代以降急速に強まった格差拡大の趨勢に決して抗おうとするものではなかった[6]．そのため，EMU に組み込まれたネオリベラルな競争原理の下で，弾力化の圧力が次第に優勢となり，保障が顧みられなくなることで，統合の進展は社会的連帯や安定を掘り崩すように作用することになった．近隣窮乏化策ともいえる，賃金水準や労働条件，税の引き下げ競争を通じて，生活基盤や福祉国家の財政基盤が侵食され，社会的セーフティの弱体化と中間層の没落が進行し，北欧諸国でさえ格差拡大の趨勢に抗うことが困難となった．こうした趨勢が，排外主義的なナショナリズムや反 EU，極右政党の台頭を生む一因となっていることは間違いない．

②金融資本主義の浸透と金融化・金融統合の進展

　1990 年代後半以降のヨーロッパにおける金融資本主義の浸透と金融化の
進展，同じくユーロの導入に伴う金融統合の進展も，今回の危機と深く結び
つくことになった．

　1990 年代半ば以降経済のグローバル化が進展し，金融を梃子にしたアメ
リカ経済の再生により，アングロサクソン型資本主義が優勢となる中で，イ
ギリスに続いて大陸ヨーロッパ諸国にも，その影響が急速に浸透していくこ
とになった．その媒介者となったのが，同時期以降大挙してヨーロッパに進
出した米系投資銀行やアングロサクソン系の機関投資家（年金ファンドやプ
ライベート・エクイティ）であり，彼らはヨーロッパの企業統治や金融ビジ
ネス，さらには政府の経済政策や経済運営のあり方を大きく変容させた．そ
れまでの従業員や国家，地域社会等の広範な利害関係者の利益に代わり，株
主や経営者の利益が著しく重視されるようになった．それに伴って金融市場
の評価が企業経営や政府の経済政策の運営に支配的な影響力を持つようにな
った[7]．また，商業銀行業務中心であったヨーロッパの大手銀行のビジネス
も，急速に投資銀行ビジネスへとシフトし，トレーディングや金融デリバテ
ィブ取引などハイリスクのビジネスを積極的に手掛けるようになった．

　ユーロの導入がさらにそうした傾向を決定的にした．ユーロの導入により
ユーロ圏の金融市場が統合され，クロスボーダーのビジネスが急速に膨らむ
ことになった．しかも，金融統合の進展によってユーロ圏ないし EU レベル
で最適な資金の配分が実現され，非対称的ショックが発生した際にもこれを
より上手く吸収し，ユーロ圏ないし EU 全体の経済成長を押し上げると期待
されたことから，EU の金融規制監督当局や ECB も，こうした動きを積極
的に後押しした．

　しかし，危機の発生によって明白になったように，大手銀行同様 EU の金
融規制監督当局も，金融自由化や金融市場の機能，金融統合の効果を過大評
価し，他方で，それに伴うリスクを著しく過小評価していた．ユーロの誕生
とともに，クロスボーダーの金融取引が著しく増大していたにもかかわらず，

EUないし各国の金融監督規制体制はあまりにお粗末で，不動産バブルの崩壊で銀行危機に陥ったスペインのケースのように，自国における危機の兆候すら十分に把握できていなかった．その制定にあたりヨーロッパの金融監督規制当局がリードしたといわれるBIS（国際決済銀行）規制（いわゆるバーゼル2）では，銀行の内部モデルにリスク評価が委ねられるなど，予てからヨーロッパの金融監督規制当局が金融業界に阿る姿勢は濃厚であった．事実，杜撰な監督体制と相俟って，バーゼル規制は危機の防止にはほとんど役に立たなかった．金融統合も，非対称的ショックの吸収どころか，逆に危機発生の際には危機を即座に国境を越えて伝播させることで危機を増幅し，ユーロ圏の金融システム全体を崩壊の危機にさらすことになった．

(2)　ヨーロッパの複合危機の特質

① EMU の構造的欠陥

ヨーロッパの複合危機は，アメリカをはじめ世界の他の国々で起きた危機と多くの点で共通している．しかし，その一方で，ヨーロッパ固有の特質も有している．その最たるものは，EMUの構造的欠陥であった．

ユーロ圏の場合，通貨が統合され，通常の危機であれば用いることのできる，為替レートや金利の調整，中央銀行による国債をはじめとする証券の買入れ等をもはや単独で行うことはできない．ユーロは，ユーロ圏各国にとっていわば外貨のようなもので，金融政策の運営は，超国家機関であるECBによって行われ，危機の際にはECBからの支援を仰がざるを得ない．要するに，ユーロ圏の場合，金融政策の主権はもはや各国にはない．財政政策についても，縛りが設けられ，危機対策として自由に使うことができない．不均衡を均すユーロ圏レベルでの財政資金移転の規模も，著しく制約されている．そうしたEMUの構造が危機を増幅したことは疑いない．

もちろん，EMUがこうした構造的問題点を持っていることや，ユーロ圏が最適通貨圏から程遠いことは，EUの当局者によっても当初から十分に認識されていた．しかし，ユーロの導入によって通貨の変動のない真の単一市

場が実現され，経済統合が進展することで，経済構造の収斂が進み，たとえ一国レベルで金融政策を使えず，財政政策をはじめその他の政策手段の使用が制限されていても，直に構造調整がスムーズにいくようになると考えられていた．

　ところが，実際には，ユーロ導入後もユーロ圏の経済統合は思うように進展せず，ユーロ圏各国の間で経済構造や競争力に著しい差異が残ったままとなった．南欧諸国では，労働生産性の伸びが停滞し，労働コストの上昇率がドイツを上回ったことから，趨勢的に競争力が低下した．構造改革の実行は専ら各国政府の責任に委ねられ，EU の役割は，ルールを設定し，benchmarking を通じて各国同士で best practice を競わせるに過ぎなかった．そうである以上，国別で競争力格差が生じるのは当然の成り行きであった．通貨は統合されたものの，ユーロ圏の実体経済は乖離したままで，むしろ逆にユーロ導入以降格差が拡大した．そのため，ECB の金融政策（金利政策）も，一部の国々にとっては高過ぎる一方，他の国々にとっては逆に低過ぎることで，ユーロ圏のどの国にとっても相応しくないものとなり，ECB の金融政策自体が不均衡を増幅する結果となっている（図 5-1 参照）[8]．

　要するに，通貨統合の実現にもかかわらず，ユーロ圏は依然国家連合体のままであり，個々の国に裁量的な政策行使の余地を封じる一方，金融政策以外の領域では集権的なガバナンスが欠如したままとなっており，その結果ECB の金融政策自体がユーロ圏のどの国にとっても適切とは言えない状況となっている．まさにこうした EMU の構造的欠陥が，ユーロ圏における絶えざる軋みや緊張を生む原因となっている．

②ヨーロッパのドイツ支配

　ユーロ危機で鮮明となったドイツ支配の強化も，ヨーロッパの複合危機に固有な要因として挙げられる．EU は，ヨーロッパ委員会や ECB など超国家機関と，主権国家として対等な立場を有する加盟国から構成され，ルールに基づく民主的で多元的なガバナンスを標榜している．しかし，実際には，

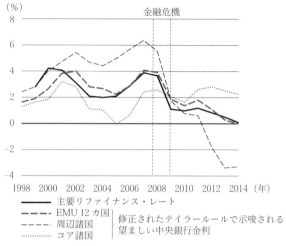

出所：Deutsche Bank Research (2015), 'Chart in Focus, EMU: Money's tight in Southern Europe'.

図5-1 不均衡を増幅した ECB の金融政策

独仏両国首脳とヨーロッパ委員会委員長など EU 機関のトップら少数のエリートによって統治，運営されてきた．しかも，ユーロ危機を通じて，経済面でドイツの1人勝ちが明らかとなり，他方長年にわたりドイツと統合を牽引してきたフランスが経済不振と国内の政治的・社会的混乱により凋落を余儀なくされることで，ドイツの影響力が格段に強まることになった[9]．救済対策の立案と執行には，名目上トロイカがあたるものの，事実上最大の資金提供国でもあるドイツが救済策の主導権を握ることになった．ドイツは，緊縮政策に固執し，アメリカや IMF サイドからの債務の削減，財政拡張の提案を悉く拒否しただけでなく，財政赤字の削減を憲法に盛り込む財政協定の締結を要求，実現させた．また，危機を克服したければ，ドイツのやり方を見倣えといわんばかりに，自国をモデルにした競争力強化のためのユーロ・プラス協定の締結も要求し，これも実現させた．その一方で，ユーロ圏の長期的な安定に必要とされる財政資金移転の拡充には消極的で，当初の銀行同盟構想における3つの柱の1つであった単一預金保険制度の創設にも頑強に反

対し，銀行同盟の前進を阻んでいる．

このように本来対等な主権国家で構成されているはずのユーロ圏において，ドイツが事実上危機対策を支配し，裁定者として他のユーロ圏諸国の経済政策運営の規律付けを行ってきた．ドイツ支配は，経済以外の分野にも及んでいる．

とはいえ，ドイツ支配も決して堅固なものではない．ドイツの固執する緊縮政策に対しては，それ自体が危機の継続をもたらしているとの強い批判があり，十分な成果を上げているとは言い難い．ドイツが事実上主導するギリシャの救済も，ドイツの思惑通り進んでおらず，債務削減をめぐってIMFと対立するとともに，その権威主義的な態度は，ギリシャ国民の強い反発を生むことにもなった．ギリシャが容易に危機を脱することのできない背景には，ドイツの頑なな姿勢があることは間違いない．また，ユーロ圏のデフレ脱却の兆しが強まるにつれ，インフレ懸念の増大から引き締めを求めるドイツと，南欧諸国の状況をにらんで緩和策を継続したいECBとの間で金融政策をめぐる確執も強まりつつある．さらに，ユーロ危機で一人勝ちとなりヨーロッパ最強と言われるドイツ経済も，有力な産業は，自動車や機械，化学など特定の分野に偏っている．しかも，最大の自動車産業は，フォルクスワーゲン社の排気ガス・スキャンダルで大きなダメージを受けた．クリーン・ディーゼルはドイツの自動車産業の当面の戦略の柱だっただけに，その痛手は大きい．何よりもドイツ支配の脆さは難民危機で露呈することになった．メルケル（Merkel, A.）首相の独断による難民危機のハンドリングの失敗は，難民の殺到によって大混乱を引き起こし，受け入れをめぐり東欧諸国との対立とドイツの孤立を生むことで，ドイツ支配と同時にメルケル自らの国内政治基盤の弱体化を招くことになった．その後，難民の通り道であったバルカン半島のルートの閉鎖とトルコとの協議の結果，難民危機は落ち着きを見せ，加えてヨーロッパをはじめ他国との協調を顧みようとしない米トランプ（Trump, D.J.）新大統領のあまりに傍若無人の振る舞いに，先進国で唯一対抗できる指導者として，メルケル首相に対する内外の信頼も回復傾向にある．

とはいえ，ドイツ一国でEUを牽引していくことは不可能であり，ドイツは
ヨーロッパの安定の礎であると同時に脆さも抱えている．

3. 危機対策の成果と問題点

(1) 統合の強化と伴わない市民の共感

　今回の危機を通じて，金融面，特に銀行危機やソブリン危機に対処するた
めの制度の創設や監視体制の強化が進んだ．新たにESMや銀行同盟が作ら
れ，ECBも金融機関監督を含む強力な権限を手に入れた．財政協定やユー
ロ・プラス協定が締結され，ヨーロッパ委員会は加盟国の財政政策監視権限
を手に入れた．他方，ギリシャをはじめ危機に見舞われた国々では，トロイ
カの圧力の下，救済と引き換えに以前には予想もできなかった厳しい緊縮政
策やラディカルな構造改革が短期間のうちに実行された．これらはEUの危
機対策の画期的な成果とされ，確かにこれらの対策が危機の沈静化に一定の
成功を収めたことは間違いない．

　しかし，緊縮政策や痛みを伴う構造改革は，労働者や一般国民，社会的弱
者に危機の付けを回すものであった[10]．財政赤字削減のために，公共部門や
福祉・社会保障制度が狙い撃ちにされた．公務員の大幅な削減や賃金の凍結
や引き下げ，民営化や増税に加え，年金や失業給付，医療費などの福祉・社
会保障関連の消費支出だけでなく，将来の成長につながる政府の固定資本投
資までもが削減された．同じく，解雇規制の緩和や産業別集団賃金交渉の見
直しなど労働市場の弾力化も行われた．トロイカからによって推し進められた
改革は，社会的セーフティネットの縮小・剥奪を通じて，危機以前に既に広
がっていた経済格差をより一層拡大させる方向へと作用した．危機を引き起
こした銀行に対して各国政府やECBが空前の規模で手厚い支援を提供した
のとはあまりにも対照的であった．ベック（Beck, U.）のいうように，EU
は労働者や一般国民には新自由主義で臨み，銀行には社会主義で臨んだとい
っても過言ではない[11]．

第5章　EU・ユーロ圏の複合危機　　　　149

　このように，危機を通じて統合は強化され，EU は以前よりも広範でより
強力な権限を有するようになった．にもかかわらず，EU 機関に対するヨー
ロッパ市民の信頼は低いままとなっている．ギデンス（Giddens, A.）によれ
ば，統合の進展は，ヨーロッパの一般市民の EU への帰属意識の強まりや統
合への熱意，感情移入を伴ってはいない[12]．また，EU はより強力な権限を
手にするようになったとはいえ，加盟国に改革を強制する力までは持たない．
抜本的で持続可能な構造改革は，広範な社会的コンセンサスに基づき，民主
主義的に正当化された政治権力によってのみ遂行可能であって，現在の EU
にそのような力はない．危機のどさくさに紛れて無理やり厳しい構造改革や
緊縮政策を押し付けられたものの，多くの国々で改革疲れが目立ち，改革の
スピードは低下している[13]．政治的正当性を欠き，民主主義的説明責任を負
わない，EU の官僚・テクノクラートによって強制されるネオリベラルな構
造改革に対するヨーロッパの一般市民の反発は，かつてないほどに高まって
いる．

（2）　金融危機対策の成果と限界

　金融危機への対処と再発防止のための制度の創設は，危機を通じて統合の
中で最も顕著な進展が見られた分野であった．なかでも，銀行同盟の創設は
画期的な成果と見なされている．2011 年末にユーロ圏の銀行システムがあ
わや崩壊の危機に直面したことで，銀行同盟の下，漸く各国当局任せの分権
的なシステムから大手銀行に関しては SSM（Single Supervisory Mecha-
nism）による一元的な監督体制が敷かれることになった．大手銀行の破綻も，
SRM（Single Resolution Mechanism）によって処理されることになった．

　しかし，ユーロ圏の銀行に対する一元的な監督規制体制に関しては，本来
それはユーロ導入時に整備しておかなければならなかった課題であって，
EU の対応は遅きに失したといえる．しかも，SSM，SRM とならぶ銀行同
盟の 3 つの柱であった単一預金保険制度の創設は見送られ，各国の預金保険
制度の調和に留められた．SRM も「単一」とは名ばかりで，破綻処理は第

一義的には各国政府の責任となっており，550億ユーロの破綻処理ファンド
も，2013年のキプロスの銀行破綻でさえ100億ユーロもかかったことを考
えれば，とても十分とはいえない額であった．もっとも，当局によれば，制
度の狙いは，もはや公的資金による銀行の救済ではなくて，危機の再発予防
にあった[14]．2016年1月より発効したBRRD（Bank Recovery and Resolu-
tion Directive）によってベイルイン原則が導入され，銀行破綻の際には，ま
ず経営者や株主，債権者がその負担を負わねばならなくなることで，経営の
健全化が図られ，破綻の際にも公的資金の注入に拠らない解決が可能になる
とされた．

　しかし，その後に起きたイタリアの銀行危機への対応では，小口債権者に
対するベイルイン原則の適用が貫けず，事実上イタリア政府による大規模な
公的資金の注入が行われ，早くも破綻処理スキームの限界が明らかとなった．
他方で，金融危機再発防止のために，ヨーロッパの中央銀行関係者によって
提出された，投資銀行業務を銀行本体の業務から分離する改革提案（いわゆ
る『リーカネン報告』）[15]も，独仏をはじめとする各国政府や銀行業界の強
い抵抗により実行が見送られることになった．それどころか，アメリカ同様，
危機後に強化された金融規制を再びなし崩し的に緩和しようとする動きが，
ヨーロッパでも露骨となっている．

　ECBも，ユーロ危機の救世主として絶大な信頼と権限を手にすることに
なった．通貨価値の安定のみを金科玉条としていたドイツによる支配を逃れ，
LTROs，OMTなどの手段を駆使して，危機に対してプラグマティックに
対応し，金融市場から「ドラギ・マジック」との高い評価と賞賛を得た．急
性の金融危機がひとまず収まり，2014年以降ユーロ圏にデフレ圧力が強ま
った後には，ECBは，LTORsに代わるTLTROsの導入や，ユーロ圏各国
の国債や証券化商品，社債の買い入れによる大規模な量的緩和を実施し，
2014年央からはマイナス金利も導入するなど積極的に対応してきた．また，
金融政策の運営とは別に，ユーロ圏の中央銀行間の決済システムである
TARGETシステム（2008年よりTARGET2へ移行）も，南欧などユーロ

第5章　EU・ユーロ圏の複合危機　　　　151

圏諸国の経常収支の赤字を，ドイツを中心とする黒字国の ECB に対する債権でファイナンスする，経常収支不均衡調整メカニズムとして機能している．ECB が危機の沈静化に絶大な貢献をしてきたことは間違いない．

　にもかかわらず，ECB の金融政策の運営に関しては，大量の国債の買い入れを通じた ECB の量的緩和策は，事実上 EU 条約が禁じている財政ファイナンスに近く，極端な金融緩和は実体経済の押し上げよりも，むしろ不動産や株価など資産価格の押し上げを通じて，所得格差の拡大をもたらしているとの批判がある．また，量的緩和策の一環として，ECB は国債はもとより証券化商品や社債の購入にまで踏み込んでいるが，中央銀行として特定の銀行や企業に優先的な便宜供与を行うことの是非も問われている．実際，ECB は，人事交流等を通じて欧米の大手金融機関とも緊密な関係を有しており，彼らの意向が ECB の金融政策の運営に反映されているのは間違いない．さらに，危機以降の ECB による金融緩和は，北部ユーロ圏諸国から南部ユーロ圏諸国への暗黙の所得移転に他ならず，後者の場合には，ソブリン債務や民間債務の軽減には役立っているものの，前者の場合には，年金生活者をはじめとする預金者や機関投資家は低金利で運用難に苦しみ，銀行も極端に低い金利マージンで収益を上げることができず，金融機関の経営や金融システムの不安定化を招いているとの批判もある．TARGET2 を通じたユーロ圏の経常収支赤字国に対する無利子の融資に対しても，事実上の財政資金移転であるとして，かねてよりドイツの一部から強い批判が寄せられている[16]．

　ECB は，政治的，組織的独立性が保障され，ドラギ総裁を頂点とする超国家的な中央銀行テクノクラートによりユーロ圏の普遍的利益を代表する形で金融政策の運営が行われているとされる．しかし，ECB の金融政策は，資産価格の動向や所得分配のあり方に大きな影響を及ぼしており――その意味で，濃厚な政治性を帯びており――，金融市場の期待に左右されやすいその性向と併せ，その政策運営はおよそ中立的とは言いがたい．2015 年夏のギリシャ危機に際して，ギリシャ政府に露骨な圧力を掛けたように，流動性

152

の供給を支配することを通じて事実上ユーロ参加国の生殺与奪の権限を握っている．ECB は，いわば独裁的権力を握っているにもかかわらず，民主的統制は受けない．ユーロ危機の救世主との評価がある一方で，EU の他の機関同様，ECB に対する EU 市民の信頼は低い[17]．

　確かに，危機を通じて EU の危機対策や ECB による金融政策の運営に格段の進歩があったことは疑いない．にもかかわらず，ユーロ圏の金融システムは，イタリアの銀行危機が示すように，危機からの完全な脱却には程遠い．ユーロ圏の銀行は，国によって多少の差はあれ，銀行過剰による過当競争と低い収益率，長期不況による投資・信用需要の低迷に喘ぎ，マイナス金利の追い討ちも受けている．金融危機の元凶となった大手銀行に関しては，投資銀行のビジネスモデルが破綻したものの，それに代わる有力なビジネスモデルが見出せず，大手米銀やユーロ圏でも台頭著しいノンバンクとの競争が激化する中で，新たな金融規制強化に伴う自己資本の積み増し圧力や，不正取引による訴訟リスクにもさらされている．

　結局のところ，いくら金融面での規制や制度面での強化がなされようが，さらには ECB がマジックと称し市場を驚かせるような金融政策を打とうが，実体経済の回復やそれに伴う投資・資金需要の高まりがない限り，不良債権の処理や収益の向上を通じた金融機関の経営の安定は望めない．同じく，ユーロ圏全体でバランスの取れた成長なしには，ECB による単一金融政策の遂行を難しくしている各国間の経済格差もなくならない[18]．ユーロ圏の金融システムは依然として危機を完全には脱しておらず，ECB による金融政策の運営には今後も困難が予想される．

4.　危機と EU の行方

(1)　More Europe 路線の追求は危機の克服につながるか

　2015 年夏に，ヨーロッパ委員会は，ECB やヨーロッパ議会ら EU の主要機関と共同で，『ヨーロッパの経済・通貨同盟を完成させる』と題する 2025

年までのロードマップを公表した[19]. ロードマップは，2017 年 6 月末までに達成すべき差し迫った課題と，10 年掛けて実現すべきそれとに分かれているが，ロードマップからは危機の原因が不完全な経済・通貨同盟にあり，更なる統合の前進・強化こそが危機克服の道であるという More Europe 路線継続の方針が明瞭に見て取れる. また，自らに対する批判を意識して，民主主義的な説明責任，正当性，制度の強化の必要も強調されている. 同じく，2017 年春には，『EMU の深化に関する意見書』と題するリニューアルされたロードマップが公表されたが（表 5-1 参照）[20]，その内容は 2015 年のそれとほとんど変わらない. 同じ時期には，『ヨーロッパの未来に関する白書』[21] や『ヨーロッパの社会統合に関する意見書』[22] も公表され，今後の統合の道筋が示された. しかし，ギデンスによって，「紙のヨーロッパ」と批判される，EU 当局の掲げるそのような計画は，果たして本当に実現可能なのであろうか.

　経済統合に関しては，EU は 2010 年に成長戦略として Europe2020 を打ち上げたものの，ほとんど既存の市場統合戦略の焼き直しに過ぎない. サービス市場の統合は，以前からの課題であるにもかかわらず，遅々として進んでいない. ヨーロッパ委員会は，デジタル単一市場の創設を掲げているものの，実際にヨーロッパ市場で主導権を握るのはアメリカ企業と見られ，そのためグーグルをはじめとするアメリカの IT 企業を狙い撃ちにした制裁を次々と打ち出している. 通貨統合はもとより，過度の規制やルールの押し付けを伴う市場統合が，はたして EU の経済成長の押し上げに実際につながっているのか，疑問に問う声もますます高まっている[23]. 市場統合戦略の延長上に位置する，域外諸国との FTA 締結交渉も難航している. 日本との間の EPA 交渉は漸く妥結を見たものの，アメリカとの間の TTIP（Transatlantic Trade and Investment Partnership）締結交渉は，EU 内部にも反対が多く，自由貿易に懐疑的なトランプ新政権の下で交渉再開の目処すら立っていない.

　このように市場統合戦略が期待通りに進展しない一方で，EU の動向で目立つのは，金融危機によってあれほど深刻な打撃を受けたにもかかわらず，

154

表 5-1 2025 年までに EMU を完成させるための可能なロードマップ

2017 年から 2019 年までの期間	
金融同盟	**経済・財政同盟**
銀行同盟と資本市場同盟	経済・社会収斂
✓ 金融部門のさらなるリスク低減措置の実行	✓ 経済政策協調のヨーロピアン・セメスターのさらなる強化
✓ 不良債権を引き下げるための戦略	✓ より大きな技術支援
✓ 単一清算ファンド（Single Resolution Fund）のための共通のバックストップの設立	✓ 収斂標準に関する作業
✓ ヨーロッパ預金保険スキーム（a European Deposit Insurance Scheme）の決定	新しい EU 複数年度財政フレームワークの準備
✓ 資本市場同盟イニシャチブの完了	✓ 改革支援へのより強固な集中とユーロ圏の優先権とのより大きなリンク
✓ ヨーロッパ監督機関（European Supervisiory Authorities）のレビュー ― 単一ヨーロッパ資本市場監督のための第一ステップ	
✓ ユーロ圏のためのソブリン債担保証券（Sovereign Bond-Backed Securities）制定のための作業	財政安定化機能 ✓ 財政安定化機能確立についての意見

民主主義的な説明責任と効果的なガバナンス
✓ ヨーロッパ議会との強化されより公式化された対話
✓ ユーロ圏のより強化された対外代表に向けた進展
✓ 財政協定を EU の法的枠組みに統合するための提案

2020 年から 2025 年までの期間	
金融同盟	**経済・財政同盟**
資本市場同盟イニシャチブの継続的実行	経済・社会収斂 ✓ 新しい収斂標準と中央安定化機能とのリンク
ヨーロッパ預金保険スキームの拡張	中央安定化機能 ✓ デザイン，実行の準備と業務開始の決定
ヨーロッパ安全資産発行への移行	新しい EU 複数年度財政フレームワークの実行 ✓ 改革の誘因へのより強固な集中
ソブリン・エクスポージャーの規制取扱の変更の完遂	安定成長協定のルールの単純化

民主主義的な説明責任と効果的なガバナンス
✓ フルタイムのユーログループ常任議長
✓ 評議会形式として設立されたユーログループ
✓ ユーロ圏の完全に統一された対外代表
✓ EU の法的フレームワークへ既存の政府間協定の統合
✓ ユーロ圏条約の制定
✓ ヨーロッパ通貨基金の制定

出所：European Commission (2017a), *Reflection Paper on the Deepening of the Economic and Monetary Union*, p.31.

再び金融を梃子に経済成長を押し上げようとする試みである．ECB は，量的緩和の一環として，国債に加えて，抵当債や社債の買い入れにも踏み込み，証券化再生の試みにも深く関与している．また，EU の成長戦略の目玉とされる，EFSI（European Fund for Strategic Investment）（通称「ユンケル・ファンド」）では，EU 自らが投入できる資金に限りがあるため，民間や加盟国政府から資金を募り，それにレバレッジを利かせて何倍にも膨らませ，インフラ投資や中小企業向け融資に向けようとするもので，2015 年から向こう 3 年間で 3,150 億ユーロの支出を見込んでいる．同じく，銀行同盟に資本市場同盟を組み合わせた金融同盟の創設も構想されている．資本市場同盟の目的は，資本市場の統合を通じてヨーロッパにおける資本市場の発展と，現行の銀行中心の金融システムからアメリカのような金融市場中心の金融システムへのシフトを促し，それによって直接金融を通じた産業振興を図ろうとするものであった[24]．ところが，イギリスの EU 離脱決定によって，同構想は抜本的な見直しを迫られている．

　ユーロ圏や EU が本当に必要としているのは，すべての加盟国や社会階層が等しく利益を得る，inclusive でバランスのとれた成長であり，加盟国間の結束や連帯，そしてヨーロッパの一般市民の統合への共感や熱意，ヨーロピアン・アイデンティティの醸成につながる統合の前進である．それなしには，現在の危機の克服やユーロ圏の安定，EU への信頼回復も望めない．More Europe 路線は本来そのようなものであるべきであろう．にもかかわらず，過度に金融の力に頼ろうとする一方で，現状のネオリベラルな統合路線を見直そうとする姿勢は見られない．それどころか，構造改革の最大のターゲットは，福祉・社会保障制度と並んで，労働市場改革に向けられている．低成長に苦しむフランスやイタリアでは，硬直的な労働市場がその元凶とされ，従業員の解雇の容易化や労働時間の延長など，労働市場の弾力化を通じて，労働コストの抑制と競争力の回復を図ろうとしている．確かに，スペインのように，危機以降の大幅な賃金コストの引き下げが，かつて同国を支えていた自動車産業を他の EU 諸国から呼び戻し，経済成長の回復に成功して

いる例もある．しかし，EU ないしユーロ圏内における賃金切り下げ競争は，ある種の近隣窮乏化策ともいえる．ドイツのシュレーダー（Schröder, G.）政権下で行われた労働市場改革（いわゆる「ハルツ改革」）は，労働コストの抑制による競争力の改善を通じてドイツ経済の成長につながり，労働市場改革の模範とされるが，ハルツ改革は，低賃金で不安定な就労層を大量に生み出すことで，ドイツにおける所得格差拡大に拍車をかけることになった[25]．さらに，ギリシャの場合，30% 近い労働コストの引き下げにもかかわらず，競争力の回復や輸出の増加にはつながっていない[26]．

　同じく，EU 当局や各国政府は，労働市場の弾力化と並んで，労働力の職種・産業・地域・国家間の移動を積極的に推し進めようとしている．労働力の自由な移動は，労働市場の不均衡の重要な調整手段の１つであるのみならず，EU の場合，それは単一ヨーロッパ創設の理念と不可分の関係にある．

　しかし，国境を越える大規模な労働力の移動は，イギリスの EU 離脱の主要な原因の１つになったように，重大なリスクを孕んでいる．労働力不足や少子・高齢化に悩む国々にとって，移民は確かに貴重な存在といえるが，高学歴で高技能の有為な人材ばかりとは限らない．既に EU の多くの国でも，移民と受入国の低学歴・低技能の労働者を中心とするネイティブの住人との間で，様々な摩擦が生じており，移民の社会への統合は決して容易なことではない．単一ヨーロッパの下での自由な人の移動という，いささかナイーブ過ぎる理想の下，十分な社会的統合の手段を持たないまま，労働力としての大量の移民（および難民）の受け入れは，既にそうであるように，社会的緊張を増大させ，国民の反移民，反 EU 感情を煽りかねない．他方，移民の送り出し国にとっても，自国の発展を担ってくれるはずの有為な人材・頭脳が流出してしまうリスクもある．現状の More Europe 路線は，危機の克服どころか，危機を増幅しかねないリスクを孕んでいるように見える．

(2)　イギリスの EU 離脱とその影響

2016 年 6 月のイギリスの国民投票による EU 離脱（Brexit）の決定は，ヨ

ーロッパのみならず世界にも大きな衝撃を与えた．事前にイギリス政府だけ
でなく，米オバマ（Obama, B.）大統領，IMF や OECD といった国際機関，
内外の多くのエコノミストが，挙って離脱によって生じるリスクや損失を警
告したにもかかわらず，僅差とはいえ EU 離脱を選択したことは，いかにイ
ギリス国民の間に EU に対する不満や反発が広がっていたかを物語っている．
EU 残留派は，ロンドンおよびその周辺に住む高学歴で高技能の若年層，ス
コットランド，北アイルランドに多かったのに対し，離脱派は，イングラン
ドの，特に地方の低学歴で低技能の壮年男性，年金生活者などの高齢層に多
く，離脱の理由は，急増する他の EU 諸国からの移民や EU の官僚主義，ド
イツ支配に対する反発等が多かった[27]．投票結果によってイギリス社会・地
域の分裂は明らかであり，離脱派の勝利は，ヨーロッパ統合やグローバル化
の恩恵に与ることができず，現状に強い不満を持つ層の反乱といえるかもし
れない．同様の状況は，フランスの大統領選挙でも明らかとなり，成長地域
やエリート層の国民はマクロンを支持する一方，衰退地域や低階層の国民は
反 EU 路線を掲げるルペン（LePen, M.）候補を支持し，地域ないし階層に
よるフランス社会の分裂が鮮明となった．

　イギリスの EU 離脱は，イギリスはもとより，EU にも大きな影響を与え
ることは間違いない．EU 離脱が決定された直後には，イギリスに続く国が
出るのではないかと，離脱ドミノへの懸念が強まった．他方で，国家主権を
楯に統合の深化に悉く反対してきたイギリスの離脱によって，むしろ EU の
結束が強まり，統合が大きく前進するのではないかとの期待も存在した．実
際，離脱は決定したものの，その後のイギリスの政治情勢は混乱を極めてい
る．本来は残留派であったにもかかわらず，首相就任後ハード・ブレグジッ
ト路線に傾いたメイ（May, T.）首相が，EU との離脱交渉に優位な立場で臨
むために議会を解散し，2017 年 6 月に総選挙に臨んだものの，大敗して主
導権を喪失した．選挙で実質的に勝利したのは労働党で，事前には壊滅的敗
北を喫すると見られていたものの，ブレア（Blair, T.）政権以降大きく右旋
回した路線を伝統的な左派路線に引き戻し，福祉・社会保障への支出増など

を掲げることによって若年層や社会的弱者を惹きつけることに成功したコービン（Corbyn, J.）党首の終盤の健闘により，労働党は大幅に議席を増やした．しかし，労働党も，離脱に関しては曖昧な態度に終始し，また過半数を取れなかったとはいえ，議席数では依然保守党が労働党を上回る状況にあり，イギリスは方向性を失った感がある．メイ首相の早期退陣の可能性も高まっている．ポピュリスト旋風に乗って当選したものの，迷走する米トランプ政権同様，離脱決定後のイギリスの混乱が鮮明になることで，反EUを掲げる他のEU諸国のポピュリスト政党も勢いを失い，オランダやフランスで政権奪取に失敗した結果，離脱ドミノ懸念は遠のき，イギリス以外のEU27カ国は結束を固めつつあるように見える．特に，親EU路線を掲げて勝利したフランスのマクロン新大統領の手腕に大きな期待が寄せられ，ロシアを睨んだドイツとの間の防衛協力の強化など，新たな独仏枢軸形成の期待も高まり，統合の先行きに対する楽観論が浮上している．

　しかし，マクロン新大統領の掲げる構造改革は，オランド政権下で強い反発を受けた労働市場の弾力化をはじめ，ネオリベラルな色彩が強い．労働市場の弾力化には，労働組合の強い抵抗が予想され，フランスの歴代政権が悉く失敗してきたそのような改革を，果たして実行できるのか．イタリアの前レンツィ（Renzi, M.）首相も，その若さと行動力ゆえ首相就任時には大きな期待が持たれたものの，構造改革は難航し，憲法改正を問う国民投票に破れ，2年10カ月であえなく潰えた．ユーロ危機で鮮明となったユーロ圏の南北間の対立も，未だに解消されてはいない．また，ポーランドやハンガリーは，排外主義的な傾向を強め，難民危機に際しては，ドイツやヨーロッパ委員会が要請した難民の受け入れを拒否し，国境管理を厳格化するなど，EUに従わない姿勢を示している．しかも，EU第2位の経済大国であるイギリスの離脱で，域内市場は縮小を余儀なくされ，イギリスとEU双方にとって打撃となる．また，失業の緩和や送金により大きな恩恵を受けてきた中東欧や南欧諸国にとって，イギリスに代わる労働力移民の受け入れ先は容易には見つからない．有力な資金拠出国であったイギリスの離脱により，EUの財政負

担・配分をめぐり加盟国間の対立が激化するおそれもある。南欧諸国はフランスも交えた「地中海クラブ」として連携を強めており、EUレベルでの財政資金移転の拡充や、ドイツと並ぶ有力な財政緊縮派であったイギリスの離脱を機に財政規律緩和の要求を強める可能性もある。通商政策に関しても、自由貿易志向のイギリスの離脱によって、同様の指向を持つドイツなど北部諸国と、保護主義的な指向の強い南欧諸国との間で、対立が生じる可能性もある。EU 27カ国がまとまるのは決して容易なことではない。

2017年3月にイギリス政府がEU基本条約50条に基づき離脱を宣言したことにより交渉は開始され、スケジュール通りであれば2年後の2019年3月に離脱となる。6月の総選挙における保守党の敗北によりハード・ブレグジット派の勢いが後退し、イギリスとしてはできる限り現状と変わらないソフト・ブレグジットの形での離脱を望むものの、ふらつくイギリスの足元を見る形で、EU側は逆に強硬路線に傾斜しつつある。イギリスの望む自由な域内市場へのアクセスは、あくまで労働力の自由な移動の保障が条件であるとして、労働力移動の制限を求めるイギリスの要求を拒否し、同時に離脱後も在英EU市民にこれまでと同等の権利を認めることを要求している。離脱を見越してイギリスから金融取引や企業を自国に誘致しようとする動きも活発になっており、既にイギリスから資本や企業の流出も始まっている。イギリス経済も、離脱決定直後までは堅調であったものの、離脱を嫌気した資金流出によってポンド安が続き、それによって生じたインフレが賃金の上昇を上回り、国民生活は悪化している。経済状況の悪化も政府に対する批判となって撥ね返っている。EUとの離脱交渉は難航が予想され、どのみち「離婚」をめぐる交渉は、双方にとって決して好ましいものとはならないだろう。

(3) 危機こそがヨーロッパ統合を深化させるか

ヨーロッパ統合の父と呼ばれるジャン・モネ（Monnet, J.）は、「危機こそがヨーロッパ統合を深化させる」といった。モネのテーゼは、EUのエリートをはじめとする統合推進派の合言葉であり、ヨーロッパ統合理論の主流派

というべき新機能主義統合論の理論的支柱でもあった[28]．モネのテーゼは，確かに第二次世界大戦後のヨーロッパ統合の歩みの多くに当てはまる．ヨーロッパ統合は多くの危機や苦難を乗り越えて発展してきた．しかし，統合の歴史の中で最悪ともいえる今回の危機に対しても，それがあてはまるといえるであろうか．

ユンケル（Juncker, J-C.）ヨーロッパ委員会委員長をはじめ統合推進派のエリートは，ヨーロッパは問題ではなくわれわれの時代の困難な諸問題の解決となるという．ドイツの哲学者で熱烈な統合主義者のハーバーマス（Habermas, J.）も，今回の危機の克服には，共通のアイデンティティを通じた連帯が必要であり，ヨーロッパ公共圏の創設により，新たなコスモポリタン的民主主義をヨーロッパに生み出すヴィジョンを提起することで，ヨーロッパ・プロジェクトの再建を目指すべきである，と主張する[29]．

しかし，トゥスク（Tusk, D.）欧州理事会常任議長（いわゆる「EU 大統領」）すら認めているように[30]，ヨーロッパの一般市民はもはやエリートの統合の理想に共鳴しておらず，統合が問題を解決するよりも，むしろ統合そのものが問題であると思い始めているように見える．グローバル化や技術革新の急速な進展とも相俟った，EU によるネオリベラルな統合路線の推進は，社会の最下層だけでなく今や中間層の生活をも脅かすに至っている．それが反 EU や反移民を掲げるポピュリストの台頭を招く一因となっていることは疑いない．ユーロ危機にうまく対処できないでいる中で，EU は，難民危機やテロの脅威，ロシアからの圧力にも直面している．統合を担ってきた社会民主主義グループや中道左派の退潮，そしてエリートと一般市民との間の意識の乖離が鮮明となり，後者はナショナリズムへと回帰し（いわゆる再国民化）[31]，統合への共感が薄れる兆しも見える今，どのように統合への信頼を回復するかが問われている．

その際鍵を握るのは独仏両国の協力，いわゆる独仏枢軸であり，とりわけフランスのマクロン新大統領には，内外の大きな期待が集まっている．マクロンは，ユーロ圏の統合深化を目指した，ユーロ圏財務省（Euro Area Trea-

sury）やヨーロッパ通貨基金（European Monetary Fund）の創設や共同債の
発行，将来的な共通予算の創設など，連邦主義的な財政統合を進める方針を
打ち出している．他方，ドイツは，フランスとの間で防衛協力の強化等を進
めることには前向きだが，財政統合には慎重な姿勢を崩してはいない．9月
のドイツ議会選挙では，メルケル首相が4選を果たしたが，これまでのスタ
ンスを大きく変える可能性は低い．イギリスのEU離脱交渉も，先行きが見
えない．

　こうして金融・経済危機に始まるヨーロッパの危機は，政治・社会危機を
誘発し，ヨーロッパ統合そのものが重大な岐路に立たされている．ヨーロッ
パがこの危機を乗り越え，統合を深化させることができるかどうかは，ヨー
ロッパはもとより今後の世界の行方を占う上でも重要な試金石となろう．

　注
1)　Brown（2010），pp. 32-3.
2)　ヨーロッパの大手銀行がアメリカで展開したビジネスについては，Shin
　　（2012）が詳しい．
3)　ヨーロッパで最強の経済力を誇るドイツで深刻化する格差問題については，
　　Berger（2013）が詳しい．
4)　Pikety（2013）．
5)　遠藤（2016），119-23頁．
6)　Mazower（1998），訳377頁．
7)　ヨーロッパにおける金融資本主義の浸透に関しては，Boyer（2011）が詳しい．
8)　Enderlein, et al.（2012）を参照のこと．同報告書は，ヨーロッパの著名な経済
　　学者によるユーロ危機に関する包括的な分析報告で，EMUの構造的欠陥やECB
　　の金融政策の問題点の詳細な分析が行われている．拙書（星野2015）も参照され
　　たい．
9)　ヨーロッパのドイツ化については，Beck（2012）を参照のこと．
10)　ギリシャに対して科された緊縮政策の問題点については，尾上（2016）が詳し
　　い．
11)　Beck（2012），訳10頁．
12)　Giddens（2014），訳222頁．
13)　OECD（2015），p. 20.
14)　Constâncio, V.（2014），p. 4.
15)　Final Report of the High－Level Expert Group chaired by Erkki Liikanen

(2012).

16) ECBの金融政策に対する批判については，拙書（星野 2015）の特に6章を参照されたい．

17) Pew Research Center (2014), p. 6.

18) 2013年以降ユーロ圏諸国の間で Financial Fragmentation と呼ばれる金利・信用条件に格差が生じ，ドイツやフランスでは金利が低下する一方，イタリア，スペインでは中小企業向け金利の高止まりが出現した．

19) European Commission (2015b).

20) European Commission (2017a).

21) European Commission (2017b).

22) European Commission (2017c).

23) Majone (2014), pp. 219–20.

24) European Commission (2015a).

25) シュレーダー政権下の労働市場改革の評価については，Berger (2013), Streeck (2013) を参照のこと．

26) OECD (2016), p.10.

27) http://www.pewresearch.org/fact-tank/2016/06/08/british-crave-more-autonomy-from-eu-as-brexit-vote-nears/
経済的な観点から見たイギリスにおける離脱支持論については，Bootle (2015) が参考になる．また，イギリスのEU離脱決定の背景とそれがEUに与える影響については，庄司（2016）が詳しい．

28) ヨーロッパの統合理論については，Wiener and Diez (2009) が詳しい．

29) Habermas (2012), p. 7.

30) http://www.politico.eu/article/donald-tusk-calls-on-epp-to-fight-radical-and-brutal-populism

31) EUで顕著となっている再国民化に関しては，高橋・石田編（2016）を参照のこと．

参考文献

遠藤乾（2016），『欧州複合危機——苦闘するEU，揺れる世界』中公新書．

尾上修悟（2017），『ギリシャ危機と揺らぐ欧州民主主義——緊縮政策がもたらすEUの亀裂』明石書店．

庄司克宏（2016），『欧州の危機—— Brexit ショック』東洋経済新報社．

高橋進・石田徹編（2016），『「再国民化」に揺らぐヨーロッパ——新たなナショナリズムの隆盛と移民排斥のゆくえ』法律文化社．

福田耕治（2016），『EU・欧州統合研究（改訂版）——"Brexit" 以後の欧州ガバナンス』成文堂．

星野郁（2015），『EU経済・通貨統合とユーロ危機』日本経済評論社．

Beck, U. (2012), *Das deutsche Europa: Neue Machtlandschaften im Zeichen der*

Krise, Suhrkamp.（島村賢一訳『ユーロ消滅？　ドイツ化するヨーロッパへの警告』岩波書店，2013 年）

Berger, J. (2013), *Wem gehört Deutschland? Die wahren Machthaber und das Märchen vom Volksvermögen*. Westend Verlag GmbH.（岡本朋子訳『ドイツ帝国の正体──ユーロ圏最悪の格差社会』早川書房，2015 年）

Blyth, M. (2013), *Austerity: The History of a Dangerous Idea*.（若田部昌澄監訳，田村勝省訳『緊縮政策という病──「危険な思想」の歴史』NTT 出版，2015 年）

Bootle, R. (2015), *The Trouble with Europe: Why the EU isn't Working, How it Can be Reformed, What Could Take Its Place*, Nicholas Brealey Publishing.（町田敦夫訳『欧州解体──ドイツ一国支配の恐怖』東洋経済新報社，2015 年）

Boyer, R. (2011), *Finance et Globalisation: La crise de l'absolutisme du marché*.（山田鋭夫・坂口明義・藤田裕治監訳『金融資本主義の崩壊──市場絶対主義を超えて』藤原書店，2011 年）

Brown, B. (2010), *Euro Crash: The Implication of Monetary Failure in Europe*, Palgrave Macmillan.

Constâncio, V. (2014), *Banking Union and European Integration*, Speech at the OeNB Economics Conference, Vienna, 12 May 2014, p. 4.

Enderlein, H., Bofinger, P., Boone, L., de Grauwe, P., Piris J-C., Pisani-Ferry, J., Rodrigues, M.J., Sapir, A., Vitorion, A. (2012), *Completing the Euro: A road map towards fiscal union in Europe (Report of the "Tommaso Padoa-Schioppa Group")*, Notre Europe.

European Commission (2015a), *Green Paper: Building a Capital Markets Union*, SWD (2015) 13 final, Brussels.

──── (2015b), *Completing Europe's Economic and Monetary Union*.

──── (2017a), *Reflection Paper on the Deepening of the Economic and Monetary Union*.

──── (2017b), *White Paper on the Future of Europe-Reflections and Scenarios for the EU27 by 2025-*.

──── (2017c), *Reflection Paper on the Social Dimension of Europe*.

Final Report of the High-Level Expert Group chaired by Erkki Liikanen (2012), Brussels, October 2.（ヨーロッパ金融研究会訳，田中素香監訳「EU 銀行業務部門の改革に関する最終報告書」（リーカネン報告），『経済論纂』（中央大学），第 55 巻第 1 号，2014 年）.

Giddens, A. (2014), *Turbulent and Mighty Continent: What Future of Europe?* Revised and Update version, Polity Press Ltd.（脇阪紀行訳『揺れる大欧州──未来への変革の時』岩波書店，2015 年）

Habermas, J. (2012), *The Crisis of the European Union: A Response*. Trans. by Cronin, C., Cambridge, Polity Press.

International Monetary Fund (2017), *Euro Area: IMF Staff Concluding Statement of the 2017 Article IV Mission* (http://www.imf.org/en/news/article s/2017/06/15/ms061517-euro-area-staff-concluding-statement-of-the-2017-article-iv-mission).

Majone, G. (2014), *Rethinking the Union of Europe Post-Crisis — Has Integration Gone Too Far?*, Cambridge University Press.

Mazower, M, (1998), *Dark Continent: Europe's Twentieth Century*, Penguin.（中田瑞穂，網谷龍介訳『暗黒の大陸——ヨーロッパの20世紀』未來社，2015年）.

OECD (2015), *Economic Policy Reform 2015: Going for Growth.*

———— (2016), *OECD Economic Survey Greece.*

Pew Research Center (2014), *A Fragile Rebound for EU image on Eve of European Parliament Election*, 12 May.

Piketty, T. (2013) *Le Capital au XXIe siècle*, Seuil.（山形浩生・守岡桜・森本正史訳『21世紀の資本』みすず書房，2014年）

Shin, H.S. (2012), "Global Banking Glut and Loan Risk Premium", Mundell-Fleming Lecture, *IMF Economic Review* 60.

Streeck, W. (2013), *Gekaufte Zeit: Die vertagte Krise des demokratischen Kapitalismus*, Suhrkamp, Verlag.（鈴木直訳『時間かせぎの資本主義——いつまで危機を先送りできるか』みすず書房，2016年）

Wiener, A. and Diez, T. (2009), *European Integration Theory*, Second Edition, Oxford University.（東野篤子訳『ヨーロッパ統合の理論』勁草書房，2010年）

第6章
日本型危機の深層と金融政策

近 廣 昌 志

1. 日本型危機の深層

　現下の日本経済を危機であると捉えるのであれば，それは金融危機と言う
よりは実体経済の複合危機である．確かに 1990 年代末の日本は，銀行破綻
が企業の連鎖倒産を招き，またその後も貸し渋りや貸し剥しが問題になるな
ど事態は深刻であったために，金融危機であったと言える．しかし，地方銀
行の経営環境が悪化しているとは言え，現在は金融部門の破綻事例もなくマ
クロ・プルーデンス政策も順調に効果を発揮しており，むしろ銀行側が優良
な貸出先を求めて競い合っている状態である．国債残高が止め処なく増加し，
中央銀行が国債の価格統制を行わなければならないほど実体経済の複合危機
は深刻である．

(1)　物価上昇の経験を懐かしむ日本
　生産性向上と物価上昇が共に経済発展に寄与するとの指摘は，半ば常識の
ごとく広く世間に受け入れられているように思われる．しかしながら，超過
供給の局面においては，生産性向上と物価上昇とは相容れない関係にあり，
本気で物価上昇だけを実現させたいなら，高度な生産体制を壊して生産性を
低下させてしまえばいい．
　だからと言ってグローバル化が進展する経済環境では，国際競争力を維持
し向上させなければビジネス自体が存続できないのであるから，生産性の向

上は避けられない．例えば半導体や液晶産業などは熾烈な国際的な価格競争に曝されているし，自動車産業にしても産業の裾野が広く，自動車の世界販売見通しが自国経済に与える影響は比較的大きいとみられる．国際競争力とは，何も価格競争力とだけ同義である必要はないのであるが，特別なイノベーションが起きない限り生産性向上の伸び率は逓減することが多いため，よほどのブランド化が確立しない限り，現実的には後発優位のために価格競争力の問題に収斂してしまう．

　戦後の日本経済の諸問題の多くは物価上昇によって「解決」されてきたように見える．利益重視よりもシェア拡大戦略を採ることができたこと，株式市場で益出し操作が可能であったこと，企業年金等の資産運用に大きな問題が生じなかったこと，民間部門の債務返済が比較的楽に行えたこと，これらは物価上昇に支えられて実現してきたことであり，経営者が優秀であったとか銀行システムが効率的であったという捉え方に無理やり関連付ける必要はない．逆に言えば，物価が上昇しなくなったことで，今日になってようやく本来的な経済諸問題の要因が露呈することになったと捉えられる．

　ところが，経済学がもっと重視してこなければならなかった経済資源の分配問題などに真剣に取り組むことは政治経済運営の面で簡単ではないため，物価上昇が問題を「解決」してくれていた時代を懐かしみ，過去の物価上昇の要因を貨幣的現象であると決めつけ，日本銀行に対して「デフレ」の克服を求める動きが活発になってしまった．バブル経済までの状況から，物価とマネタリーベースとは相関関係にありそうだというだけで，後者が前者の要因であるに違いないとの考え方を支持する人が後を絶たず，時間軸効果という言葉を巧みに使って日本銀行に国債買切りオペの増額を要求してきた．岩田規久男氏の主張はその代表例であるが，同氏が持たれている人一倍の危機感には敬意を示しつつ，90年代の翁・岩田論争については，むしろ今日の金融政策そのものによって岩田氏自身が決着を与えることになった．

　金融政策の「効果」についての今日的論議は，古くは1800年代前半のイギリスで巻き起こった銀行学派と通貨学派の論争と共通する論理展開を含ん

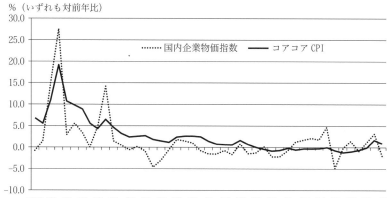

出所:「国内企業物価指数」:日本銀行「時系列統計データ検索サイト」より筆者作成.
　　　「コアコア CPI」:総務省統計局「長期時系列データ」より筆者作成.

図 6-1　物価変動率の推移

でいる.

　日本はバブル経済崩壊後も 1999 年になるまで消費者物価指数(食料[酒類を除く]及びエネルギーを除く総合:コアコア CPI)がマイナスになる経験はなく,それ以降 1% 以上のマイナスを経験したのは 2010 年と 2011 年にそれぞれ −1.2% と −1.0% のみである.また国内企業物価指数の変動幅に対してコアコア CPI のそれは比較的安定している(図 6-1 を参照).

　日本は「デフレ」経済であると言われることが多いものの,コアコア CPI の動きに限っては,マイナスというよりはゼロ付近での安定的に推移しており,決して深刻なデフレスパイラルの状況であるとは言えない.次項においてデフレの捉え方について述べるが,小売業の全国画一化の進展による価格差異の収斂や ITC 技術の進展に伴って,価格差情報の浸透が価格差解消の作用を招き,リテール価格の上昇が抑えられている.以前なら街の電器店で付き合い価格で買うしかなかった家電にしても,今や「価格コム」等の価格検索サイトをチェックした上で,最も安価で売る売り手を,全国から,場合によっては国外も含めて探し出し,クレジットカード情報の入力と購入ボタンのクリックによって素早く納品される.そしてその価格情報は,消費

(基準年：2010年=100)

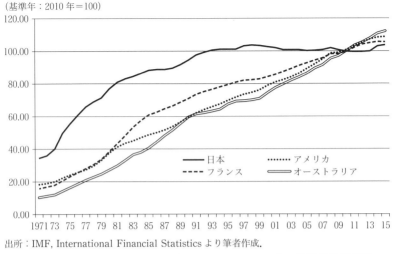

出所：IMF, International Financial Statistics より筆者作成．

図6-2　アメリカ・オーストラリア・フランス・日本の消費者物価指数

者にとっては家電量販店の店頭でも値下げ材料として働く．また公共調達においては，それまで随意契約によって半ば言い値によって受注していた案件についても，1990年代に入ると競争入札が一気に導入されて，契約価格の下落圧力が確実に浸透した．

　図6-2からは，アメリカ，オーストラリア，フランスは，2010年以降も物価は上昇基調にあることが理解できるのに対して，確かに日本の物価推移は横ばいであることがわかる．ドル円レートが固定されていた時代に比べると大幅な円高になった今日の日本であるが，1985年のプラザ合意によって急激な円高を経験した時期でさえ物価は下落していない．

　これほどまでに物価が安定した国は珍しい．現状に対して「デフレ」という診断を下すのは，80年代半ばまでの記憶に依存している世代の認識と，その影響を受けて育った人たちであり，例えば生まれた時から物価が安定している現在の大学生にとっては，何を問題視しているのか不思議に感じているのではないか．

　1990年以降に平均株価の下落が進んだのは，物価が上がらないことが主

たる要因なのか．魔法のようにほとんど全てに理由を与えてくれる期待理論を除くと，株価の理論値を算出する際に参照する配当自体が出せなくなったのは，過剰投資を行った経営判断の失敗，商品魅力度の低下，耐久財の品質向上による買換えスパンの長期化などに要因がある．しかしそれらを金融政策がコントロールしなければならないのか．

消費の伸び悩みは，物価が上がらないことが主たる要因なのか．欲しいものはほぼ揃っているという恵まれた状況であるとも言えなくはないが，もっと重要なことは累進課税制が軽減されたことで，限界消費性向が高い低所得者に高額所得者からの徴する税金が足りなくなり，所得の再分配が効かなくなってきたことという財政政策の範疇に問題が生じているためである．しかしそれらを金融政策がコントロールしなければならないのか．

戦後から高度成長期，そして1980年代半ばまでにみられた物価上昇は，経済諸問題の本来的な要因を覆い隠してきた．しかし物価が上昇しない時代がやってくると，本来的な要因に取り組もうとするのではなく，物価上昇が「解決」してくれていた時代を懐かしむこと以外に頭が回らなくなっているのである．

(2) 調節能力が高くなった日本

巷間「デフレ」と呼ばれる昨今の物価水準の動きに対して，筆者はデフレではなく，ディスインフレーションないしは高度の価格粘着性であると考えている．

物価上昇がみられていた時代は，販売価格を上げることのできる余裕があったのではなく，むしろ生産体制に余裕がないからこそ，コスト増を販売価格に転嫁する以外に道はなかったと解釈できる．あるいは強い規制によって，商品やサービスの販売価格を自由に操作できない時代であったからこそ，経済が調整過程として本来的に有している価格上昇圧力と価格下落圧力のうち，後者が作用しない環境であったと考えられる．

ここでいう余裕とは，企業の損益計算書における借方（左側：費用）と貸

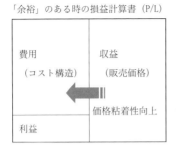

図6-3　損益計算書

方（右側：収益＝売上）とのバランス調整能力を指す．より具体的に言えば以下の2段階で表現できる．1段階目は損益計算書を大きく捉えた場合の貸方に合わせて借方を調整する能力であり，貸方（商品売価・売上）に応じて借方（費用）を調整する能力である．この能力が低いと価格粘着性が低くなる．2段階目は純利益を算出する過程のうち，売上原価・販管費・営業外収益及び費用・租税公課の各段階を調整する能力である．経営側の提案すべてにNOを突きつける被雇用者のスタンスには感心できないものの，1970年代には1万件近くに達していたストライキの発生は今では皆無である．また非正規雇用のネガティヴな側面が活用される時代になると，企業は売上を伸ばして利益を確保するというよりは，売上に合わせて費用を調整する能力が高くなり，急激な物価上昇も物価下落も発生することなく結果的に価格粘着性が高くなる．

「デフレ」として昨今の物価変動を問題視する論者は少なくないが，図6-1でも確認できるように，日本では物価下落が加速しておらず，なぜもっと激しい物価下落にならないのかを説く方が難しいとする見解[1]も存在する．日本型「デフレ」とは，むしろ素晴らしく安定化した物価の推移として認識されてよいのであり，筆者は，日本のこの現状に対しては価格粘着性の問題として認識している．

物価変動の動向が上昇基調にあるか否かで投資や消費のマインドが異なる

ことは筆者も理解している．例えば，今日の自動車は故障も少なく耐久性も高くなり，15年間使用しても雨漏りもしなければ塗装が剥げることもなく内燃機関に不具合も起きにくい．この状況で物価上昇基調が極端に高くなければ，新しい自動車に買い換えるインセンティヴは発生しにくい．「デフレ」の克服が課題になること自体，日本は特段欲しいものが少ない物質的に満たされた環境にあり，かつ人々の物欲も隣の人より高価な買い物で満足するよりは，同じ商品を隣の人よりも安く買うところに満足のポイントが移ってきたように思われる．

　この状況では総需要を高めるためには，「エコカー減税」や「家電エコポイント」等にみられたような官製需要創出政策に頼らざるを得ない[2]．日本企業の生産性向上に対する不断の努力によって潜在供給能力が高まり，また商品自体の耐久性も向上しており，それらが過剰供給を招くことは自然である．

2.　日本型「デフレーション」

(1)　日本は本当にデフレーションなのか

　昨今の日本銀行は「デフレ」という用語を用いて現状を表現しようとしており，黒田総裁は2013年3月21日の総裁就任記者会見において，「過去15年近くもの間，デフレに苦しんでいる」あるいは「デフレからの脱却」と述べたほか，岩田副総裁も「1998年頃から消費者物価上昇率でみると毎年マイナスになるというデフレ」と述べている．更には日本銀行生え抜きの中曽副総裁も，同記者会見で「未だにデフレ克服に至っていない」と述べており，日本銀行のトップ3人は，就任時に現状を「デフレ」と診断していた．この認識は現在でも変わっていない．実際に2017年6月19日の総裁記者会見でも「わが国については，デフレが長期間にわたって続いた」とか「デフレマインドの転換に時間がかかっている」と説明しており，日本銀行は現状を「デフレ」と言い切った上で，金融政策によって物価をコントロールし得る

という立場を採っている．

現在の物価変動について，本当にデフレーションであるかどうか疑わしいし，むしろ外国為替レートの急激な変動や低い輸入物価の影響，あるいは日本型経済構造が過去のそれから大きく変容しているにもかかわらず，消費者物価指数の大幅な変動がみられないという点で，日本は稀にみる物価安定の優等国家であると言っていい．今日の日本がデフレーションと呼べる状況であるかについて論定するためには，以下のような検証が有効である．ひとつは貨幣価値の側面を重視した検討を行うこと，いまひとつはデフレーションの反対概念であるインフレーションの捉え方を参考にすることである．インフレーションとデフレーションが理論的に対称的な構図を持つものであれば，大いに説得的な解説が可能である．

ところで，日本では，以前，物価高騰という現象に対してインフレ論争が巻き起こっている．それは1970年代初頭に急騰した物価上昇率を巡るものであるが，端的に言えば現実の物価上昇が貨幣的な現象か否かを巡る対立的論争であった．例えば，当時日本銀行理事であった吉野俊彦氏は「インフレーションはいつ，いかなる場合においても，通貨現象なのであるから」[3]と述べており，「通貨供給量を適正に保つような為替政策，財政政策，金融政策の運営」[4]が必要であると説いた．これに対して，大蔵官僚を経て当時開銀研究所長であった下村治氏は，「値上がりしているのは"特殊な商品"の"特殊な理由"による"特殊な暴騰"で」[5]あるとして，当時急騰していた物価動向をインフレとは言えないと断定した．下村氏はインフレーションと言えるか否かは，経済の均衡状態から乖離をそのメルクマールとしており，今日的に言えば供給を需要が上回るインフレ・ギャップと物価上昇が同時にみられる状況を，インフレと呼ぶ条件と考えていた．

物価水準が対前年比でマイナスになれば，その場合にすべてのケースをデフレーションと呼ぶには違和感を覚えるとともに，誤った経済政策の処方箋を書かせてしまうことになるという点で，曖昧なデフレーションの定義は避けなければならない．筆者には，多くの人々がデフレをディスインフレーシ

ョンと同一視しているのではないかと思えてならない．

次項で信用創造について詳細に説明するが，今日の管理通貨制において貨幣[6]は民間銀行が創造し，その民間銀行がマネーを創り出すペースないしはスタンスを中央銀行が後ろから誘導する．経済環境において，貨幣量が相対的に不足している状態はコールレートが急騰する状況であると考えられる．今日のようにロンバード型貸付[7]が導入されている環境では，コールレートがコリドー[8]の上限に達している状況を表す．しかしながら，無担保コールレート翌日物（オーバーナイト）の推移を示した図 6-4 で確認できるように，現在のコールレートはゼロ付近で低位安定しており，金融が逼迫した状況であるとは言えないことから，貨幣量に不足があると考えることは難しい．

実際，マネーストックの推移をみればマネーストックが減少に転じた経験は持っておらず，物価上昇が見られなくなった 1987 年以降もマネーストックは増加の一途をたどっている．

図 6-5 は，1970 年以降のマネーストックの伸び率と残高の推移を示している．確かに自然対数でみた伸び率は毎年約 7% ずつ趨勢的に低下傾向にあ

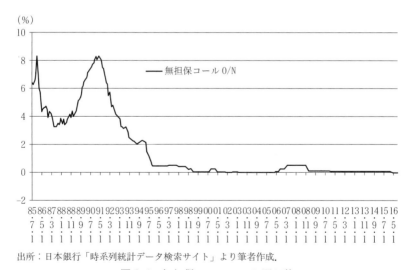

出所：日本銀行「時系列統計データ検索サイト」より筆者作成．

図 6-4　無担保コールレート翌日物

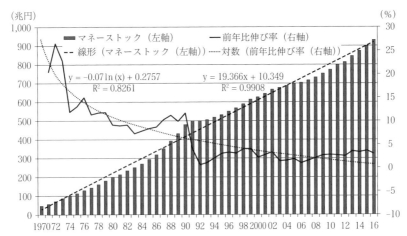

図 6-5　マネーストックの推移

るものの，マネーストックは毎年 19 兆円ずつ増加しているのである．

　人々が「デフレ」に拒否反応を示すのは，例えば，教科書で学ぶ両大戦間の世界不況の経験を過度に危惧している可能性が高い．確かに，金本位制度ないしは金ドル為替本位制が採用されていた時代では，マネー量が経済成長に追いつかないことが原因となって物価下落圧力をもたらす可能性は理論的にはあり得る．マネー量そのものの増加，したがって新しい金鉱の発見や，貨幣の流通速度の上昇が実現しない限り，貨幣量が不足すれば物価下落を伴わなければ経済取引に支障が出るという捉え方である．その場合，貨幣量の不足の具体的な現象としては，金利の急騰がもれなくついてくる．なぜなら手形割引などに代表される銀行貸出スタンスがタイトになることによって，一種のクレジット・クランチが発生し，限られた貨幣を求めて債券の売却あるいは手形の割引に対する動きが一気に広がるからである．

　今日において，仮に貨幣量が不足し限られた貨幣を求めて争奪戦になるようであれば，中央銀行が金融を引き締め過ぎているとして批判されても致し

第6章　日本型危機の深層と金融政策　　　175

方ないと言える．しかし現実的には，何よりも超過準備額が物語るように，金融は全く逼迫していない．

　一方，今日の貨幣システムである管理通貨制では，貨幣量が金の量に制約されることはなく，健全な資金需要者に対しては銀行の信用創造機能によって貨幣が創造される[9]．確かに厳し過ぎる金融行政や不必要な金融引締めが採用されれば管理通貨制の利点が殺がれてしまうことになるが，今日の状況は，決してマネーストックが不足することによって生じるデフレーションと呼ぶことはできない．

　貨幣的現象という用語が何を指すかについてのコンセンサスが得られているとは言い難いものの，概ね，貨幣量を要因とするという解釈と捉えて差し支えないと思われる．これをより明確に説明しようとすると，金利水準の高騰と物価下落が同時に起こる場合には，貨幣量の不足による物価下落として認識できるためにデフレと捉えられるが，金利水準の高騰を伴わない物価下落については，実体経済や構造的な問題によるものである可能性が高い．この点については，名目金利ではなく実質金利を用いなければならないが，今日の状況は金利高騰が生じているわけではないので，実質金利を持ち出す必要性は高くない．

(2)　内生的貨幣供給理論とデフレーションとの非整合性

　今日の管理通貨制では，市中銀行と中央銀行とで構成される銀行システム全体によってマネーが供給される．それは単に中央銀行が供給するマネタリーベースを市中銀行が民間に対して貸し出すということではなく，むしろ起点は市中銀行の民間に対する預金設定にあり，具体的には市中銀行が民間の借入需要に対して貸出を行う時に，市中銀行のバランスシートの借方において貸出という資産が増える．同時に貸方では借り手である顧客預金が増加する．逆にマネーストックが減少する時とは，借り手が返済することによって市中銀行のバランスシート上から貸出資産と預金負債が両建てで消滅する場合である．上記の説明は，銀行行動の簿記上の作用を重視した銀行学派的な

見地からの内生的貨幣供給理論に基づく説明[10]である．本稿で言う内生的貨幣供給理論は，銀行学派的な意味でのそれを前提としており，(1)式で表される（L：銀行貸出，D：銀行預金，MS：マネーストック，C：現金，MB：所要準備額，r：預金準備率）．なお，現金流通量（発行済中央銀行券）の増減は主として季節的要因によるところが大きく，年間を通じて一定として考えて差し支えないことから，現金を表すCは$\overline{C}$と記してある．

$$\Delta L \equiv \Delta D, \ \Delta MS = \Delta D + \overline{C}, \ MB = D * r \tag{1}$$

他にもポストケインジアンが主張する内生的貨幣供給理論が存在する[11]．ポストケインジアンと言っても一括りにするには多種多様であるが，ポストケインジアンの内生的貨幣供給理論については，基本的にはマネタリズムに対する批判としての位置づけであり，貨幣供給曲線が利子率に対して弾力的であるか否かを重視している．ただし，筆者はムーア（Moor, B.J.）およびカルドア（Kaldor, N.）などの一部の論者については，預金創造という銀行原理を含めて捉えており，その意味では銀行学派的な内生的貨幣供給理論に近いと考えている．

銀行学派的な意味における内生的貨幣供給理論のロジックから導出される考え方の特徴について，筆者は大枠として以下の2点に集約することができると考えている．1つは貨幣供給の起点は中央銀行にではなく市中銀行の与信にあること，いま1つは，必要貨幣量以上の余分な貨幣供給量は実現できないということ，以上である．ところが，この大枠ではうまく現実を説明できない事象が確認できる．それは銀行貸出が伸びていないのに，日本のマネーストックは増加の一途をたどっているという事実である．銀行貸出とマネーストックが限界的に等しくなることを主張する内生的貨幣供給理論では，この事実は説明できないのであろうか．

この理論的課題は市中銀行による国債消化あるいは保有によって解決できる．確かに，内生的貨幣供給理論が主張するように市中銀行の貸出が預金を創ることは間違いない．しかし，市中銀行が国債を引受ける場合にも事後的

第6章　日本型危機の深層と金融政策

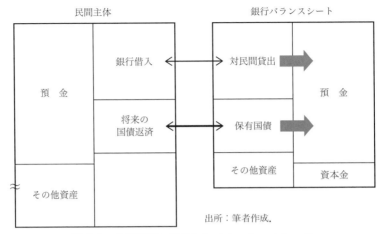

出所：筆者作成．

図 6-6　銀行信用の結果としてのマネーストック

に預金の増加を招く[12]．このチャネルによるマネーストック増大は，日本においては無視できないレベルにあると考えられるため，この点を考慮すると(1)式は(2)式に修正される．（GBbank：銀行保有の国債残高）

$$\varDelta L + \varDelta GBbank \equiv \varDelta D, \ \varDelta MS = \varDelta D + \overline{C}, \ MB = D * r \quad (2)$$

別の表現を用いれば，複合不況下の日本は，より一層の国債増発による官製需要の創出に対して銀行システムが信用供与してきた結果，民間資金需要が旺盛ではない中でマネーストックが増加し，貸出残高とマネーストックとが大幅に乖離したのである．

図6-6はマネーストックの大半を成す預金残高が，民間銀行による対民間貸出と対国家貸付である国債保有分に相当することを示している．誰かの資産は誰かの負債であり，銀行が保有する国債についても言うまでもなく民間部門にとって将来の国債返済という負債である．

内生的貨幣供給理論の本来の枠組みである民間銀行の対民間信用に加えて，対政府の信用供与もマネーストックの増加要因である．

同理論は実体経済で要請される必要貨幣量に対して銀行システムが預金を

創造することを基本としており，貨幣量の不足による物価下落をデフレーションと呼ぶのであれば，金保有量に制約のない現状の管理通貨制においてそれは基本的に生じないのであり，内生的貨幣供給理論とデフレーションとは非整合的であると言える．

3. 日本の金融政策から財政ファイナンスを考える

(1) 新しさに欠ける非伝統的金融政策

昨今の日本銀行による金融政策については，マネタリーベースの拡大に徹するという目標に対して，手段を選ばずに達成してきた．図6-7は，2007年以降のマネタリーベースの増加分は，超過準備の増加分によって説明できることを示している．伝統的な金融政策とは，例えば無担保コール翌日物などの短期金利（操作目標）を，オペ（政策手段）によって誘導することで，金利体系や銀行信用の変化を通じてマネーストック（中間目標）に影響を与え，物価の安定（最終目標）を実現すると理解できる．

金融危機後の金融政策に焦点を絞るために，福井俊彦総裁（2003年3月～2008年3月），白川方明総裁（2008年4月～2013年3月），黒田東彦総裁

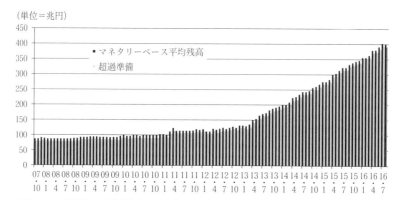

出所：日本銀行「時系列統計データ検索サイト」より筆者作成．

図6-7 超過準備とマネタリーベースの推移

（2013 年 4 月〜現在）の 3 総裁による金融政策のポイントを挙げておきたい.

福井総裁時代のポイントは，2 点に絞ることが可能である．1 点目は 2006年に決定した金融政策である．同年 3 月には，速水総裁時代に導入された量的緩和政策を解除し，同年 7 月にはゼロ金利政策も解除している点である．実は，福井総裁が就任された 2003 年 3 月時点の日本銀行当座預金残高は約22.8 兆円（所要準備額は約 4.3 兆円）であったが，2006 年 1 月時点では約33.6 兆円（所要準備額は 4.7 兆円）へと拡大させたにもかかわらず物価の動きに変化が見られなかったことから，福井総裁は超過準備を積み増すことが物価上昇圧力にはならないとの主旨の発言をされている．2 点目は，当時，その導入に対する圧力が高まっていたインフレーション・ターゲティングに対して，その効果と手段に疑念があるとして結局導入しなかったことである．したがって，量的緩和もインフレーション・ターゲティングも，福井総裁がそれらについて高い効果を持つと考えていたとは推測できない.

続く白川総裁時代のポイントは，「資産買入等の基金」と称する量的緩和のための別枠基金を創設したことである．しかもこの基金は度々増額され，2010 年当初には 35 兆円で始まり，2012 年 12 月には 101 兆円にまで増額されたのであるが，こだわったことは日本銀行当座預金の増額で対応せずに，わざわざ別枠の基金を創設した点にある．量的緩和の圧力に無駄に抵抗せずに，それでいて国債の保有額を日本銀行券の供給量を上限とする「銀行券ルール」を死守したかったのではないかと推測される.

本稿の執筆時点で黒田総裁は在任中であり総括は時期尚早ではあるが，現時点でのポイントは，2 点に絞ることが可能である．1 点目は，専門家ではない一般に対する金融政策の説明に「分かりやすさ」を出す努力を推し進めたことである．「2」という数字をキーワードにして，2 年間で，日本銀行当座預金を 2 倍にして，2% の物価上昇を達成するという表現は，まさにシンプルで「分かりやすい」説明であったし，実際には 2010 年 10 月に白川総裁時代に導入された「包括的な金融緩和政策」によって始まっていた金利も量も両方を追求する政策も，黒田総裁の下では「量的・質的金融緩和」という

表現に変わり「分かりやすさ」が増したと言える．2点目は，マイナス金利政策を導入したことにあり，これについては次項において問題を整理する．

黒田現総裁の最大の功績はどこに求められるであろうか．それは，銀行学派的な意味での内生的貨幣供給理論に軍配を与えつつあることである．「必要であれば躊躇なく」という表現とは裏腹に，就任から4年半が経過しても，日銀当座預金残高の増額は予定通り達成したにもかかわらず，2％の物価上昇は達成できていない．当初の目標達成時期については既に5度も先送りしており，マーケットや公衆の信頼を得ることで期待インフレ率を上昇させるルートはもはや機能していない．期待インフレ率については，実体経済の様子から生じるのではなく，金融政策のスタンスのみで誘導させることは昨今の日本について現実的ではなく，むしろ今の状況では，物価のコントロールは中央銀行が可能な領域なのかどうかが問われ始めている．

名目金利はゼロ未満にはできない制約を金利非負制約（ゼロ金利制約）と呼んでいるが，この制約を打破するために導入されたと考えられるのが，マイナス金利政策であり，2016年1月29日に日本銀行によって発表された．これは日本銀行当座預金を3段階に分類した上で，金利を付与する部分（基礎残高），金利を付与しない部分（マクロ加算残高），マイナス金利を適用する部分（政策金利残高）の3層構造に分けることで実施されることになった．このような複雑な構造にしなければならなかった背景には，日本銀行当座預金の大部分が超過準備である環境下でマイナス金利を導入することの不整合のためである．つまり，イールドカーブをよりフラット化させるとともにイールドカーブ全体を下方にシフトさせたいという政策と，量的緩和政策によって膨れ上がった日本銀行当座預金の残高の維持を両立させたいということである．

民間銀行が中央銀行に超過準備を保有するのは，超過準備に対しては0.1％の金利が付くからである．これは，量的緩和政策を成立させるための屋台骨とも言えるもので，もしこの条件がなければ，民間銀行は保有する国債を売却して日本銀行当座預金に資産変換すると機会費用が発生してしまう

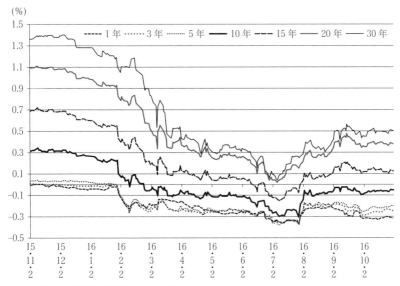

出所:財務省「国債金利情報」より筆者作成.

図 6-8　マイナス金利導入時期からの国債利回りの推移

ために,超過準備自体が積み上がっていかないことになる.

　日本銀行によって導入されたマイナス金利政策によって,少なくとも以下の点に影響が見られた.まず,図6-8で確認できるように,国債流通利回りがマイナスのレンジで推移する年限が増え,長短金利差も縮小したことである.一時は,15年もの国債迄もがマイナス金利の状態になったほか,30年もの国債ですら,0.1%を下回る利回りとなった.更に,実体経済にもっとも大きな影響が出たことは,住宅ローン金利がより一層低下したことである.これは,預金金利がほぼ下限であるのに対して,住宅ローン貸出金利の低下によって銀行の利鞘がさらに縮小する.住宅ローンの借り換え需要が旺盛になることにより,既存の銀行界を全体で眺めると収益源の要素であり,マクロ経済全体としての効果を持つためには,住宅着工やマンション販売実績の増加および不動産価格の上昇による資産効果が生じる必要がある.

　金融機関,特に預金取扱金融機関の収益に減少圧力がかかることは前述し

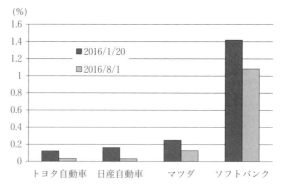

注：いずれの社債も2019年に償還を迎えるものである．複利利回りの中央値を示している．
出所：日本証券業協会「売買参考統計値」より筆者作成．

図6-9 マイナス金利導入前後の社債利回りの比較

たが，保険会社等の運用収益の減少をももたらすと考えられることから金融システム全体の問題である．既に，企業による資金借入れ需要が減退している状況にあって，民間銀行の貸出に伴う審査コスト等に鑑みると，民間向け貸出の金利が更に低下することは現実的ではないことから，今回のマイナス金利政策では，金融機関を収益面で疲弊させる効果の方が高いと推測される．

次に，金融市場の歪みを生じさせるという点である．図6-9は，マイナス金利政策導入の前後で異なる格付け企業の社債の利回りを比較したものである．

社債市場については個別企業の状況変化による影響が大きいことは確かであるが，マイナス金利政策の導入が追い風を受けているのは低格付け企業である．国債市場のマイナス金利政策が，現時点では社債市場の利回りに対してゼロ未満に押し下げることはできておらず，金利非負制約が認められる以上は，偏った効果を与えることになると考えられる．

マイナス金利は単なる数字上のゲームを求めた政策である．ゼロを境にしてプラスの領域とマイナスの領域が対照的に存在するのではなく，地上で生活する生物が水面下では呼吸ができなくなるケースについての認識が必要で

ある．

(2) 非伝統的金融政策の含意

　伝統的金融政策が金利のコントロールにあるとして，それ以外の主として
量の拡大に関わる部分を非伝統的金融政策と呼んでいると言ってよい．例え
ば，前々項でみたように，日本銀行は中央銀行当座預金残高を拡大させるた
めのオペレーションを実施してきたものの，それがどのようなメカニズムで
物価を押し上げるのか，人々の期待に働きかけると述べるだけで，十分に同
意できるだけの信憑性のある説明に触れたことがない．

　非伝統的金融政策については，具体的に次のように分類されることが多く，
①中央銀行当座預金残高の拡大，②買入資産の多様性向上，③オペ対象資産
のデュレーションを長期化，以上3点を挙げることができる．①については，
ポートフォリオ・リバランス効果に作用すると期待されるとされているが，
実際にこの作用が確認されたとは言えず，民間銀行，特にメガバンクについ
ては保有国債を売却し中央銀行当座預金の残高を増加させたままにしている
ものとみられる．言うまでもなく，民間銀行にとって日本銀行当座預金の増
加が持つ意味とは，預金創造によって対民間貸出を増加させたとしても準備
預金に困ることはない状態が広がるということであり，民間銀行のバランス
シートにおいては，保有国債という資産が日本銀行当座預金という資産に変
換されるだけのことである．②については，ETF（上場投資信託）等の金
融資産を購入しているが，それぞれの市場に対する影響については別途検討
が必要であるが，これらの資産を日本銀行が買取ることによっても，やはり
直接的には民間銀行が日本銀行に保有する日本銀行当座預金が増加すること
にしか作用しない．③については特に国債市場において，イールドカーブが
フラット化していること確認されており，これがフォワード・ガイダンスと
しての効果を持つかどうかが重要である．また従来，中央銀行は短期金利の
コントロールによって金融政策を実行し，長期金利については市場において
決定されるものであったが，非伝統的金融政策の導入によって，長期金利ま

でも中央銀行が強制するという事態を招いており，それが自由な資本主義の
メカニズムを阻害しているのではないかと懸念される．

　黒田総裁は，2016年9月21日に，金融緩和強化のための新しい枠組みと
して「長短金利操作付き量的・質的金融緩和」を発表した．日本銀行公表資
料によれば，その主な内容は，第1に，長短金利の操作を行う「イールドカ
ーブ・コントロール」，第2に，消費者物価上昇率の実績値が安定的に2%
の「物価安定の目標」を超えるまで，マネタリーベースの拡大方針を継続す
る「オーバーシュート型コミットメント」である，としている．「オーバー
シュート型コミットメント」とは，時間軸効果を狙ったものと解釈できるが，
それらは公衆の期待に働きかけるものであり，既に目標達成の延期を繰り返
す中央銀行に可能な手段とは言えない．

　金融危機後の日本銀行の量的金融緩和は，マネタリーベースを手当たり次
第に拡大させてきた．これを達成させるためには基本的にはオペによって国
債を買取ることが求められる．ただし，財政法第5条では日本銀行による国
債の直接引受と対政府貸出を禁止している．これは，唯一の発券銀行である
中央銀行が政府に対して信用供与すれば，やがて貨幣価値の低下を招いてイ
ンフレーションになり，貨幣経済システムが混乱することを回避させたいと
いう理由ではないかと考えられている．しかしながら，例えこの考え方が一
般的かつ常識的であるとしても，それは必ずしも立証された論理体系をもっ
ていたとは言えず，むしろ貨幣数量説的な解釈に基づくものでしかない．

　実は，何も日本銀行が国債を直接引受けなくとも，日本では既に同じこと
を実施してきた．それは，民間銀行による国債引受であり，依然は国債引受
シンジケート団と呼ばれていた民間銀行が新発国債を引受けてきた．現在は，
新発国債はプライマリーディーラー制度によって一旦は証券会社によって引
受が実施されるものの，その後，民間銀行によって保有されれば，マネース
トックの増減に与える影響は直接引き受けてきた以前と変わらない．

　ここで強調しておきたいのは，国債の引受は中央銀行によるものでも，民
間銀行によるものでもマクロ的にマネーストックに与える影響は結果的に同

じであるという点であり，筆者はいずれに対しても国債の貨幣化（マネタイゼーション）であると考えている．2016年には900兆円にまで膨れ上がった日本のマネーストックであるが，その要因は民間銀行と中央銀行の総体である銀行システムが，全体として対政府信用を供与し続けてきた，別の言い方をすれば，銀行システム全体が国債を消化し保有し続けてきたこととの結果である．すなわち，国債の貨幣化は，バブル崩壊後に始まったわけでも，金融危機後に始まったわけでもない．昨今の金融政策が従来と異なることは，特に黒田総裁の就任後には長期国債に対する価格統制が行われ始めたという点である．

　短期国債市場は別にして，これまでの中央銀行のオペ対象の範囲からすると，長期国債市場にはマーケットメカニズムが必要であると考えられてきたと言ってよい．しかも，政府が国債を乱発しようものなら，格付けが低下して利回りが上昇することで，安易な国債発行に歯止めがかかる筈であった．

　例えば，2016年10月末のスタンダード＆プアーズによるソブリン格付け（自国通貨建・長期）によれば，日本はA$^+$であり，それはバミューダやスロバキアと同格であり，日本の周辺国である韓国・中国・台湾よりも格下である．ところが現在の日本国債は，格付けが低下の一途をたどっているにもかかわらず利回りが低下しているのである．この現象は中央銀行によって国債市場が歪められ統制されているからに他ならないが，もはや政府債務が対GDP比で200％を超過した日本にとって，統制された国債価格が利払費の縮小に役立つとしても，この事態を先進資本主義国の姿として相応しいと言えるであろうか．大きな政府と行き過ぎた中央銀行の行為によって，マーケットメカニズムの否定が日増しに強まっている．

　確かに，政策金利の低下傾向や量的緩和政策については，昨今のグローバル化した経済の特に先進工業国に共通する現象であり，日本に限った現象ではない．FRBのFFレート，ECBの市場介入金利であるリファイナンス・レート，イングランド銀行のバンク・レートも趨勢的な低下傾向にあり，また何らかの非伝統的あるいは非標準的金融政策を採用している．もっとも変

化のない制度は考えにくいし，進化を伴う変化は歓迎されなければならない．

利潤率の低下が資本主義体制の避けられない方向性であるならば，先に工業化し発展した国の政策金利が低下しても何ら不思議ではない．ところが，日本にだけ特別な状況を指摘することができる．非伝統的金融政策としてMBS を大量に買入れたとはいえ，アメリカはテーパリングで出口戦略を考えているし，実際に 2015 年末には利上げも実施している．また，ヨーロッパでは通貨統合の経緯から国債残高自体を抑えてきた経緯を持つ．この方向性からは，資本主義体制を維持するために金融政策以外の政策も重視していると考えられる．その一方で日本は出口戦略を考えているかどうかよりも，加藤（2014）が指摘するように，このままでは出口戦略が実行できないところまで来ている．言い換えれば，特に日本だけが，マーケットメカニズムを伴う資本主義を否定していることになるのではないか．

本章において強調したことは，日本ではいくらマネーストックを増大させても，物価が上昇せず価格粘着性が高いこと，その状況をもって「デフレ」と呼ばれることが多いが貨幣的現象としてのデフレとは言えないこと，そして昨今の金融政策は国債の価格統制であり政府の利払い費を楽にさせていること，そしてそれらは結果的に資本主義の維持に整合的ではない政策だということである．より端的に言えば，今日の日本型危機は貨幣的現象ではなく，国債市場を歪めなければならないほど，実体経済が複合的に危機に陥っているのである．政府が増加させる債務を中央銀行が貨幣化し国債価格を統制できている間については問題が生じないのであるが，それが維持できなくなるときの諸条件の解明は今後の課題である．

注
1) 渡辺（2012）を参照されたい．
2) 「エコカー減税」と称して，なぜ燃費のカタログ値が10km/ℓ を下回る SUV までもが対象車なのか筆者には理解しかねるところであり，もっと素直に自動車産業への実質補助金政策とでも表記しておいた方が良いという印象を持つ．
3) 日本経済新聞社（1973），18 頁．

第 6 章　日本型危機の深層と金融政策　　　　187

4)　同上.

5)　同上, 21 頁.

6)　筆者は, 貨幣形態について, そのプライマリ形態は預金であり, 現金はセカンダリ形態であると考えている. それは中央銀行が民間に対して直接現金を供給するチャネルではなく, 公衆は銀行預金を引出すことでしか現金を手にすることができないという現実を踏まえたものである. 詳細は拙稿 [2006] 147-8 頁, 同 [2010] 6 頁を参照されたい.

7)　あらかじめ担保として国債等を担保として日本銀行に差し出しておくことで, 民間銀行は必要な際に日本銀行から担保の範囲内で貸付を受けることができる. この制度は補完貸付制度 (ロンバート型貸付制度) と呼ばれ, 日本銀行は 2001 年に導入した. 民間銀行は通常この金利を超えてまでインターバンク市場で資金調達しないことから, この制度の金利が実際上コールレートの上限を成す.

8)　預金準備制度の下で民間銀行は日本銀行当座預金を保有しなければならないが, 所要準備額を超えた超過準備額については 2008 年より付利されるようになった. これを補完当座預金制度と呼び, それ以下の金利ではコール市場で運用しないことから, 実際上補完当座預金制度の金利がコールレートの下限を成す. ロンバート型貸付制度の金利と補完当座預金制度の金利はそれぞれコールレートの上限と下限であり, その変動レンジについて回廊を意味するコリドーと呼ばれる.

9)　筆者は, 今日の管理通貨制における貨幣供給メカニズムは内生的貨幣供給理論によって説明できると考えているが, 銀行システムがある程度確立されていれば, この理論は広い意味での金本位制にあっても有効であると考えている. 準備預金が金量に制限を受けるかどうかの差異はあっても, 銀行の信用創造メカニズムに基本的な差異は見られないと考えているからである.

10)　銀行学派的な見地からマネーストックの増加要因を説いた研究は, 建部 (1997) および (2010), 横山 (1978) および (2015) 等を, また銀行学派的な見地から銀行の信用創造機能を解説したものとしては拙稿 (2016) をそれぞれ参照されたい.

11)　渡辺 (1998) が整理するように, 例えばムーアは貨幣供給理論の外生性と内生性を峻別する際に, 貨幣供給量の利子率に対する弾力性を用いて, それが非弾力的であれば外生的であり, 弾力的であれば内生的であると考えている.

12)　この点についての詳細は拙稿 (2009) を参照されたい. そこでの問題意識は, 市中銀行と中央銀行は, 目的こそ違えど, 共にバンキング業務ないしは信用創造能力を有する点において機能面で同一であるにもかかわらず, 日本では国債の市中消化として日本銀行には国際直接引受を禁止しておきながら, 市中銀行には積極的に引受させてきたのかである.

参考文献

岩田規久男 (1993), 『金融政策の経済学——「日銀理論」の検証』 日本経済新聞社.

翁邦雄 (1993), 『金融政策——中央銀行の視点と選択』 東洋経済新報社.

加藤出 (2001), 『日銀は死んだのか？——超金融緩和政策の功罪』 日本経済新聞社.

―――― (2014),『日銀,「出口」なし！――異次元緩和の次に来る危機』朝日新聞出版.

白塚重典 (2016),「戦後の物価史」『経済セミナー』2016 年 8・9 月号, 日本評論社.

建部正義 (2010),『金融危機下の日銀の金融政策』中央大学出版部.

近廣昌志 (2006),「国際通貨供給とシニョレッジ発生の可能性」『大学院研究年報』第 35 号（商学研究科篇）, 中央大学大学院.

―――― (2009),「国債発行の市中消化に関する考察」『企業研究』第 15 号, 中央大学企業研究所.

―――― (2010),「政府紙幣発行論の検討」『大学院研究年報』第 39 号（商学研究科篇）, 中央大学大学院.

―――― (2014),「ケインズおよびポストケインジアンの貨幣供給理論の検討」商学論纂, 第 55 巻第 5・6 号, 中央大学商学研究会.

―――― (2016),「管理通貨制と中央銀行」川波洋一・上川孝夫編『新版 現代金融論』第 5 章所収, 有斐閣.

内藤敦之 (2011),『内生的貨幣供給理論の再構築――ポスト・ケインズ派の貨幣・信用アプローチ』日本経済評論社.

日本経済新聞社 (1973),『インフレ論争――物価高騰をどうみるか』日本経済新聞社.

早川英男 (2016),『金融政策の「誤解」――"壮大な実験"の成果と限界』慶応義塾大学出版会.

福井秀樹 (2004),「官公庁による情報システム調達入札」『会計検査研究』第 29 号, 会計検査院.

藤木裕 (2000),「財政赤字とインフレーション――歴史的・理論的整理」『金融研究』第 19 巻第 2 号, 日本銀行金融研究所.

横山昭雄 (1977),『現代の金融構造――新しい金融理論を求めて』日本経済新聞社.

―――― (2015),『真説 経済・金融の仕組み――最近の政策論議, ここがオカシイ』日本評論社.

吉川洋 (2013),『デフレーション――"日本の慢性病"の全貌を解明する』日本経済新聞出版社.

渡辺努 (2012),「ゼロ金利下の長期デフレ」日本銀行ワーキングペーパーシリーズ, No.12-J-3.

渡辺良夫 (1998),『内生的貨幣供給理論――ポスト・ケインズ派アプローチ』多賀出版.

Bemanke, Ben and James, Harold (1991), "The Gold Standard, Deflation, and Financial Crisis in the Great Depression: An International Comparison", in R. Glenn Hubbard, ed., *Financial Markets and Financial Crises*, University of Chicago Press.

Kaldor, Nocholas (1982), *The Scourge of Monetarism*, Oxford University Press. (原正彦・高川清明共訳『マネタリズム その罪過』日本経済評論社, 1984 年)

第7章
中国の複合危機と人民元国際化

紺 井 博 則

1. 世界金融危機への対応と過剰資本・過剰債務の累積

　アメリカ初の世界金融危機はグローバルな実体経済の危機にまで拡大し，その後の世界経済に深刻な後遺症をもたらしてきたことはいうまでもない．このような戦後初の金融危機と実体経済危機との複合危機の対応を考えるさい，中国を含む BRICS 諸国などの新興国の存在は無視しえない．中国はリーマン・ショックによるアメリカ経済の落ち込み，有力な外需依存先を失った先進国経済の中国経済への跳ね返りを恐れて，2009-10 年に 4 兆元（当時の為替レート換算で約 57 兆円）という巨額の財政支出を行った．まさにチャイナ・インパクトと称される一面が示された．この対応は世界経済的に見れば，金融危機から実体経済の危機へ波及するグローバルな複合危機の深刻化を押さえ込む役割を果たしたのである．すなわち新興国を軸とした途上国の経済成長は，リーマン・ショック以後の実体経済の落ち込みをあらわす米欧日先進諸国の需要不足を新興国の需要が補完し，世界経済成長の牽引者（実質 GDP の寄与率で約 3 割）という役割を担うようになっていたからである．

　中国経済が世界経済に占める象徴的なデータとして，粗鋼生産の動向をみておこう．世界の粗鋼生産に占める中国のシェアは，リーマン・ショック前の 2010 年に 44.5% であったが，13 年に 49.8%，14 年にはついに 50% を超えている[1]．したがってこの生産量が国内消費需要を超えてひとたび過剰生

産・過剰供給能力に転化すれば，世界全体の実体経済に対して大きな影響力を持つことになる．まさに「チャイナ・インパクト」という呼称が与えられたのも当然であろう．

しかしその一方で，国内的にはこの未曾有の景気対策の副作用として，過剰設備・過剰生産の顕在化，その処理の長期化（「中国型国家資本主義」のジレンマ）が「チャイナ・リスク」の深刻な要因として浮上している．中国の過剰生産・過剰商品は世界市場を席巻し，原油などの資源価格の低落と相まって先進諸国にとっての過剰輸入につながっている．

こうしてリーマン・ショック直後の2009-13年には世界金融危機の深化による先進諸国の内需不足を補完し，実体経済危機を緩和した新興国経済が，その後とくに14年以降を画期として，世界経済にとっての2つの新しいリスクを提供する震源地になりつつある．すなわち原油安・資源価格下落による資源国・途上国に共通する実体経済の危機と，長期化する日米欧の超金融緩和によって供給された「緩和マネー」が流入して自国通貨高を招き，かつての通貨・為替危機が再現されるという懸念である．そのことによって先進諸国の金融緩和に追随することを余儀なくされたのであるが，その副作用として国内的には不動産・建設業をはじめとする過剰信用がバブル経済の形成をうながすことになった．しかし，このような世界金融危機対策としての金融緩和政策と大型財政出動としての景気対策の過熱化は，14年以降，中国経済にとっての国家・地方財政危機と国営企業を中心とする企業債務の累積危機とが複合的に併存する新たな事態をもたらしているのである．例えば，16年で中央・地方政府の財政収支の対GDP比は，アジア通貨・金融危機直後，およびリーマン・ショック直後の数値を超えてマイナス4%に近づきつつある．

こうして1990年代まで続いた新興国の高度経済成長の一巡は，世界経済におけるかつての「デカップリング」の一方の担い手としての役割を後退させて行く．同時にまた，リーマン・ショック以前から続く低成長・ディスインフレに苦しむ先進諸国の構造的内需不足を，新興国向けの外需によってカ

バーする構造，すなわち先進諸国と BRICS などの新興国，とくにアジア諸国との「カップリング」構造をも変えつつある．例えば，中国経済がグローバル経済下で大きな存在を占めるようになった現在，鉄鋼の過剰生産は世界市場価格の下落を通じて，先進国経済への脅威となっている．2016 年 7 月の G20 でも，中国が値崩れした鋼材価格で輸出を拡大していることを憂慮する旨が声明に盛り込まれたことは，中国の過剰設備・過剰生産問題がもはやたんに中国国内の経済問題ではなく，グローバルな経済にも影響を及ぼしていることの現れに他ならない．

　中国はリーマン・ショックそのものによるリバウンドを受けたわけではないが，世界経済的反作用の渦中で複合危機対応として大型財政出動による景気浮揚政策と金融緩和政策の採用を余儀なくされた．この対応がその後の中国国内の構造的な過剰生産危機を拡大させて，新たなバブル形成を伴う自国発の金融危機を醸成させつつある．同時にまたリーマン・ショック直前の08 年 7 月，実質的ドルペッグ制への一時的回帰を経て，人民元高基調を維持してきた局面を反転させる通貨・為替危機＝人民元安と資本収支危機という独自の「複合危機」の様相を生み出しつつあるといってよいだろう．

　本章では，リーマン・ショック以前から継続するこの国に内在する経済構造的要因と，それ以降の新たな危機のグローバル化による対外的リスクに直面する中で低迷しつつある中国経済を取り上げている．あわせて国内金融制度改革と人民元国際化の到達点を確認し，とくにこの流れと目下の人民元安，外貨準備の急減という事態との関連を論じてみたい．そしてこの関連の中でトランプ登場以後の対米国リスクについても言及しておくことにしよう．

　中国の場合は，国内の実体経済の危機が，世界金融危機によって経済危機に転化した複合危機の長期化の跳ね返りという側面とともに，固有の政治経済的構造の改革の遅れによって長期化・深刻化するという特徴を持つ．別言すれば，2009 年と 10 年のわずか 2 年間に巨額の財政出動を介して，世界的金融危機の実体経済への波及を回避したことの副作用がバブル形成を促したといえる．今度はその収縮過程で顕在化した過剰資本・過剰生産の裏面とし

て，過剰債務の累積となって現れ，想定を超える経済成長率低迷（6％台前半）の構造的要因となっている．もともと中国経済は，その経済体制に規定された国有企業と国有銀行との非市場的融資関係，中央政府と地方政府との財政システムの不透明性によって，過剰資本（過剰設備・過剰生産）が構造的に蓄積され，これを資本主義的な景気循環を通じて処理する（企業淘汰や価格破壊）という市場メカニズムを欠いていた．その構造の上にリーマン・ショック後の4兆元に及ぶ財政出動が積み上げられたことになる．

　この財政出動は，上に述べたように一面では中国経済の内需拡大によって先進国の世界的金融危機が実体経済に波及する複合危機の深化を抑制する防波堤となった．しかし他面ではこの巨額の国内流動性増加分の多くが国有企業を通じて不動産・建設市場に流れ込み，住宅を含む不動産バブルを醸成し，過剰設備と過剰債務が累積する要因ともなったのである．民間金融機関の金融仲介機能が規制されているもとで，とくに追加借入れが厳しく制限されている地方政府にとっては，財源を確保するために規制の及ばない中国版「シャドー・バンキング」がその資金供給チャネルを提供した．

　なお，この中国の「シャドー・バンキング」の性格について付言しておくと，「シャドー・バンキング」の定義を，預金銀行の間接金融機能を経ずに，最後の貸し手と借り手を結合する主体，運動体としてもっとも広義に捉えれば，中国の場合もこれに含まれるといえる．しかし，先進諸国，その中でもリーマン・ショックの発生につながった米欧のそれとはまったく同列には論じられない．それは欧米の場合は既存の商業銀行システムの周縁部につらなる投資銀行，ヘッジファンドなどの様々な投資主体がハイリターンを求めて様々な金融市場を徘徊する現代の貨幣資本を実体としているからである．

　これに対して中国の場合は，とくに地方において民間金融機関による金融仲介機能が未成熟であるという条件と，通貨当局の厳しい金利規制を前提として，規制に依らない銀行融資以外の資金調達手段を求める企業や地方政府の要求の中で産み落とされたものである．日銀のレポートによれば，中国の民間部門全体での融資総量残高の対GDP比の内訳で，非銀行貸出残高は

2009 年以降急増し，14 年時点で銀行融資残高の 2 倍となっていることが示されている．したがって中国のシャドー・バンキング問題とは，この国の金融システム，それも地方の民間金融機関による金融仲介機能の遅れと規制金利（とくに貸出金利）構造が生み出した歪みの反映であるという点で独自の性格を持っているといえる．とはいえ，中国経済が抱える過剰資本・過剰設備問題が顕在化してくると，金融当局は借り手の債務と貸し手のリスク増大を懸念してすでにシャドー・バンキングへの対応と規制に踏み出している．とくに 12 年末以降，シャドー・バンキングの資金吸収ルートである銀行理財商品や信託商品の販売に関する規制，地方政府などの借り手に対する規制などを一斉に強化してきたが，中国商業銀行が販売する高利回りの理財商品を含む金融商品の残高は，14-15 年にかけてかえって増大している．この資金はすでに資本過剰，設備過剰となっている不動産などの投資に向けられ，再び増加しつつある商業銀行の不良債権の温床となっている．このシャドー・バンキングの増長を押さえ込めるかどうかは，後述する金利の自由化のみならず，当局の管理・監督体制を含む中国の金融シテテム改革の成否にかかっているといえよう．

　中国四大銀行の 2016 年上半期決算では，不良債権処理を進めることで増加率は鈍化しているものの，不良債権残高の前年同期比の増加率はなお 10％ 程度近くにのぼり，融資規制・貸し渋りを通じた民間投資減退への道筋につながる懸念も否定できない．人民銀行にとっても経済成長への刺激と金融引き締め政策との舵取りは容易ではないといえる．

　政府債務の累積（財政危機）ではなく地方政府の債務と民間債務の累積が深刻化している点に構造的な特徴がある．中国の民間債務残高の統計は機関によってややバラツキがあるが，例えば BIS の統計から算出した内閣府の『世界経済の潮流 2016 年 I』によれば，2015 年第 4 四半期末で 210.4％（日本のバブル崩壊後のピークで 221.0％）にまで膨張しているという．金融業を除く企業債務が 15 年末に対 GDP 比で 144％ に達しており，結果的に 16年に入って民間投資が急速に減少し，皮肉にも官公需の受け皿となる国有企

業が再び投資の牽引役になりつつある．中国経済が外需依存型から内需主導型の経済成長への移行を実現するという「新常態」（ニューノーマル）への移行を掲げた習近平体制下での中期的経済計画は道遠しの感がある．

中国は TPP に対抗する独自の経済圏として 2015 年 11 月に「一帯一路」（海と陸の新シルクロード経済圏）構想を打ち出した．すでに 14 年 7 月に国際金融システムの改革と途上国支援の枠組みとして，BRICS 5 カ国で「新開発銀行（旧称 BRICS 銀行）」（資本金 500 億ドルは各 20％ を 5 カ国で分担，将来は倍加を予定）を立ち上げていたが，さらに 15 年 12 月に AIIB（Asian Infrastructure Investment Bank，アジアインフラ投資銀行）を正式に発足させ，16 年 1 月にはその業務を開始し 6 月に第 1 回年次総会が北京で開催された．創設メンバー国は 15 年 4 月時点で 57 カ国にのぼっていたが，16 年に批准手続き中の国も含めて加盟国数が 70 カ国に達している．17 年中には 80 カ国を超えると予想されており，既存の ADB（アジア開発銀行，67 カ国・地域）を加盟国数では上回る規模になる．したがって G7 の中で未加盟国は日米だけとなった．

この AIIB の設立はもちろん一面では中国が「新シルクロード構想」を打ち出し，「一帯一路」を大義としてアジアからヨーロッパにいたる一大経済圏を構築しようとするねらいと表裏一体のものと捉えることができる．と同時に中国との経済連携を経済成長の低迷打開の梃子としたい先進国，とくに EU 諸国の意図とが重なり合っている構図も読み取れる．また日米主導の TPP 協定に対する対抗戦略として，旧 IMF＝ブレトンウッズ体制を支配してきた英米主導の国際金融・国際投資分野にくさびを打ち込む政治的狙いも透けて見える．ただし，ロンドン金融市場を足場にした人民元国際化戦略からすれば，ブレグジットの今後の動向は中国にとってより複雑な要素を抱え込むことになるかもしれない．

また停滞する中国経済にとって，この AIIB 設立は，第 1 に既存の国際金融秩序への参入という視点だけでなく，第 2 に中国が当面の課題として抱え込む過剰資本・過剰生産能力の解消を，対外直接投資を中軸にすえた資本輸

出と途上国のインフラ整備に対するニーズに結びつける有力な受け皿として
活用しようとする経済的側面を持つ，という視点も重要である．ちなみに世
界銀行は，新興国に限ってもインフラ資金需要不足を埋めるために毎年1兆
ドルの追加投資が必要と推計している．とくに地球上最後の開発地域として
脚光を浴びているアフリカも含めると，途上国全体の開発資金需要はそれを
はるかに上回ることが確実である．

　その意味では，世銀やアジア開銀などの既存の国際開発金融機関では，そ
の一部をまかなうことが出来るに過ぎない．民間資金では困難な政府保証を
考えれば，AIIBがその国際開発金融機関の有力な一翼を占めることの意義
は大きいと言わねばならない．日本のAIIBへの参加については賛否両論が
あるけれども，戦後日本も世銀から資金を借り入れ，短期に返済したという
経験を踏まえるならば，新興国のインフラ整備への発言力を高める必要性に
ついては異論がないだろう．

　ところで，このAIIB主導の途上国向け投資・融資については，途上国が
持つ既存の様々な国際金融機関などからのドル建て債務を，より低利な人民
元建て債務へと置換させるという手法も想定されているが，これは明らかに
AIIBと人民元の国際化戦略とのつながりを示すものであろう．また他面で
は近年まで急速に膨張してきたドル外貨準備がピークの4兆ドルから約1兆
ドル減少し，リーマン・ショックを契機に外貨建て金融資産の損失・目減り
を考慮せざるを得なくなった反映でもある．さらに付言すれば，直接的な人
民元建て融資を別にしても，人民元をドルに転換した上での融資の実行は，
転換点となりつつある人民元安の局面が長期化すれば，資金調達コストの上
昇というリスクを抱えることにもなることを指摘しておく必要がある．

　AIIBの設立は，参加国数が想定を超えて拡大するとともに，当初は既存
の国際開発金融秩序への挑戦という性格の濃いものと受け止められたが，次
第に他の国際金融・開発金融機関との連携・協調を無視できなくなっている．
すでに2016年初頭に発足したAIIBに対しては，中国が単独で事実上の拒
否権を待つという組織運営上の懸念や，実際の融資案件の審査基準の透明性

など，いくつかの懸念が指摘されてきた．この点に関連して，AIIB融資案件の第1号が世銀との協調融資でスタートすることになった点は興味深い．しばらくはAIIB単独の融資だけではなく，既存の国際金融機関との協力によって自立するためのノウハウを蓄積していく戦略を描いていると考えてよいだろう．

2. 金融システム改革と人民元国際化の到達点

(1) 金融自由化・金利自由化への取り組み

中国の金融制度は，まず第1に，途上国一般がそうであるように，また日本を含むアジア諸国の足跡からも窺えるように，様々な規制を含む間接金融依存の金融システムが続いてきた．この構造は現在も基本的に変わっていない．しかし第2に，中国の金融制度は独自の社会経済体制のもとで，国営銀行・国有企業を中核とする極めて閉鎖的な枠組みの中で機能してきた．貸出金利と預金金利の規制体系は，国有銀行に安定的な利鞘を保証してきたのである．

転機となるのは1993年末に国務院の「金融体制改革に関する決定」が出され，これを受けて96年から金利自由化への動きが本格化したことである．対外的な資本移動規制を残しつつ，国内金利自由化を先行させるという選択を行ったことになる．まず第1段階として銀行間市場などの短期金融市場の市場金利，そして債券市場での市場金利が自由化される．さらに今世紀に入って2004年には商業銀行の貸出金利上限，預金金利下限が撤廃され，13年に貸出金利下限，15年10月に預金金利上限規制が撤廃されるにいたる．中国当局の目標としては16年中に金利自由化を達成し，金融制度改革にはずみをつけるはずであったと思われる．

しかし，この中国の金利自由化への流れも，2016年6月に銀行の不良債権の新たな発生とその処理による銀行収益の急減少への懸念から，スケジュールどおりの推進に待ったがかけられ，金利規制を一部復活するという経緯

をたどることになった．これは金利自由化の行程を一旦凍結しても不良債権処理を強力に進めるという当局の姿勢を示すものではあるが，中国の過剰生産・不良債権処理が実体経済の回復にとっていかに重荷になっているかを鮮明にしており，中国における実体経済の危機と金融危機との複合危機の深刻化を物語るものでもある．こうしてそれまで順調に進めてきた金利自由化を軸とする金融制度改革の歩みが，実体経済の悪化によって頓挫したことは，もう一方での人民元の国際化にどう影響するのであろうか．

　金利自由化と並行して，懸案であった預金保険制度の導入はすでに2013年11月の三中全会で決められていたが，15年3月末に「預金保険条例」を公布して5月から正式に実施されている（外国銀行中国支店・中国資本銀行海外支店を除く人民元預金・外貨預金が対象，限度額50万元）．この金利自由化と預金保険制度の整備が，はたして中小銀行を含む民営銀行の市場参入につながるかどうかは，中国の金融制度改革の重要な試金石ともなるであろう．

　また，この他にも金融制度改革の重要かつ喫緊の課題として，金融部門が市場原理にもとづき機能する「市場化」が掲げられている．いうまでもなく「市場化」は金融部門に限らず，中国経済の「経済発展チャネルの転換」，「新常態」への移行を目指す上でも鍵を握っている．とくに銀行部門の課題に限ってみれば，①株式銀行の保有株を通じた政府融資の非効率性や不透明性が克服されていないこと，②政策銀行と商業銀行の役割分担が不明確であり，とくに地方金融や中小企業向け金融の担い手が不足していること（ここにシャドー・バンキングへの資金流入がやまない原因のひとつがある），③金融監督体制の整備を前提とした金融業の対内・対外開放などの市場開放問題，④「多層的資本市場システムの健全化」などが提起されている．だが，ひとつ付言すると，低成長期を迎えた中国の金融システム改革にとってはるかに急を要する課題は，市場の対外開放や資本市場の育成・健全化よりも実体経済に対して透明性・効率性のある資金供給を行う間接金融システムの確立であろう．不良債権の累積とその処理，「ゾンビ企業」の温存，シャド

一・バンキングの介在，等々に象徴される金融危機と実体経済危機との連鎖を断ち切るための改革が求められているのである．

(2) 人民元国際化の到達点と国際化のための戦略

人民元の国際化は2000年代の後半以降，リーマン・ショック以前から，ある意味では計画的かつ，用意周到に進められてきた．まず09-10年にかけて，貿易決済に人民元を利用するための規制緩和に着手している．これは世界経済危機の震源がアメリカ発の金融危機にあったことから，ドル建て貿易取引偏重のリスクとドル外貨準備偏重への不安が改めて浮上し，人民元建て決済網の整備を急いだ形跡が見られる．当初その空間的領域については中国と国境を接する周辺国・地域が人民元流通・決済の実験の舞台として限定されていたが，続いて香港・上海を自由貿易特区として位置づけ，金融自由化，人民元国際化の実験場として規制緩和を進めてきたのである．現時点でその地域的な規制緩和の対象は，東南アジア諸国，日本，さらにアジア太平洋，ヨーロッパにまで拡大している．

人民元国際化の足取りを振り返ってみると，まず機能面で，第1段階として貿易取引における人民元の利用を拡大する（契約通貨・決済通貨としての機能），第2段階として資本取引で人民元建て国際債の起債・流通市場の育成・拡大をめざし（投資通貨機能），資本取引に関する規制については時間をかけて撤廃する，第3段階で外国・地域との間で人民元建ての通貨交換協定を結び，外貨準備における人民元保有残高を増やす（準備通貨機能）という戦略が見て取れる．

この中で第2段階の資本取引の自由化は，中国自身のステップというより，海外からの大きな圧力の下にある論点である．この問題については，2012年2月に中国人民銀行が資本取引の自由化に関する3段階のロードマップを報告書として公表しているが，それによれば，①1-3年以内：人民元建ての対内・対外直接投資を全面解禁→②3-5年以内：貿易など実需に絡む人民元建て融資の規制緩和（貿易金融の規制緩和）→③5-10年以内：不動産・株

式・債券のクロスボーダー取引の解禁，となっており，現時点（2017 年）は②段階から③段階にいたる最終局面ということになる．

人民元の国際化戦略という表現を用いて整理するとすれば，第1に地域限定的な（それも周辺諸国・地域）国際化から出発し，それを土台として，よりグローバルな国際化（国際通貨化）をめざすというねらいがあるように思われる．すなわち，まずアジア経済に立脚した人民元圏，人民元決済網を整備し，アジアおける地域的国際通貨としての地位を固めようという構想である．

人民元国際化の第2の戦略的特徴は，「双軌性」といわれる点にある．それはまず一方では，中国国内の人民元（CNY）を厳重に管理し（オンショア取引を「隔離し」といっても良い），そのもとで①人民元対ドル変動幅を徐々に拡大しつつ「管理」された変動相場制を維持する，②人民銀行の金融政策の独立性を担保する，またもう一方では，香港以外の海外オフショア市場での人民元（CNH）取引については，取引主体に優先順位をつけながら取捨選択し，漸次的・段階的に推進する，というものである．

そうであるとすれば，現時点での人民元は地域的国際通貨からよりグローバルな国際通貨への過渡期に位置づけられるであろう．ただ同時にここまで順調に進んできたかに見える人民元国際化の行程表も，実態的には「市場によって認知された」国際化というより「管理された」国際化と呼ぶのが適切である．後述するように，筆者などは一般論として通貨の「国際化」と「国際通貨化」あるいは「基軸通貨化」とは区別すべきだと考えており，人民元にもそのことが当てはまることを指摘しておきたい[2]．

さて中国国内の金融システム改革と人民元の国際化はどう連繋しているのであろうか．結論を先取りしていえば，国内の金融制度改革（規制された金融システムから金融自由化への転換）と人民元国際化の接点に為替相場制度改革という問題が横たわっていると考える．それは中国の金融システム改革の中核が金利の自由化であり，これと対外資本取引の規制撤廃・自由化とは連動せざるをえないからである．

(3) 世界金融危機後の為替相場改革

　周知のように，中国は固定為替相場制，それもドルペッグ制を長期にわたって維持してきた（1ドル＝約8.28元）が，2005年7月にバスケット・ペッグを参考値とする管理された変動相場制に移行し，対ドルレートを約2％切り上げた．これが中国の為替相場制度改革の転換点になったことは間違いないが，バスケットの構成通貨とウエイトが公表されなかったこともあり，実態としてはドルペッグと変わらないという評価が一般的であった．その後，08年の世界金融危機が中国の通貨・為替危機に波及するという懸念を受けて，08年7月からいったん事実上のドルペッグ制に戻し，10年にそのドルペッグを解除したが，13年6月に再度より柔軟に管理された変動相場制に復帰した．この経緯は一面では確かに対外的要因としての世界金融危機や途上国を巻き込んだ通貨・為替危機の中での紆余曲折であったと捉えることができる．その後，15年6月中旬以降の上海株式市場のバブル崩壊を契機として8月11-13日に相次いで実施された「人民元の切り下げ（ショック）」はリーマン・ショック時とは逆に世界の金融市場を巻き込んで中国発の世界同時株安による金融・通貨危機を惹き起こした．このような為替相場制度の変遷のさなかに09年の人民元建ての貿易決済がスタートしている．

　この間人民元の変動幅の許容範囲は徐々に拡大され，07年5月の段階で基準値から上下0.3％であった範囲を上下0.5％へ，さらに約5年振りに上下1.0％にまで拡大した．この変動幅の拡大を背景として16年初頭の時点で1ドル＝約6.56元にまで下落したが，これはリーマン・ショック直前の07年5月時点と比べると20％強の下落率に相当する．その後，元安傾向には一定の歯止めがかかっているものの，大局的にはそれまで続いてきた人民元高の時代から人民元安への局面転換と捉えてよいであろう．変動幅の拡大自体は中国当局の為替介入における元高容認姿勢という点と，これと関連して実態的に継続していた対ドル連動制の弛緩という姿勢を示すものとも解することができる．その場合でもここ数年の中国の景気急減速という実体経済に生じている変化とのつながりを看過してはならないと思う．

第 7 章　中国の複合危機と人民元国際化　　　201

　中国の為替相場制度の現状は，非常に広義に捉えて「変動相場制」に含められるとしても，実態としてはあくまで「管理された変動相場制」の枠内に留まるものと理解することに異論はないと思う．その実態の一例を示しておく．すなわち，毎営業日の営業開始時間前に中国大手行と外銀大手行14行が，前日16時30分時点の為替相場と銀行ごとに独自に合成した通貨バスケットに対する人民元の変動データをそれぞれ人民銀行に送り，人民銀行が当日の9時15分に「基準値」として公表することとされている．ただこの仕組みが確立するのは15年8月の「人民元安ショック」後のことであるが，人民銀行側が提供されたデータにどこまで従っているのか，どの程度裁量を加えているのかはまだ不透明な部分がある[3]．

　中国の「管理された変動相場制」がこの「基準値」の幅を徐々に拡大する過程にあることは確かだとしても，もう1つの実態としての論点である「ドルペッグ制」と「通貨バスケット参照値制」との関係についてはどうか．すでに触れたように05年の「管理された変動相場制」移行時点では，人民元が依拠する通貨バスケット構成は公表されておらず，これが事実上の「ドルペッグ制」と変わらないのではないかという評価を受けたことも事実である．これについて人民銀行は，「人民元安ショック」を契機として12年末から「CFETS人民元指数」として公表を開始するにいたる．それによれば，バスケットは①米ドル26.4％，②ユーロ21.4％，③日本円14.7％，④オーストラリア・ドル6.3％，など13通貨で構成されている（中国外貨取引センターのデータにもとづく）．この公表は，なるほど中国の為替相場制が事実上の「ドルペッグ」と変わらないという評価に対するアピールにはなっている．しかし同時に，依然として約3兆ドルを抱えるドル建て外貨準備の為替変動リスクへの懸念から，国際流動性のリスク分散効果を考慮しなければならない中国にとっては，人民元相場の変動を対ドルだけで見ることの制約を知らされた結果という面もあろう．

　習近平体制のもとで，従来の投資・外需依存型の経済成長から生産と個人消費主導の内需型経済成長へのシフトをめざしているが，国内の過剰生産能

力の処理は，この国特有の産業・金融構造に規定されて，必ずしも順調に進行しているわけではない．例えば現在，中国の鉄鋼業・石油産業などの過剰生産・過剰資本は，たんに中国経済の景気減速や経済成長の停滞という次元を超えて，そのはけ口が世界経済レベルでの大きな焦点となっている．同時にまたリーマン・ショック後の先進国間における複合危機の長期化は，今度は中国や BRICS の一部の経済危機を起点として，先進諸国の低迷，経済成長率の鈍化にいっそう拍車をかける新たなグローバル危機の様相を見せ始めている．

(4) 「国際金融のトリレンマ」モデルと人民元の国際化

すでに述べたように人民元の国際化は「双軌性」といわれる「二正面戦略」のもとで，しかも為替相場制度としては資本移動規制を残したままの「管理された」変動相場制を維持しながら推進されてきた．この中国の選択がいわゆる「国際金融のトリレンマ」モデル（命題）との関わりで論じられることもしばしば見受けられるので，ここでやや立ち入って言及しておきたい．

一般に「金融政策の独立性（自立性）」「為替相場の安定（通貨の対外価値の安定）」「対外資本取引の自由化」の３つの課題を同時に実現することは困難だとするのが，「国際金融のトリレンマ」命題の核心である．しかしこの命題自体について言えば，３つの選択肢にはそれぞれバリュエーションがありうるので，それぞれが正三角形の頂点を構成しているわけでは決してない．このうち「対外資本取引の自由化」については制度上明瞭に判別しうるが，「金融政策の独立性」と「為替相場の安定」はそれぞれがかなりの政策的裁量の余地を含んだ命題である．とりわけ「為替相場の安定」については「完全なクリーン・フロート」という等値を前提しているのか，中間的な管理フロートをも含めているのか，あるいは対極的に厳格な「固定相場制（ペッグ制）」を想定しているのか，この命題を援用する論者間でも一致しているとは思えない．こうした実際の政策選択の幅を考慮すれば，幾何学的には二等

辺三角形も不等辺三角形もありうるだろう．さらにこのモデルの看過できない限界は基軸通貨国と非基軸通貨国，先進国と途上国という構造を抜きにした一般的命題であるという点にも現れている．現実に即して考えてみよう．

ここでの焦点は中国人民元の国際化である．先に述べたように，現状の人民元国際化の到達段階は，まず人民元建て対内・対外直接投資を自由化し，人民元建て資産の対外取引（金融取引）についてもオフショア市場の枠内で緩やかな自由化を進めつつあるという段階であろう．したがって中国の場合，通常の金融自由化論で導かれる①経常勘定の自由化→②資本勘定の自由化→③グローバルな市場開放（国際的資本移動の完全自由化）という歩みに忠実に沿ったものとはいえない．はたして中国の現状が「対外資本取引の自由化」を犠牲にしているとして，後の二者，すなわち「金融政策の独立性」と「為替相場の安定」の実現を優先できているといえるであろうか．いかに対外的な資本移動規制を維持している（いわゆるホットマネーの規制）としても，超低金利下にある世界的な金融政策環境とアメリカの「利上げ」動向を無視して，中国人民銀行が金融政策の独立性を守りきることには限界があろう．

かつての高度成長を背景に，人民元高が継続され，ピークで4兆ドルを超えた外貨準備高の累積をターゲットにした「チャイナ・バッシング」の横行という時期と大きく異なる現状では，同じく「対外資本取引の自由化」を犠牲にして，あるいは少なくとも後回しにすれば「金融政策の独立性」と「為替相場の安定」との二者は実現可能であると断定できないのではないだろうか．話はそれるが，日本の場合は「対外資本取引の自由化」をすでに1980年代に達成したが，では非伝統的金融緩和政策の継続下で「金融政策の独立性」を犠牲にして「為替相場の安定」を実現しているか，あるいは「為替相場の安定」を犠牲にして「金融政策の独立性」を担保しているといえるであろうか．量的金融緩和を継続させる中で，次々に「追加」緩和を余儀なくされてきた金融政策運営の現実は，「インフレ目標」と「為替相場の安定（＝円高の回避）」との両にらみという宿命から逃れられていない何よりの証左

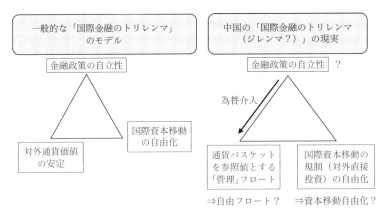

図 7-1 「国際金融のトリレンマ」のモデルと現実

であろう.

　このように「国際金融のトリレンマ」命題は,一般理論としても,特定の時期区分に限定されたモデルとしても曖昧さを残しているという点でなお議論の余地がある.とくに世界経済の中における基軸通貨国対非基軸通貨国,先進国対途上国という非対称的構造が命題の外に置かれている点に留意する必要がある.中国の人民元国際化への取り組みと,対外資本取引の規制をなお残していることとの矛盾を指摘するのは容易であるが,それは「国際金融のトリレンマ」命題を基準として評価することの妥当性を意味するものではないと思われる[4].

3. 新しい国際金融システムと AIIB の設立

　AIIB 設立の背景として,まず第 1 に,言うまでもなく 2008 年の世界金融危機の勃発が震源地ではない中国をはじめとする新興国・途上国を巻き込んだことに対する危機感,ドル体制への不信感が指摘できる.この危機後,英米流の「経済の金融化」に対する新興国の立場の強化を受けて,G7 から G20 へ国際協議の舞台が拡大したことも重要な転換点となった.

第7章 中国の複合危機と人民元国際化　　205

　第2に，リーマン・ショック直後の2010年の時点で，IMFは出資比率における新興国出資率の改定（「クォーター改革」）に合意していたにもかかわらず，事実上の「単独拒否権」を持つアメリカの議会承認が得られず，15年末まで宙に浮くことになった点が挙げられる．これによって中国をリーダーとする新興国はまず既存のIMF体制の枠内で影響力を強化するという期待が裏切られるという懸念を抱いたのである．AIIBの「前身」ともいえるBRICS銀行の設立が10年7月であったことは象徴的である．

　そして第3に，2009年3月に人民銀行周小川総裁の論文が公表され，多くの論議を呼んだことも看過することはできない．この論文に対しては，筆者の見る限り，中国のナショナル・インタレスト，あるいは人民元国際化への戦略的視点から評価ないし批判する論調が多かった．むろんその視点を否定することはできないが，まず国際通貨・国際金融史の視点からその意義を再確認しておく必要がある．

　まず，ドル基軸通貨体制下で発生した世界金融危機から得た教訓という流れの中で，長期にわたって基軸通貨の座を単一の国民通貨が兼ねることの非合理性を指摘したこと，すなわち，直接的なドル体制批判というより，特定国通貨に頼る単独基軸通貨体制への批判を行ったものと捉えるべきである．ドルに代わって人民元がグローバルな基軸通貨の座を占めるという展望を持っているかどうか，またそれが現実的かどうかは別にして，この点の指摘は重要である．

　もうひとつは，その認識の上に立ってSDR改革構想が提起されている点である．SDR改革の具体的展望についての限界はあるが，特定国通貨に依存する基軸通貨体制への対案（多極的基軸通貨構想）の1つと考えると，これまでのSDRに関する様々な議論の蓄積に照らしても，あながち非合理な提起とはいえないであろう．少なくとも，上述したIMF出資比率改訂問題と，後に言及するような人民元のSDR構成通貨入りの問題とは切り分けておきたい．その理由は人民元の国際化と国際通貨化（基軸通貨化？）とは位相を異にする概念であるということに関係している．

さて，2015 年 4 月 7 日の G20 の共同声明で，IMF 議決権改革の実現へ向けてアメリカの批准を「強く促す」ことが明記され，同年 12 月 18 日に米議会上下両院で IMF 出資比率変更（新興国の出資比率引き上げ）が承認された．この過程では，今後の国際金融システムの中に中国をどう位置づけるべきかを巡って，これまでのワシントン・コンセンサス（IMF vs 米国）の足並みに乱れ（IMF・ヨーロッパ vs アメリカ？）が生じているように見える．換言すれば，オバマ政権下のアメリカが議会承認を取り付けた背景のひとつとして，アメリカが人民元建ての証券投資に必要な資格認定（人民元適格外国人機関投資家）を中国から初めて獲得（投資枠は 2500 億元，約 4 兆円で香港以外では最大の枠）したことも影響しているように思われる．ともかくこの結果，アメリカ（17.66% から 17.44% へ）をはじめとして，G7 から途上国へ出資比率が 6% 移動し，南アフリカを除く BRIC 4 カ国の出資比率合計は 10.72% から 14.17% となった．この出資比率の改定問題に限って見ると，世界の GDP に占める新興国・途上国の割合の増加という明瞭な基準を前提とする限り当然のことであった．これまでの国際金融秩序に固執するアメリカなどの先進国の先延ばし戦略にはもともと無理があったと言わねばならない．

　AIIB に加盟したヨーロッパ諸国の中でも，いち早く参加を決定したイギリスへの中国の接近が目立っている．この背景には，香港金融市場を中心として人民元国際化の拠点づくりとすることの限界・制約から，ロンドン金融市場のノウハウ等を活用し，これと連繋して本土の上海金融市場を国際金融市場に育成したいというねらいがあると思われる．人民元建て取引の解禁を梃子としたヨーロッパ開発銀行への中国の加盟も，こうしたヨーロッパを足場とした人民元国際化への拠点づくりの一環と見ることもできる．他方では，2017 年以降本格化している「ブレグジット」の交渉過程で，これまでロンドン金融市場が独占してきたユーロ建て取引をめぐるイギリスと EU との対抗関係も伝えられている．このことが，今後の人民元国際化プログラムにとって，ロンドン金融市場との関わりがどんな影響をもたらすかという論点も

見逃すことはできないであろう．

4. SDR 構成通貨の改訂と人民元国際化の行方

　これまでのような人民元高の為替相場，外貨準備（ドル準備）の増大傾向を前提とした人民元国際化から，世界金融危機後の人民元安への転換，それを阻止するための為替介入を含む外貨準備（ドル準備）の減少という状況に直面する中で，今後人民元の国際化の歩みはどう展開されていくかが以下での焦点となる．

　すでに述べたとおり，IMF の出資比率の改定問題と SDR 構成通貨の改革・ウエイトの変更とを，ともに BRICS をはじめとする新興国の世界経済における影響力が上昇したことの反映だとみること自体は間違っていない．同時に国際通貨論や国際金融システムの視点からみると後者，すなわち人民元の SDR 構成通貨入りの問題にはかなりの検討余地が含まれているのも確かである．

　IMF における 5 年に一度の SDR 再評価では，2010 年の段階で人民元の構成通貨としての採用も議論されたが，取引の自由度が不十分であるとして見送られていた．重要な転換点になったのは，15 年の G20 の場で，それ以前に設立が決定していた AIIB の創設メンバー国の英独当局者が，人民元の SDR 構成通貨採用を支持する見解を表明したことである．

　すでに指摘したとおり，IMF の出資比率改定の条件に比べて，この SDR 構成通貨およびウエイトの改定の条件は曖昧であり，IMF 理事会に裁量の余地があると言われている[5]．一般的な条件としては，(1)「自由利用通貨」(freely usable currency) であること，(2)当該国の貿易額（輸出額）が世界上位であること，があげられる．中国人民元については，現在，世界の輸出額で中国はユーロ圏に次いで第 2 位であり(2)の条件は十分に充たしている．問題は(1)の条件であろう．

　この「自由利用可能通貨」とは第 1 に国際決済通貨として広範に利用され

表7-1　SDR の構成通貨とそのウエイト

2016 年 9 月まで			2016 年 10 月以降		
	構成通貨	ウエイト(%)		構成通貨	ウエイト(%)
1	米ドル	41.9	1	米ドル	41.43
2	ユーロ	37.4	2	ユーロ	30.93
3	英ポンド	11.3	3	人民元	10.92
4	日本円	9.4	4	日本円	8.33
			5	英ポンド	8.09

ている，第 2 に外為市場で広範に利用されている通貨をさす．ただしこの「自由利用可能通貨」の定義と為替相場制度の選択とは直結させない．そこで「広範に利用されている通貨」の判断基準として，①世界各国の外貨準備高のシェア，②クロスボーダーの銀行貸出に使用されている通貨のウエイト，③国際債発行額の通貨別シェア，④国際決済と貿易金融での通貨別シェアなどが考慮されるという．IMF の評価でも人民元の場合はこれらの基準で現在 7 位〜11 位程度で国際通貨として第 5 位に位置しているとはいえない．

例えば，各中銀の外貨準備高の通貨別構成比を見ると，人民元は 2014 年末で 1.1％（第 7 位），15 年 6 月末で 1.2％（第 7 位）である．また世界の国際貿易決済取引で使用される通貨別構成比を見ると，人民元は 12 年 9 月で 0.5％（第 5 位），15 年 9 月で 2.5％（第 5 位）となっているが，その他の②や③の基準では人民元のランクはさらに下がる[6]．

　ところが，今回 IMF 理事会で示された「新基準」によると，実体経済の指標としての輸出額（50％），金融指標としての外貨準備の他に外為市場における取引高，国際的債権・債務残高を指標に加え，それぞれ 16.7％ ずつを加算することにした．今回の 2015 年末時点での SDR 構成通貨の改定・見直しにあたっては，従来の 4 通貨構成から 16 年 10 月実施の 5 通貨構成（米ドル・ユーロ・英ポンド・日本円に加えて中国人民元の 5 通貨）に変更しただけでなく，同時に構成通貨のウエイト算出方法まで改訂したという点に留意する必要がある．IMF によれば，5 通貨構成後の新しいウエイト算出方式で，①米ドル 41.73％，②ユーロ 30.93％，③人民元 10.92％，④日本

円 8.33％，⑤英ポンド 8.09％ となり[7]，想定外の結果になったといえる．先進国の通貨ではなく新興国とはいえ，途上国の通貨が SDR の構成通貨となったことは IMF の歴史上特筆すべき変化であろう．

この経緯に関して，IMF 理事会の裁量権の大きさには改めて驚くが，実体経済面での世界経済・世界貿易における中国経済の比重の急拡大はもちろん無視できない．それにしても，結果的に人民元は IMF によって金融取引・国際決済面での評価を加えて，円やポンドをしのぐ第 3 の国際通貨としての地位と評価を得たことになる．いくら人民元の国際通貨としての役割が上昇するという「期待値」が高いからといっても，国際通貨システムや国際金融市場の現状に照らして時期尚早ではないかという危惧もある．米中間の国際政治的駆け引きの場を通じて相当の「下駄」をはかせたと感じるのは筆者だけであろうか[8]．

本稿で強調しているように，人民元の国際化と国際通貨化との間には位相の違いはもとより，相当な時系列上の差が含まれていると考えられる．人民元の SDR 構成通貨入りは中国にとって歓迎すべきことではあろうが，IMFとすれば中国に残る金融・資本取引の規制を撤廃させ，資本取引の自由化を迫る切り札として利用したい意図も透けてみえる．まずは IMF 加盟国が人民元建てで借入れを増大するかどうかが焦点となろう．この点に関連する最近の動きとして，中国国家開発銀行などに先駆けて，2016 年 8 月末に世界銀行が上海に拠点を置く銀行を引受先として SDR 建て債を発行する（発行額 5 億 SDR）ことを決定した．ただし中国の思惑どおりに SDR 債に対する投資家の需要が集まるかどうかは留保がつく．この点も含めて中国人民元の SDR 構成通貨入りという国際通貨・金融史上の転換点が，他方での資本取引の自由化にはゆっくりと時間をかけながら，二正面的に進めてきた人民元国際化の「追い風」となるかどうかは慎重に見極めなければならない．ただ，上述したように，中国の「管理された」変動為替相場制の内実が「ドルペッグ」から「通貨バスケット参照値」に基づく変動相場制へ確実にシフトする流れは，この人民元の SDR 構成通貨入りによって変えられない方向と

なったように思われる．

そこで中国通貨当局の通貨・為替政策の選択肢として人民元安をある程度容認しつつある背景について述べておきたい．トランプ政権による対中貿易赤字を根拠とした「管理された人民元相場」への批判はともかくとして，現実に中国人民銀行は積み上げてきた外貨準備を取り崩して，ドル売り・人民元買いという市場介入を漸次続けているように思われる．積み上げられてきた中国の資本取引規制に対する暫時的な緩和にもかかわらず，アメリカの量的緩和終了から利上げへの金融政策の転換に伴い，巨額の資本流出を放置できない当局が再び資本規制を強めざるをえないことも明らかになっている．リーマン・ショック以降の超低金利・非伝統的金融政策の長期化のもとで世界の金融市場を席巻するマネーの膨張と収縮とが，人民元相場を否応なく揺さぶっているのである．中国通貨当局は国内的な金融制度改革が遅々として進まない中，グローバルな金融資本主義の進展への対応にジレンマを感じているはずである．この点では，やや時期尚早だと指摘してきた人民元のSDR構成通貨入りもプレッシャーとして作用しているように思われる．だがともかく，人民元が国際通貨としての市場の信認を確保しつつ，これまでに築き上げてきた人民元の国際化戦略をさらに進めることができるかどうかが注目に値する．

5. AIIBのスタートと人民元国際化

2016年1月に57カ国の参加で開業したAIIB（アジアインフラ投資銀行）は，17年6月の第2次年次総会時点で加盟国を急速に拡大して80カ国・地域に達している．G7で不参加国は日米だけとなった．ただ設立当初の中国主導の構想と比べるとやや軌道修正もうかがえる．第1に，開業からこの第2次総会までに決定された16の融資案件，総融資額約25億ドルのうち，AIIBの単独融資はわずか4件，残りは世銀やアジア開銀などとの協調融資12件で，約19億ドル弱を占めている．この現状は，AIIB単独融資では国

際的な信用力を担保できずその補充を行う必要があること，またかねてより危惧されていた開発金融の案件審査に伴う人材不足などが深刻であることを物語っている．設立のねらいのひとつといわれていた既存の国際金融システムや金融秩序への挑戦という思惑がやや後退し，業務基盤の構築を優先しようという配慮もうかがえる．

第2に，すでに触れたように，AIIB はもうひとつの「一帯一路」構想を推進するいわば両輪として位置づけられていたはずであった．しかし実際には，初代総裁の金立群氏は「AIIB は一帯一路の手段ではない」ことを繰り返さざるをえなくなっている．

これらの点を考慮すれば，AIIB が中国主導の国際金融機関であるというカラーを当面抑制しようとするのは，信認（格付け）の取得による資金調達力の向上を優先し（世銀や ADB はトリプル A 格であるが，AIIB も 2017年6月末に米格付け会社ムーディーズからトリプル A 格を獲得した），日米を巻き込んで人材育成に注力したいという喫緊の課題を抱えていることと表裏一体のものであろう．多くの国際金融・開発機関が併存する中で，ともすれば政治的思惑が優先されかねない．同時に 16 年以降 15 年間にアジアでのインフラ需要は，26 兆ドル（ADB による試算）という巨額の規模が想定されているように，透明性をもって需要サイドのニーズにどう応えうるかがすべての国際金融機関にとって大切であることは明白である．

6. 資本移動規制と国際化戦略のジレンマ

2015 年夏の人民元安が世界の金融市場に与えたチャイナ・ショックは為替危機の連鎖がおさまりつつある中で小康状態を見せている．中国通貨当局は人民元下落と外貨準備の減少に歯止めがかかったと見ているようである．そうだとしてもアメリカの利上げ局面が明瞭になってくれば，人民元安，資本流出への対応として当局の為替介入が十分に予想される．一方では，14年以降に顕在化した中国の実体経済にのしかかる過剰投資・過剰生産の副作

用はいまだ一掃されていない．その副作用の中でも民間非金融部門を中心とした過剰債務の処理の遅れは国有銀行を中核としてきた金融仲介機能の低下を招いている．

　すでに言及した「国際金融のトリレンマ」命題にかかわらせていえば，現在の中国では，これまで優先的に取り組んできた人民元の国際化の過程で資本移動規制の完全撤廃・自由化という政策目標を後回しにしても，なおグローバルな金融経済のもとでは金融政策の独立性と通貨の安定（ただしこれが自由フロート制への移行と直結するかどうかは別にして）という残る２つの命題さえ同時達成させることが困難な状況下にあるといえる．そしてこの状況を生み出しているのは，必ずしも硬直的な為替相場制への固執だけが原因ではないだろう．すなわち，一方で消費需要を軸とした内需型経済への構造改革（「新常態」への移行）の遅れと，他方で超低金利下での先進国の金融政策の方向性のズレがもたらす中国自身の金融政策上の選択の困難，つまり，2015 年 8 月のような人民元安を回避させることを優先させる結果として，金融緩和への制約に直面していることによるものである．したがって中国にとっての「トリレンマ」問題は 1 つを犠牲にすれば残りの 2 つの命題は実現できるという安易なものではなく，同時に三正面対応を迫られる厳しい選択になるかもしれないのである．くり返しになるが，「国際金融のトリレンマ」命題については，中国のケースに限らず，一方でグローバル経済に組み込まれながら，他方で国際通貨体制と金融システムに歴然と残る非対称的構造を考慮し，各国経済の政策選択のバリュエーションを踏まえた適用と評価が必要であろう．

　ともかくも高度成長を続け，国際収支の均衡と豊富な外貨準備に守られてひとまず国内の金融制度改革と経済構造の近代化から切り離す形で人民元の国際化戦略を進めてきた状況は一変しつつある．中国の実体経済の様々なリスクの集積と長期化とによって，人民元国際化も一定の軌道修正を余儀なくされるかもしれない．確かに「一帯一路」構想の推進と BRICS 銀行の設立，IMF 出資比率の増加や人民元の SDR 構成通貨入りは，国際金融システムへ

の発言権の拡大を担保するという中国にとっての国際政治・経済上の戦略的「成果」であろう．しかし，この「成果」は同時に，先送りしてきた対外資本取引の完全自由化と，より柔軟な変動為替相場制度への移行を迫る対外的圧力でもある．

　先進国・途上国を問わずグローバル経済の中で中国依存を深めてきたリスクはグローバル経済そのものを行き詰まりに悩む先進国にも跳ね返らざるをえない．中国経済が抱える構造的過剰生産危機は，中国経済とますます依存関係を深めつつある東南アジア諸国を巻き込んで世界経済リスクにまで拡大するリスク，すなわち「チャイナ・リスク」を依然として抱えている．アメリカに替わって先進諸国の中に世界経済を主導する国・地域が見いだせない現状にあって，存在感を増す中国の国際政治・経済へ関わる姿勢も問われざるをえないだろう．

　　注
1)　『世界国勢図会』2017/18，第 28 版，矢野記念会発行による．
2)　奥田（2016）では，人民元の国際化の現状を小論と同じく「管理された国際化」として把握し，「管理された国際化」の今後の論点について，①ドル準備の対応の問題，②人民元相場の管理と資本移動自由化の相克，③オフショアとオンショアの二重の人民元相場形成による「裁定取引」の過渡期的役割，④オフショア市場としての香港の特殊性と為替リスクの問題，⑤「管理された国際化」が「本来の国際通貨化」へ向かう可能性，を指摘している．参照されたい．
3)　2017 年 6 月 22 日付の日本経済新聞によれば，人民銀行は人民元の対ドル相場の基準値の新しい算出方法について，「激変緩和要素」を新たに加えたものに変えたという．中国の為替相場がより「管理された」変動相場制の色彩を強め，市場化に逆行する可能性を示すものといえよう．
4)　この点に関連して，鳥谷（2015）の以下の指摘は重要である．「変動相場制移行を必要条件とする自由な国際資本移動を実現したからといって，『国際金融のトリレンマ』命題が指示しているとおり，独立した金融政策が実現できるとか，ましてや中国の金融経済の舵取りが平易になるというものでは決してないことである．逆である．変動する金利・為替相場は米ドル建て国際短期資本移動の奔流に晒され，中国の金融経済はむしろ投機の格好の標的になるかもしれない．」
5)　以下の SDR 構成通貨の算出方式については伊藤（2015）を参照のこと．
6)　「国際銀行間通信協会」（SWIFT）のデータにもとづく．

7) IMF, 'Review of the Method of Valuation of the SDR', Sep. 30, 2016.

8) IMF は 90 年代のアジア通貨・金融危機への対応の反省の上に立って，とくに途上国の対外資本移動の自由化については，一時的，段階的にその規制の意義を認めるにいたっている．ところが，他方では人民元の SDR 構成通貨採用決定以前の 15 年 8 月 14 日に公表した「中国に対する年次審査報告書」の中で，3 年以内に為替相場介入を抑制しつつ，実質的な変動相場制への移行を促すことを提言した．しかし，文中でも言及したように，15 年末に最終的に人民元を SDR 構成通貨に採用するさいの「基準」・「資格要件」として中国の為替相場制度の改革とを直結させなかったという経緯がある．

参考文献

伊藤隆俊 (2015)，「人民元 SDR 構成通貨に⑦ IMF，中国の成長性評価」，日本経済新聞 2015 年 12 月 17 日付．

奥田宏司 (2016)，「人民元の現状と『管理された国際化』」『立命館国際地域研究』第 43 号．

梶谷懐 (2016)，「不透明感増す中国経済(上)　硬直的な為替制度を見直せ」『日本経済新聞』2 月 23 日付．

柯隆 (2014)，「中国の外貨管理制度改革の現状と人民元国際化のロードマップ」『金融財政事情』10 月 17 日号．

清水聡 (2015)，「人民元の国際化の現状と展望」『国際金融』1273 号．

──── (2017)，「資本流出に対して中国に求められる政策対応」『国際金融』1297 号．

関志雄 (2015)，『中国「新常態」の経済』日本経済新聞出版社．

中国人民大学国際通貨研究所 (2013)，『人民元　国際化への挑戦』(石橋春男・橋口宏行監修，岩谷貴久子・古川智子訳)，科学出版社東京．

──── (2016)，『人民元 II　進む国際化戦略』(石橋春男・橋口宏行監修，岩谷貴久子訳)，科学出版社東京．

露口洋介 (2012)，「中国人民元の国際化と対外国際通貨戦略」『国際金融』1234 号．

童適平 (2012)，「中国における債券市場の整備と最近の動き」『証券経済研究』第 79 号．

鳥谷一生 (2014)，「中国金融経済システムの構造問題と不動産バブル崩壊の予兆──金融『自由化』の経済学」京都女子大『現代社会研究』Vol. 17.

──── (2015)，「中国・金融『自由化』と人民元『国際化』の政治経済学──『米ドル本位制』への挑戦のための前哨」『同志社商学』第 66 巻 6 号．

──── (2016)，「構造調整に直面する中国の金融経済と国際金融政策の展開──軋む金融経済システムと対外収支の悪化の中で」京都女子大大学院『現代社会研究科論集』第 10 号．

内閣府 (2016)，『世界経済の潮流 2016 I』．

中條誠一 (2015)，「中国はどのように人民元を国際化するのか(上)(下)」『国際金

融』1270 号，1271 号．

日本銀行北京事務所（2014），「中国のシャドーバンキング」『にちぎん』No. 38.

福光寛（2014），「中国のシャドーバンキングをどうとらえるか——さまざまな定義の併存肯定説と中小企業金融への貢献説」，『成城大学経済研究所研究報告』68 号．

真壁昭夫（2015），『AIIB の正体』祥伝社新書．

村瀬哲司（2011），「人民元市場の内外分離政策と『管理された』国際化～国際金融秩序への挑戦～」『国際金融経済論考』第 2 号，公益財団法人国際通貨研究所．

村田雅志（2016），『人民元切り下げ』東洋経済新報社．

山下英次（2015），「アジア・インフラ投資銀行（AIIB）を考える——日本が新たな国際金融システムを構想するときが来た」『国際金融』1276 号．

李立栄（2013a），「シャドーバンキングの実態と規制強化の方向性」，*Japan Research Institute Review*, No. 6.

——————（2013b）「シャドーバンキングの金融仲介と規制強化の方向性」，『証券経済研究』83 号．

第8章
新興国の複合危機

木 村 秀 史

1. 今日の新興国複合危機の構図と3つの要因

　複合的に生じる危機は今日の新興国でも例外ではない．新興国でもいくつかの危機が重なって，それが連鎖的に他の危機に飛び火していく構図である．同時に，危機に結びつく背景も多様化している．その1つが経済のグローバル化である．今日の新興国経済はグローバル化の中に組み込まれ，良くも悪くもその影響を受けるようになった．いまひとつは金融のグローバル化と金融の肥大化である．世界を駆け巡る膨大な投資マネーが新興国経済に影響を与えるのみならず，資源国経済の生命線ともいえる資源市場にも影響を及ぼしている．このような世界経済における2つの変化が，新興国経済危機の性格を変容させ，新たな危機の芽を形成しているのである．

　このような背景の下で，新興国の経済危機に繋がる具体的な要因は，主に次の3つである．その1つが「貿易」である．新興国にとっては，購買力の大きい先進国への輸出が増えるか減るかは今も昔も一大関心事である．加えて，最近では，巨大な消費市場となった中国への輸出も新興国経済にとって重要になりつつある．今日のグローバル経済では，先進国と新興国（あるいは途上国）という単純な構図だけではなく，中国を中心とした新興国間の結びつきも見逃すことはできない．

　2つ目は，「金融のグローバル化と先進国の金融政策」である．近年，新興国でも資本移動規制の緩和が進められたことで，グローバルな投資マネー

218

が新興国経済に大きな影響を与えるようになった．為替市場の規模が小さい新興国は，このような活発な国際資本移動の影響に晒されやすい．加えて，そのようなマネーが先進国，とりわけアメリカの金融政策に大きく影響されるので，それに対応する必要性から，新興国の為替政策や金融政策の自立性は大きく損なわれている．このため，新興国は国内実体経済と乖離する金利水準を受け入れざるを得ない．本章では，このことを新興国の「金利危機」と呼んでいる．

そして，最後に挙げられるのは「資源価格」である．新興国経済が先進国経済と大きく異なるのは，資源の輸出に依存する国が多いという点である．それゆえに，資源価格や輸出量は資源国のマクロ経済環境に影響を及ぼし，それが行き過ぎれば危機となって実体経済に多大な負担を強いることになる．

ここで挙げた3つのファクターは，それぞれが独立しているわけではない．これらが相互にグローバルに関係し合いながら国際収支危機，資源価格の危機，財政危機，通貨危機，金利危機，債務危機，そして実体経済の危機といったような複合危機に発展する可能性を孕んでいる．したがって，本章では最初に各ファクターと新興国経済との関係を個別に検討し，最後にこれらを総合的に捉えながら，新興国複合危機の諸相を明らかにする．分析の対象期間は，世界金融危機前後から今日までが中心となるが，必要であれば適宜，2000年代初頭から取り上げることにする．

2. グローバル経済下における新興国貿易の変容

(1) 新興国における先進国との貿易の重要性の低下

これまで先進国の経済が停滞すると，それが新興国を含む世界経済へ波及し同時不況に陥ると考えられてきた．これは世界経済に占める先進国市場の規模が圧倒的に大きいためである．この意味で，先進国と新興国の経済的結びつきは，貿易を通じて一定程度の関連性を持っているといえる．実際のところ，世界金融危機以前では好調を維持する先進国経済に歩調を合わせるか

のように，新興国の輸出が拡大し経済も急成長を遂げた．

しかし，世界金融危機によって先進国経済が軒並み苦境に陥る中，新興国が堅調に成長し続けたことで，デカップリング論が叫ばれるようになった．世界経済の成長エンジンが新興国にシフトしたのではないかとの論調さえ見られた．確かに，先進国が軒並みマイナス成長に陥る中，中国とインドは10％近い成長を続けていたし，実際にも世界経済を一定程度牽引する役割を果たした[1]．

ところが，このような状況は長続きせず，金融危機から立ち直ったアメリカや日本の景気が比較的好調となる中で，新興国経済は好調であったりそうではなかったりと一様ではない．世界金融危機の直後は確かにデカップリング的な状況が成立したように見えたが，今日ではそのような構図が必ずしも明瞭であるとはいえない．

先進国と新興国のカップリング・デカップリング論をどう整理すべきか．その起点になるのはやはり貿易であろう．そこで，図8-1で経済の規模（GDP）に対する先進国[2]と新興国[3]のグループ間輸出額の大きさを捉えて

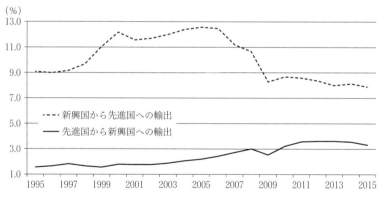

注：1）「先進国から新興国への輸出」は輸出額を先進国のGDP合計で除したもので，同様に「新興国から先進国への輸出」は新興国のGDP合計で除している．
　　2）FOBベース．
出所：IMF, Direction of Trade Statistics. 及び World Bank, World Development Indicators. より作成．

図8-1　先進国と新興国におけるグループ間輸出の依存度

みた．これは各グループの相手グループへの輸出依存度を示すものであると同時に，そのことが各グループ経済に与える影響の大きさをも表している．依存度が高ければ，輸出先の国々の景気が輸出国の経済に与える影響が大きいということである．まず，「先進国の新興国への輸出」と「新興国の先進国への輸出」の絶対水準を見比べてみると，明らかに前者よりも後者の方が高いことが分かる．前者は2000年代初頭から直近までのところで，およそ2〜3％程度であるが，後者では2000年代初頭に11％を超え，直近でも8％程度と高い水準にある．これは明らかに先進国の新興国への依存度よりも，新興国の先進国への依存度の方が高いことを意味している．つまり，新興国にとって先進国市場は未だに重要な市場なのである．

　ところが，およそ20年間の時系列的な変化を見てみると，先進国グループと新興国グループでは明らかに異なる傾向を示している．先進国では新興国への輸出依存度がゆるやかに高まってきているのに対して，新興国では先進国への輸出依存の低下傾向が見て取れるのである．新興国の対先進国輸出依存度はとりわけリーマン・ショック以降に大きく落ち込んだが，その後も回復することなく低下傾向を示している．つまり，このような事態は，先進国にとって輸出市場としての新興国の重要性が高まる傾向にあるのに対して，新興国にとっての先進国市場の重要性が薄れつつあることを意味している．これは，次項で詳述するように，新興国の中間層の台頭による内需の拡大が自立的な成長パターンを強めていることに加えて，新興国間貿易を大きく拡大させているためである．

　これまでは先進国が世界の成長エンジンとして新興国の景気動向を左右してきた．しかし，今後は中長期的な新興国経済の自立性の拡大により，先進国の景気動向に左右されにくい構造に徐々に変容していくだろう．すなわち，一方が一方の景気を規定するのではなく，両者が相互依存の関係にバランスしていく構図である．

　ただし，先の世界金融危機直後に見られた先進国と新興国のデカップリングに限っていえば，このような貿易構造の変化が主要因というわけではない．

第 8 章　新興国の複合危機　　　221

例えば，中国はリーマン・ショックの際に 4 兆元という巨大な財政資金を投じて景気対策を行っており，このことが危機による輸出の減少を半強制的に相殺した．加えて，CDO（債務担保証券）や MBS（モーゲージ担保証券）といったような証券化商品の直接のエクスポージャーはアメリカとヨーロッパの銀行に集中しており，新興国の金融システムに与える直接的な影響は軽微であった．中国経済やインド経済の当時のデカップリングは，こうした特殊要因や政策対応によるものが大きく作用したと考えるべきである[4]．

(2)　新興国間貿易の拡大

今日のカップリング・デカップリング論については，先進国と新興国という構図だけでは捉えきれなくなってきている．経済成長によって新興国市場の規模や購買力が拡大しており，その結果，新興国間の経済的結びつきも強まっているからである．表 8-1 は，2000-15 年における各グループ間の輸出の増加率を示したものである．これによると，先にみた先進国と新興国間の貿易よりも，新興国間の貿易の伸び率の方が大きいことが分かる．この間の輸出の年平均伸び率は「先進国から新興国への輸出」が 8.1%，「新興国から先進国への輸出」が 8.7% であるのに対して，「新興国から新興国への輸出」は 17.7% である．さらに，2000 年では「新興国から先進国への輸出」は「新興国から新興国への輸出」の約 5.4 倍であったが，2015 年ではその差は約 1.7 倍にまで縮小している．新興国経済にとっての新興国間貿易の依存度についても同じような結果を見て取れる（図 8-2）．世界金融危機以後は伸び悩んではいるものの，2000 年～直近までの期間で見れば新興国から新興

表 8-1　各グループ間の貿易額の推移と増加率

	2000 年	2015 年	増加率(2000-15 年)
先進国から新興国への輸出	3917 億ドル	1 兆 1301 億ドル	188%
新興国から先進国への輸出	5338 億ドル	1 兆 6581 億ドル	211%
新興国から新興国への輸出	986 億ドル	9476 億ドル	861%

注：FOB ベース．
出所：IMF, Direction of Trade Statistics. より作成．

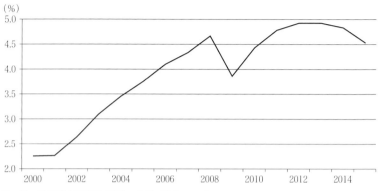

注：1) 輸出額を新興国GDPの合計で除している．
　　2) FOBベース．
出所：IMF Data, DOT. World Bank, World Development Indicators. より作成．

図 8-2　新興国間輸出の依存度

国への輸出の依存度は大きく拡大している．

　これらのことから分かるように，新興国間貿易はとりわけ2000年代以降に大きく拡大しており，新興国にとっての新興国向け輸出の重要性は先進国向け輸出と同程度にその重要性を増してきているのである．今日の新興国にとって先進国は引き続き重要な市場であることに変わりはないが，新興国間貿易の重要性も高まっている点を考慮すれば，新興国の景気が新興国経済に影響を与えるような構図に変容しつつあるといえよう．実際のところ，近年の中国経済の動向が新興国経済のパフォーマンスに大きな影響を与えていることは自明のことである．

　では，新興国間貿易が拡大したのは何故か．その1つに，とりわけ東アジア諸国の製造業で国際分業によるサプライチェーンが形成されていることが挙げられるだろう．経済のグローバル化を考えると，このような国際分業の構造は今後も続くものと思われる．しかしながら，それだけではない．最終消費地としての新興国の役割も見逃せないだろう．この背景には，高い経済成長によって新興国の中間層が増えたことが挙げられる．一般的に一定の購買力を有する中間層が厚い社会では，経済全体の購買力が大きいため消費の

規模も大きい．一方，格差の大きい社会では，巨大な購買力を有するが人数が少ない富裕層と，必要以下の購買力しか持たない貧困層に分かれるため，経済全体の消費規模は小さくなる．このことは中間層が充実している国ほど，世界の市場として機能することを意味している．カラス（Kharas, H.）によると，1日10〜100ドルの所得のある個人（購買力平価ベース）で定義されるグローバル中間層は，2009年時点で世界に約18億人存在している．これらグローバル中間層の消費のシェアでは，北米が26%，ヨーロッパが38%，アジアが23%であり，今のところ先進国が圧倒的な購買力を有していることになる．しかし，今後のアジアの成長に伴い，アジアのグローバル中間層による消費のシェアは2020年で42%，2030年には59%にまで拡大する可能性があると予測している[5]．これは，かなり楽観的なシナリオに基づくものであるが，それでもアジアを中心とする新興国の中間層が中長期的に増えていくとする点については，現在の世界経済のトレンドを見る限りでは一定程度の説得力がある．このようなことから，新興国同士のカップリングが強まり，さらに先進国の新興国依存の傾向が徐々に強まる可能性は否定できないのである．加えて，今後，新興国で高まっていくインフラ需要の面も考慮すると，世界の市場，そして成長エンジンとしての新興国の役割はより高まっていくものと思われる．

　その一方で，先進国の世界の市場としての役割は相対的な低下が避けられないだろう．それは，成熟経済が直面する成長率の低下ということに加えて，国内の格差が著しく広がっているとの事情もある．とりわけ，アメリカでは1980年代頃からの新自由主義的な政策の下で格差が急速に拡大している．この傾向はアメリカに限らず日欧でも同じであり，世界の市場としての先進国の役割が中長期的に後退する可能性は否定できない．

　以上のことから，経済のグローバル化の下，新興国は貿易を通じて世界市場と深く結びついており，先進国のみならず新興国それ自身の影響も大きく受けるようになってきている．新興国の複合危機を考える際の1つの重要なファクターである実体経済的側面，すなわち貿易を通じた危機の波及ルート

は，少しずつその姿を変えているといって良いだろう．つまり，新興国の経済危機につながる実体経済的側面は，これまでのように先進国の景気動向だけに左右されるのではなく，新興国グループそのものによっても影響を受けざるを得ないということである．同時に，これは新興国経済の先進国経済からの相対的な自立でもあるだろう．今後の新興国経済危機の波及ルートを考える際には，このような世界経済の構造的変容を念頭に置いておく必要がある．

3. 新興国通貨と先進国の金融政策

(1) 世界金融危機後の先進国と新興国の動向

金融グローバル化時代の今日，新興国の為替相場は国際的な投資マネーの影響を強く受けている．国際資本規制の緩和や撤廃が進んだ結果，新興国への資本流出入が大規模に繰り返されるようになったためである．新興国の資本流出入は様々な要因によって影響を受けるが，中でも短期的かつ急激に資本フローの方向性を変えるのが先進国の金融政策，とりわけアメリカの金融政策である．

世界金融危機とヨーロッパ債務危機は，先進国の金融政策が非伝統的な政策に転換する契機となった．この緩和競争ともいえる状況の中で，元々低金利通貨だった円に加えてドルやユーロを調達してそれを新興国に投資する，いわゆるキャリートレードが活発に行われた（2009-10 年）．新興国への資本流入が加速した結果，為替相場の増価や株価などの資産価格の上昇をもたらした（図 8-3）．また，新興国の企業は低金利でのドル調達が容易であったことから，ドル建て社債の発行による低コストの資金調達を加速させ，外貨建て債務を増やした．

このような状況の中，新興国では為替相場の上昇によって，自国の競争力が損なわれることを懸念し始めた．例えば，ブラジルではレアル相場が大きく上昇したことを受けて，外国資本の流入を抑制するために金融取引税など

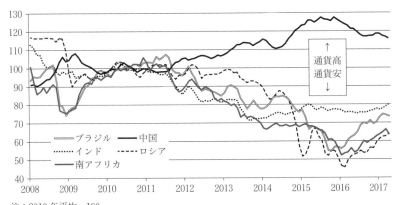

図 8-3　BRICS 諸国の名目実効為替レート

の資本規制の強化に乗り出した．当時のブラジルの財務相であるマンテガ（Mantega, G.）は，先進国の金融緩和が為替相場の下落を誘導し「通貨戦争」を引き起こしていると批判した．

しかし，2011年頃になると，一転して新興国への資本流入が減少し始める．2010年の時点でGDP比約4％あった新興国への資本流入は，2012年には約1.5％にまで落ち込んだ[6]．この流れを決定的にしたのは，いわゆる「バーナンキ・ショック」である．当時のFRB（連邦準備制度理事会）議長のバーナンキ（Bernanke, B.）が量的緩和政策を縮小すると発言したことがきっかけとなって，新興国は大規模な資本流出に見舞われた（2013年6月）．とりわけ，インドやブラジルのような経常収支赤字国の為替相場は大きく減価し，株式や債券などの有価証券の価格も下落した[7]．経常収支赤字国が為替相場を維持するためには，赤字分をカバーするだけのより多くの資本流入が必要である．それゆえに，資本流出局面に転じると経常収支黒字国よりも為替相場の下落圧力に対して脆弱である．

2015年の新興国の資本フローは，ついにGDP比約−1％の流出超過となった[8]．これはデータのある1980年以降で初めての流出超過である．さら

に，FRB の金融政策がこの流れに追い討ちをかけた．世界金融危機以降の長期にわたる金融緩和局面に終止符を打つべく，利上げを伴う金融引き締めを行ったのである（2015 年 12 月）．このことが新興国にもたらしたインパクトは小さくない．資本流出を懸念した新興国は，通貨防衛のために軒並み利上げを迫られることとなった．

2017 年に入ると状況は好転する．新興国に再び資本が流入し，金融資産価格や為替相場は上昇に転じた．この間，2016 年 12 月，2017 年 3 月，6 月と FRB による 3 回の利上げがあったにもかかわらずである．この背景には，資源価格の復調や堅調な経済成長といったような新興国への投資環境の好転やアメリカの長期金利の低位安定がある．これにより，通貨防衛の必要性が薄れた新興国は，軒並み利下げを行い，景気の下支えに注力することが可能となった．

一方，この間の中国では 2015 年から続くチャイナ・ショックにより大規模な資本流出に見舞われているが，為替相場は比較的安定している．これは，資本規制の強化や大規模な為替介入によって為替相場がコントロールされているからである．

(2) 金融のグローバル化が新興国に与える弊害

前項で見てきたように，世界金融危機後の新興国をとりまく国際資本フローは短期間で大きく変化し，新興国経済に短期的かつ急激な影響を与えている．資本流入が一時的に資産価格を上昇させ，見かけ上の成長率を引き上げたかと思えば，資本流出により為替相場や資産価格が下落して金融危機や経済危機に発展するのである．このような現状を目の当たりにして，金融のグローバル化が新興国経済にとってどのような意味を持つのか再考せざるを得ない．

金融のグローバル化が新興国の高成長を実現したという議論もあるが，必ずしもその根拠は明瞭ではない．むしろ資本規制の強い中国こそが高度成長を続けてきたことは自明のことであろう．もちろん，金融のグローバル化と

経済成長のすべてが無関係というつもりはない．確かに，新興国の企業が世界金融危機の後に海外から低利のドル資金を調達して，それを国内の投資に振り向けるといったような実体経済の成長に結びつく金融行動をとってきたのは事実である．しかし，同時にこのことは危機の芽にもなっている．外貨建て債務は，為替相場の下落によって債務負担が増加するからである[9]．つまり，資本収支危機や通貨危機が民間の債務危機にも連鎖するという意味で，複合危機に発展する素地を形成していることになる．

　さらに，金融のグローバル化は金融政策の面でも新興国に重大な影響を及ぼす．先進国は金融政策を自立的な判断の下で実施するのに対して，新興国の金融政策は先進国の政策に対して受動的に対応せざるを得ない場合が多いからである．新興国の多くはクリーンフロートでもなく通貨同盟のような厳格な固定相場制でもない，中間的な為替相場制度を採用している．それゆえに，日常的に為替相場を一定のレンジに収める，あるいは過度な変動を抑え込むことが求められている．新興国が先進国の金融政策に起因する資本フローの変化に翻弄される中で為替相場をコントロールしようとすれば，国際金融のトリレンマからおのずと金融政策か為替介入を用いることになる．

　金融政策には国内の物価・景気を目標にする場合と，為替相場や資本フロー，経常収支といった対外的な安定を目標にする場合とがあるが，先進国では前者，新興国では後者のケースが多い[10]．なぜこのような違いが生じるのか．それは新興国経済にとって為替相場の安定が先進国以上に重要だからである．必要な財の多くを国内で生産できない途上国は，物価水準が高い傾向にあると同時に，為替相場の変化によって物価が大きく左右されてしまう．先進国に比べて国際競争力の低い国内産業を保護するという事情もある．しかし，これだけではない．金融のグローバル化という装置の下では，新興国はそうせざるを得ないのである．国内の物価・景気を目標とする先進国の金融政策は金融のグローバル化を通じて，新興国に多大な影響を及ぼしている．新興国は先進国の金融政策の結果として生じる資本流出入に対処するために，自国の金融政策を動員しなければならない．その一方で，新興国の金融政策

は先進国経済には影響を与えないのである．新興国は自国の物価や景気に対して適切な金利水準を選択できない，逆にいうと先進国の金融政策によって半ば強制的に決定されてしまうことになる（新興国の金融政策の先進国への従属）．加えて，資本移動が活発化すればするほど金利を小刻みに変更しなければならないため，新興国の金利のボラティリティ自体が拡大するという弊害もある[11]．

　さらに，この弊害は為替介入にまで及んでいる．先進国の金融政策によって資本フローが変化すれば，新興国は通貨を防衛するために，金融政策だけではなく為替介入も行う場合がある．これによってマネタリーベースの水準が受動的に変化するため，結果として物価や景気に意図しない影響を与えることになる．もちろん不胎化介入によってこれを打ち消すことができるが，介入の効果が弱まることもあって実際に不胎化するケースはそう多くはない[12]．

　先進国で起こった危機によって先進国が金融緩和を行えば，投資マネーが新興国に流入し為替相場と資産価格を押し上げるので，見かけ上の成長率は高まる．しかし，過度な通貨高は輸出企業の国際競争力の低下を招く．景気過熱で物価が上昇するケースもあるだろう．この場合，過度な資本流入を抑制するために金利を引き下げざるを得ないので，国内の資産価格や物価の上昇がより激化し，バブルが形成されることになる．先進国が金融引き締めに転じると，今度は資本流出となって資本収支危機・通貨危機を引き起こし，それを食い止めるための金利の上昇から債務危機，実体経済の危機をより悪化させるという複合危機に発展することもある．このように，先進国主導の金融資本主義に新興国が組み込まれる中で，そのジェットコースターのような経済的負担の多くを彼らが引き受けているのである．これは，新興国に特有の「金利危機」とも呼ぶべき現象である．

　近年，このような弊害を意識し始めたのか，新興国では資本規制の再強化に乗り出す動きが見られる．資本勘定の開放度を指数化した The Chinn-Ito index によると，1990 年代以降，一貫して資本規制を緩めてきた新興国は，

世界金融危機後の 2010 年頃から規制を強化する方向に転じている[13]．これは資本勘定の開放が半ばスタンダードとなっている今日において，アンチ金融のグローバル化ともいえる動きの端緒かもしれない．大田が「今日ほど国際的な資本移動の管理や規制が重要性となっている時代はない」[14]，と指摘しているように，とりわけ新興国では資本規制の強化を再考する時期に差し掛かっているのではないだろうか．先進国が自国経済の観点から行う金融政策が近隣窮乏化政策となって新興国に影響を与え続けるのであれば，それは明らかに対等な立場ではないだろう．新興国が国際資本フローをある程度規制することは適切であるし，正当化されるべきである[15]．

4. 新興国経済と資源価格

(1) 資源価格に翻弄される新興国

資源価格は新興国経済にとって，とりわけ重要である．新興国にはエネルギーや鉱物資源の輸出に依存する，いわゆる資源国が多いためである．そして，これら資源の価格は新興国経済に多大な影響を及ぼしている．

とはいえ，新興国のすべてが資源国であるというわけではない．したがって，新興国の資源との関わり方については，大きく３つのグループに分けられる．第１は資源の輸出に依存する国々でロシア，ブラジル，南アフリカ，サウジアラビアなどである．このグループは，資源価格が上昇することで外貨の獲得や国家予算の拡大，経済成長などの恩恵を受ける．第２は非資源国のインドである．インドは資源を輸入する立場にあるため，資源国とは逆の経済的影響を受ける．第３は中国で，資源との関わり方については特殊な立場にある．中国は国内の資源需要を満たすため，石油をはじめとする様々な資源を輸入している．この意味においては，インドと同じように資源価格が中国経済に影響を与える．しかしその一方で，中国経済自身が資源価格に影響を与えてもいる．中国は製造業主体の経済構造であることと高成長や人口の大きさが相まって，資源需要の大きさでは世界トップクラスである．それ

ゆえに，中国経済の景気などの需要動向が資源の国際価格そのものに大きな影響を与えているのである．

このことを踏まえた上で，近年の資源価格の動向について概観しておこう（図8-4）[16]．資源価格の転機となったのは，2000年代前半〜後半にかけての時期である．長期にわたって資源価格は高騰を続け，高い価格帯へのパラダイムチェンジが実現した．この背景には，第3のグループである中国の高成長とそれに続く資源需要の拡大，そして資源先物市場への投資マネーの流入があった．これにより，第1のグループである資源国は，輸出数量の拡大と輸出価格の高騰に支えられて空前の高成長に沸いた．その後，資源価格は世界金融危機を契機に急落するも，一時的な調整に留まり，新興国の資源需要が引き続き堅調であるとの期待から比較的早期に回復した．

ところが，2014年の半ば頃から資源価格が下落に転じた．この背景の1つには中国経済の高成長が鈍化し始めて，資源需要が減少したことがある．中国経済は鉄鋼などの古い産業の過剰設備・過剰生産に直面し，二桁成長の時代から緩やかな成長段階（新常態）への移行が現実のものとなった．さらに，主要な資源である石油に関しては，シェール革命やイランの原油市場への復帰による供給増が重なったこと，それにもかかわらずOPEC（石油輸

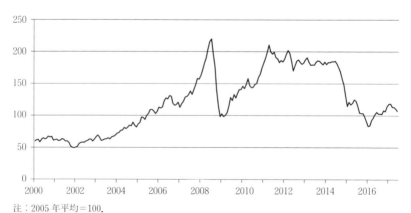

注：2005年平均＝100．
出所：IMF, Primary Commodity Prices. より作成．

図8-4 商品価格の推移

出国機構）が減産を見送ったことが，事態をより悪化させた[17]．1バレル＝100ドル程度で推移していた石油価格は2014年を境に下落に転じ，1バレル＝50ドル程度にまで落ち込んだ．その後，2016年11月にはOPECによる協調減産が実現したものの，石油価格は今日に至るまで低迷を続けている．

　2014年半ば以降から今日まで続く石油価格の低迷は，資源国のマクロ経済環境を悪化させ，成長トレンドを一転させた．為替相場には強い下落圧力がかかり，多くの新興国が史上最安値を更新する事態となった．石油の依存度が高いロシアでは財政収支が急速に悪化し，ルーブルの急落とそれに伴う物価上昇に見舞われた．サウジアラビアでは財政収支や経常収支が赤字に転落し，国債の発行や対外資産の取り崩しで対応したものの，それでも不十分であることから付加価値税の導入が検討されている[18]．ブラジルでも輸出の約半分が資源などの一次産品であることから，ブラジル・レアルの下落，物価の高止まり，景気の低迷が続き，金融政策などの政策対応は困難を極めた[19]．

　2017年以降は資源価格の若干の持ち直しや，前節で見たような資本の再流入によって，新興国経済は比較的安定を保っている．とはいえ，今後のFRBの利上げや資源価格の動向次第では国際収支危機，財政危機[20]，資源価格の危機，通貨危機，金利危機，債務危機，実体経済の危機などが顕在化する可能性は否定できない．また，中長期的には，新興国経済が価格変動の大きい資源に依存するという脆弱なマクロ経済構造であることに変わりはないので，いつでも複合危機のリスクを抱えているともいえる．

　一方，インドは非資源国であるため，資源価格，とりわけ原油価格の下落によって，むしろファンダメンタルズは改善している．加えて，2013年9月にインド準備銀行総裁に就任したラジャン総裁による大胆な金融引き締め政策も相まって，インフレの鎮静化と経常収支の改善に成功している．このことは，結果的にインド・ルピーの為替相場の安定に寄与している．

(2)　資源価格を受け入れるしかない資源国

　次に，新興国の複合危機にとって資源価格が深く関係しているのであれば，その価格自体がどのようにして決まるのかについても目を向ける必要がある．

　資源価格の基本的なトレンドは，需要と供給のバランスによって決まっている．需要面では，資源需要が大きい国の景気動向や成長期待に影響されやすい．BPによると，2015年時点での石油の消費割合が最も大きいアメリカで19.7％，次いで中国が12.9％である[21]．このことから，アメリカの影響力は未だ大きいといえるが，近年では中国を中心とする新興国の動向も無視できないものとなっている．また，資源価格は現在の需給関係だけで決まるわけではなく，将来の成長期待も織り込んでいる[22]．それゆえに，今後，とくに成長が期待される新興国が資源価格に与える影響力は格段に高まってきている．

　一方，供給面では，シェール革命のような新たな供給源やテロや紛争による地政学的リスク，過去の設備投資の蓄積に起因する生産力によって変化する．シェール革命によって価格帯が変化したように，供給構造の変化は短期ではなく中長期的な価格形成に大きな影響を与える．

　今日では資源市場に流れ込む実需目的以外のマネー，すなわち投資マネーの動向も価格形成において無視できないものとなっている．ここでいう資源市場というのは，現物市場ではなく先物市場のことである．例えば，指標原油として世界の原油価格の基準となっているアメリカのNYMEX（New York Mercantile Exchange・ニューヨーク・マーカンタイル取引所）に上場のWTI原油（ウェスト・テキサス・インターミディエイト），イギリスのICE（Intercontinental Exchange・インターコンチネンタル取引所）に上場のブレント原油である．先物市場で決定される価格は裁定取引を通じて現物価格に収斂する．近年の金融のグローバル化や規制緩和によって，資源先物市場に投資家のマネーが流れ込み，価格の振れ幅はより大きなものとなっている．このように，資源の価格は実需と実需以外の参加者が混在する先進国の先物市場で決まっているのである．

OPECのような生産国側の価格カルテルも大きな影響力を有しているが，どちらかといえば短期的な需給調整に対してのみ有効である．とりわけ，今のOPECには，生産シェアの低下と相まって，価格の方向性を長期的に変えるだけの影響力はない．

ここでの叙述をまとめると，まず，中国を中心とした新興国間の経済的結びつきは貿易のみならず，資源価格を介しても繋がっていることが分かる．資源価格に影響を与える中国などの新興大国とその価格の影響を受ける資源輸出国という構図である．そして，新興国の経済成長に従って今後もその傾向が強まっていく可能性が高い．さらに，先進国の金融政策や投資マネーが資源先物市場に影響を及ぼすことで，全体として資源市場が形成されているのである．

このことは，資源国にとって極めて重要な意味を持っている．中国などの新興大国の経済動向や先進国の金融政策と投資マネーによって資源価格が決定され，さらにはその舞台がアメリカやイギリスといった他国の先物市場であるならば，資源国は資源価格を受動的に受け入れるしかないことになる．自国で生産される資源の価格が，自国の主権や政策が全く及ばない領域で決定されてしまうという構図である．前節で述べたように，国際資本移動に対しては資本規制等によって自国での裁量的な政策対応が可能である．しかし，資源価格の場合は，OPECのような価格カルテルを通じてしか影響を及ぼすことができない．今日，OPECがますます弱体化する中で，とりわけ石油価格については，産油国が関与できる余地は低下しているといわざるを得ない．

5. 新興国の複合危機の全体像

(1) 新興国複合危機の構図

これまでの叙述では，新興国の複合危機に繋がる3つのファクター「貿易」「金融のグローバル化と先進国の金融政策」「資源価格」に焦点を当てて，

それぞれについて新興国との関係を明らかにしてきた．最後に，この3つを総合的に捉えて新興国の危機の芽がどこにあるのか，そしてそれがどう複合危機に発展するのかを①実体経済的側面②国際金融的側面の両面から浮き彫りにしていきたい（図8-5）．

　最初に，今後の新興国の危機の芽は必ずしも先進国発というわけではなく，新興国そのものが起点になる可能性についても指摘しておきたい．すでに見てきたように，新興国の貿易にとって先進国は未だに巨大市場であることに変わりはないものの，相対的に新興国間の経済的結びつきが強まっていて，今後もその傾向は変わらないだろう．これは，中国を起点とした新興国経済の自立的な成長サイクルが強まってきているからである．同じことは資源価格についてもいえる．中国を中心とする新興国の実需が価格決定に大きな影響を及ぼしているからである．この点でも，世界経済における先進国の優位性が薄れつつあり，実体経済面に限っていえば，その重心は新興国にシフトしつつある．したがって，今後の新興国の経済危機の実体経済的側面は，先

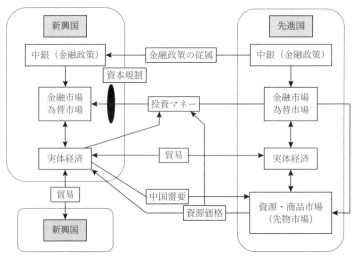

注：矢印は影響を与える方向を示す．
図8-5　新興国経済の先進国経済との関係図

進国と新興国の両面からとらえる必要がある．このようなルートを通じて輸出の減少や資源価格の下落に直面すれば，それは経常収支に影響を与え，国際収支危機や対外債務危機，そして財政危機などに発展する．とりわけ，中東産油国やロシアのように資源輸出が財政収入に直結するような国は，国際収支危機が財政危機に即座に影響するであろう．言うまでもなく，財政危機に直面すれば実体経済の危機への発展は避けられない．

　しかし，危機の芽はこのような実体経済的側面によるものだけではない．資本収支危機と呼ばれているような国際金融的な側面にも注意を向けなければならない．近年の新興国は先進国主導の金融資本主義に組み込まれ，その影響をますます受けるようになってきている．とりわけ，アメリカの金融政策は，国際的な投資マネーを動かすことで新興国経済に多大な影響を与える．金融緩和局面では，新興国にいわゆる「緩和マネー」が流入し，為替相場・資産価格を押し上げるなどして見かけ上の成長率を引き上げる．さらに，「緩和マネー」は先進国の資源先物市場にも流入し価格を押し上げるので，新興国のマクロ経済コンディションを改善する他，そのことが資源国の成長期待となって，投資マネーの流入に拍車をかける．資源市場は今や投資家の投資対象の1つであり，「資源の資産化」ともいえる状況を生み出している．このような新興国や資源市場への過度な投資マネーの流入は，一時的あるいは短期的に成長率を押し上げるが，その分だけ危機のリスクを増幅しているともいえる．先進国の政策変更や世界経済の環境が変化すれば，そのような資本はいずれ流出することになる．この時点で，資本収支危機からの通貨危機への展開が現実化する．そして，為替相場の下落は国内のインフレ率を高めて生産や消費を低下させるため景気の悪化となり，さらに税収の減少から財政危機につながり実体経済の危機に発展する．同時に，とりわけ経常収支赤字国のような国では対外債務危機も深刻化する．外貨建てで負った政府債務や企業債務，家計債務が通貨危機による為替相場の下落で増大するからである．

　これだけではない．新興国経済にとっては，金融のグローバル化と先進国

の金融政策がもたらす「金利危機」も重大な影響をもたらす．金融グローバル化の旗印の下で進められてきた新興国の資本規制の緩和と為替相場の安定の両面を指向するという矛盾が，新興国の金利の自主性を喪失させ，国内の実体経済とは整合しない形で過度なインフレやデフレを招くというものである．先進国によって受動的に規定されてしまう金利水準によって，新興国は実体経済と金利の矛盾を強いられる立場にある．言うまでもなく，このように生じる金利危機は，過度な低金利や高金利に起因する債務危機へと発展する可能性がある．

　ここで強調しておきたいのは，実体経済的側面の危機と国際金融的側面の危機は決して独立したものではなく，むしろ密接に関わっているということである．それゆえに今日の新興国の危機の連関は極めて複雑な構図とならざるを得ない．例えば，輸出の鈍化や資源価格の下落による景気の悪化は実体経済的レベルの危機であるが，それは同時にグローバル投資家の行動に影響を与えるため資本流出となり，通貨危機等に発展する．これは，実体経済的側面の危機が国際金融的側面の危機に連続したことを意味している．逆に，先進国の利上げに起因する資本流出が資源価格の下落や通貨危機となって，実体経済の危機に展開することもあるだろう．このように，今日の新興国では，様々な要因に起因する危機が様々に連関して，複雑なルートを経ながら複合危機へと発展していくのである（図8-5を参照）．

　世界金融危機から最近までの新興国は先進国の金融緩和を背景に危機のリスクが蓄積する局面にあったが，2015年12月にアメリカが金融引き締めに転じたことによって，そのリスクが顕在化する局面に向かいつつある．とはいえ，今のところ新興国経済が安定しているのは，アメリカの政策金利が未だに低金利で据え置かれていることや長期金利が低位で安定していること，新興国の外貨準備の蓄積によって危機への耐性が高まっているためである．新興国の企業部門に積み上がっている過度なドル建て債務も，ドル金利が未だ低いことで持続可能な水準に収まっている．しかし，今後，アメリカの利上げがさらに進むことになれば，本格的な資本流出や債務不履行により，

個々の危機が連鎖する複合危機に発展するかもしれない[23].

(2) 新興国における資本規制の再考

実体経済面では新興国経済の自立性が増しており，その意味では先進国経済の影響力は低下している．しかし，先進国主導の金融資本主義に組み込まれることで，先進国の金融政策や投資マネーに翻弄されるという別の影響力はむしろ強まっている．これは，マネーゲームの場と化している資源先物市場でも同じである．しかも，資源先物市場はあくまで先進国の市場であるため，新興国の主権の範囲外であり，直接関与することが不可能な点で，より問題である．このような逃げ足が速く，実需とは直接関係のない投資マネーは，新興国経済に過度な負担とボラティリティを強いることになる．つまり，形を変えてはいるものの，新興国の危機の芽はその多くが先進国によってもたらされる構造に変わりはないのである．

このような金融のグローバル化による弊害は，新興国にとって資本規制の再考を迫るものである．資本規制は各国の主権の範囲内で実行できる有効な政策手段である．実際に，中国やブラジルは過度な資本流出入に対して，資本規制の強化に乗り出している．その一方で，金融のグローバル化が新興国の経済成長に貢献してきたと評価する声もあるだろう．しかし，我々がGDP成長率として目の当たりにしているものは，単なる表面的な数字であり，必ずしもその内実を示すものではない．投資マネーによる過度な資本流入によって資産価格や資源価格が押し上げられれば，新興国の成長率は確かに上昇する．しかし，そのような成長は必ずしも実体経済的基盤に基づく成長ではない．資産効果がもたらす成長分は，その価格が下落すれば元に戻るだけである．すなわち，誤解を恐れずにいえば，資産価格と実体経済の関係は「実体経済⇒資産価格」であって，「資産価格⇒実体経済」であってはならない．

このように考えると，新興国が資本勘定の開放によって何を得たのかと問われれば，それに答えることは容易ではない．強い資本規制下にあるにもか

かわらず，高成長を遂げた中国を改めて思い返してほしい．中国は金利の自主性をある程度維持しながらも，国際資本移動と為替相場のコントロールに成功してきた．しかも，先進国主導の金融のグローバル化という世界的な潮流とは一線を画して，資本規制を緩和したり強化したりと状況に応じて機動的に使い分ける独特な資本規制政策を展開している．したがって，新興国は資本勘定の開放については慎重に進め，場合によっては資本規制の再考を選択肢から排除すべきではない．

　ただし，この点を考えるにあたって注意しなければならないのは，国際的な投資マネーが向かう先が生産的な投資なのか，資産価格の上昇に寄与するだけのものなのかを分けて捉える必要がある．言うまでもなく，直接投資は前者に分類できる[24]．証券市場でいえば，投資マネーの向かう先がプライマリー・マーケットなのかセカンダリー・マーケットなのかが重要である．プライマリー・マーケットであれば，企業は実際に資金を調達するわけだから生産的な投資に向かう可能性が高い．多国籍銀行の新興国企業への融資もこの範疇に入る．しかし，セカンダリー・マーケットであれば既に証券を保有している主体から買い取り，所有権を移転して資産価格を押し上げるので，投資家の利益となるだけである．もちろん，セカンダリー・マーケットでの流動性はプライマリー・マーケットでの資金調達を支え，容易にするというメリットがある．しかし，それだけで国際投資家が自由に参加できるセカンダリー・マーケットを正当化する理由にはならない．市場の流動性を確保するのであれば国内投資家でも可能であるし，むしろ国際投資家による過度な資本流出入が市場をボラタイルにし，経済全体を不安定にする．

　新興国は，経済の規模や成熟度では先進国に遠く及ばない．このような小規模な経済圏の金融市場を無秩序に開放すれば，国際的な投資マネーに翻弄されるのは必然である．新興国の意思で資源先物市場を規制できない点で課題は残されているものの，過度な資産価格や為替相場の変動を助長するような国際資本移動を規制すれば，新興国経済の安定と自立性を高めることに繋がるだろう．

注

1) ただし，高成長を続けたのは BRICS の中でも中国とインドだけであり，ブラジルやロシアなどは経済構造が異なっていることもあり，成長率を大きく下げている．

2) ここでの先進国とは G7 諸国のことである．

3) ここでの新興国は中国，インド，ロシア，ブラジル，南アフリカ，タイ，インドネシア，フィリピン，ベトナム，マレーシア，メキシコ，トルコ，サウジアラビアを対象としている．

4) ちなみにイワン・ツェリッシェフはリーマン・ショック後に新興大国が経済成長を続けることができた理由の1つに，新興国同士の貿易の急拡大が，先進国への輸出減をある程度相殺したことを挙げている．イワン・ツェリッシェフ (2014)，131 頁．

5) Kharas (2010)．2030 年までのシナリオにおいて，グローバル中間層による需要の拡大の 80% 以上がアジアによるものであるとしている．

6) IMF (2016), p. 64.

7) これらの国々はフラジャイル5と呼ばれ，ブラジル，インド，インドネシア，トルコ，南アフリカである．

8) IMF (2016), p. 64.

9) 2016 年 6 月，ブラジルの通信大手オイが多額の負債を抱えて破綻した．この一因として，債務全体の約 7 割を占める外貨建ての債務がレアル安によって膨らんだことが挙げられる．『日本経済新聞』2016 年 6 月 22 日付朝刊．

10) ただし，どちらをどの程度重視するかは国によって様々である．また，状況に応じて金融政策の目標を前者と後者で変える場合もある．例えば，平時で前者，資本流出時には後者といった具合である．

11) Diez de los Rios (2007)．ただし，固定相場制下では，外国人投資家によって要求されるリスクプレミアムが減少するため，新興国における資本コストを下げることにつながるとも指摘している．

12) Menkhoff (2013) は，今日の新興国の為替介入における先進国のそれとの相違点として，①巨額の外貨準備，②非不胎化介入，を挙げている．なお，新興国では，銀行，ファンド，企業，外国部門などの外国為替市場の参加者の規模が小さいため，相対的に規模の大きい中銀の介入で市場をコントロールしやすいとも指摘している．

13) Chinn and Ito (2016), pp. 12-4. 本指数で新興国に分類している国は 44 カ国である．算出にあたっては，複数為替相場，経常取引規制，資本取引規制，輸出代金の集中義務，を変数としている．最も開放度が高いアメリカや日本を 1 とした場合，中国 0.165，インド 0.165，ブラジル 0.413，ロシア 0.716，南ア 0.165，トルコ 0.449，メキシコ 0.697，サウジ 0.697，インドネシア 0.413，マレーシア 0.413，フィリピン 0.449，タイ 0.165，ベトナム 0.413 である（2014 年時点）．

14) 大田英明 (2015)，94 頁．

15)　インド準備銀行総裁のラジャン（Rajan, R.）は，このような状況を鑑み，金融政策に国際ルールを設けるべきであると指摘している．『日本経済新聞』2016 年 3 月 28 日付朝刊．しかしながら，このような合意が成立することは容易ではない．それゆえに，自国の主権の範囲内で実施できる資本規制こそが最も現実的な選択肢となるだろう．

16)　指数を構成する商品のウエイトは，エネルギー 63.1%（うち石油が 53.6%），食料品 18.5%，金属 10.7%，農業用原料 7.7% である．

17)　減産で協調できなかったのは，サウジがシェアの維持を優先したためである．その後，産油国の財政事情が厳しさを増すにつれて減産への機運が高まった．

18)　サウジ・リヤルはこのような逆境の中でも厳格な固定相場を維持し続けている．しかしながら，このような局面では，先物市場の対ドル相場は当局の対応能力や将来の期待を織り込んで対ドルでの切り下げを織り込む形で下落する．

19)　典型的なモノカルチャー経済のロシアやサウジアラビアとは異なり，輸出品となる一次産品はエネルギー，鉱物資源，農産物など多様化している．輸出の残り半分は一次産品以外の工業製品が占めている．

20)　例えば，アンゴラなどのアフリカの資源国では，資源価格が好調であった時期に借り入れたドル建て対外債務の支払いが著しく難しくなっており，債務危機の懸念が広がっている．

21)　BP (2016), p. 9.

22)　BIS (2015), pp. 30-1.

23)　とはいえ，筆者は先進国がかつてのような正常な金利水準に戻ることは，あったとしてもかなり時間がかかると見ている．それは，今日の先進国では実体経済の利潤率が構造的に低下しているためである．このため，名目上の経済成長率を無理にでも引き上げようとすれば，資産価格を引き上げるしかないということになる．

24)　ただし，直接投資の形態がグリーフィールド投資なのか M&A なのかで，新興国経済への影響は異なる．グリーンフィールドであれば現実資本の蓄積にダイレクトに結びつくが，M&A は所有者が外国資本に変わるだけである．

参考文献

岩瀬昇（2016），『原油暴落の謎を解く』文春新書．

イワン・ツェリッシェフ（2014），『2030 年の世界経済：新興国と先進国　共同リーダーシップの時代』NTT 出版．

大田英明（2015），「先進国金融政策の新興国への影響―国際資本移動に伴うリスクと規制の課題―」『立命館国際研究』第 28 巻第 2 号．

奥田宏司・代田純・櫻井公人（2016），『現代国際金融論〔第 3 版〕』法律文化社．

木村秀史（2016），『発展途上国の通貨統合』蒼天社出版．

桑原小百合（2013），「中南米で国際収支危機は再発するか」『国際金融』1252 号．

小林公司（2012），「停滞が続くインドへの資本流入――背景にある政策不信はよう

やく緩和の動き」『国際金融』1241 号.

柴田明夫・丸紅経済研究所編（2009），『資源を読む』（日経文庫）日本経済新聞出版社.

棚瀬順哉（2015），『グローバル通貨投資：新興国の魅力・リスクと先進国通貨』日本経済新聞出版社.

西川珠子（2014），「ブラジル経済と格下げ」『国際金融』1259 号.

松井謙一郎（2012），「新興国の産業連関分析（ブラジル）——資源産業の位置付けとレアル高のオランダ病の視点から」『国際金融』1234 号.

BIS (2015), *85th Annual Report*, 28 June.

BP (2016), *Statistical Review of World Energy*.

Chinn, M. and Ito, H. (2008), "A New Measure of Financial Openness," *Journal of Comparative Policy Analysis*, Volume 10, Issue 3, September.

———— (2016), "Notes on The Chinn-Ito Financial Openness Index 2014 Update," June 30.

Diez de los Rios, A. (2007), "Exchange Rate Regimes, Globalisation, and the Cost of Capital in Emerging Markets," Bank of Canada Working Paper, 2007-29, April.

IMF (2016), *World Economic Outlook*, April.

Kharas, H. (2010), "The Emerging Middle Class in Developing Countries," OECD Development Centre Working Paper, No.285, January.

Menkhoff, L. (2013), "Foreign Exchange Intervention in Emerging Markets： A Survey of Empirical Studies," *The World Economy*, Volume 36, Issue 9, September.

U.S. Department of the Treasury (2017), "Report to Congress on Foreign Exchange Policies of Major Trading Partners of the United States," U.S. Department of the Treasury Office of International Affairs, April 14.

第9章
複合危機とグローバル・インバランス

田中 綾一

1. グローバル・インバランスとは何か

(1) グローバル・インバランスの様相

　世界金融危機はグローバル・インバランスが産んだ複合危機であるという認識に基づいて，リーマン・ショック以降の世界経済に生じた変化を明らかにするのが本章の課題である[1]．

　世界各国の経常赤字と黒字をそれぞれ合計してグラフ化したものが図9-1

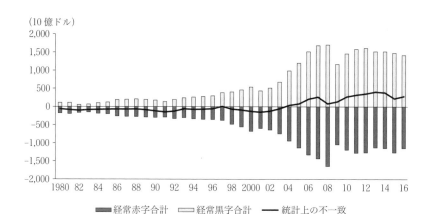

図 9-1　世界の経常収支インバランス

注：1) データが入手できる国の合計値．
　　2) データには一部 IMF の推定値を含む．
出所：IMF, World Economic Outlook Database, April 2017 のデータを用いて筆者が作成．

である．赤字と黒字の規模は1980年代から90年代半ば頃までは比較的安定しているが，90年代末から拡大しはじめ，リーマン・ショックの起こった2008年にはピークに達した．2000年代半ば頃から，この経常収支不均衡がグローバル・インバランスとして問題視されるようになる[2]．インバランスはリーマン・ショック後の2009年に減少するが，その後再び拡大し，2012年には2008年とほぼ変わらない水準となる．以後，インバランスは黒字側で縮小傾向，赤字側では増減を繰り返しながら現在に至っている．

図9-1では統計上の不一致，すなわち先進国と新興国・発展途上国それぞれの経常収支の差額も折れ線で示した．この図表は世界のほぼ全域をカバーしているため，各国の経常収支が正しく計上されていればその合計はほぼゼロになるはずである．しかし，統計上の不一致は2000年代以降目立つようになり，2010年代に入っても高い水準にある．

図9-2は図9-1と同じデータを用いて，世界各国を先進国と新興国・発展途上国に分けてそれぞれの経常収支を合計したものである．2008年までは先進国の赤字と新興国・発展途上国の黒字がほぼパラレルに拡大していた．しかし，2009年以降は先進国の赤字が大幅に縮小し，2013年以降は経常黒

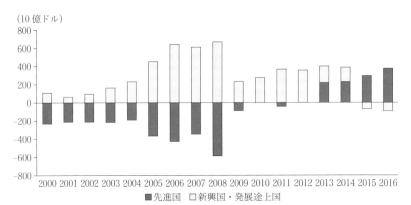

注：1) IMFによる分類．先進国は39カ国，新興国・発展途上国は153カ国．
　　2) データには一部IMFの推定値を含む．
出所：IMF, World Economic Outlook Databaseのデータを用いて筆者が作成．

図9-2　先進国と新興国・発展途上国の経常収支

第9章 複合危機とグローバル・インバランス　　245

字を計上するようになった．一方，新興国・発展途上国は2013年から黒字が縮小し，2015年からは赤字に転じた．金融危機を経て不均衡の主体が逆転した点に注意が必要である．

(2) 地域的にみたインバランスの状況

インバランスの詳細な構造を把握するため，主要な国・地域の経常収支を図9-3で確認する．

中国について，2008年までの経常黒字拡大ペースが速く，2008年以後の落ち込みも比較的小さかったが，2011年以降経常黒字は周期的な増減を繰り返すようになった．貿易黒字は2009年以降拡大を続けているものの，サービス赤字が傾向的に拡大していることと，第一次所得収支の変動が大きいのがその原因である．韓国，香港，台湾，シンガポールは，リーマン・ショ

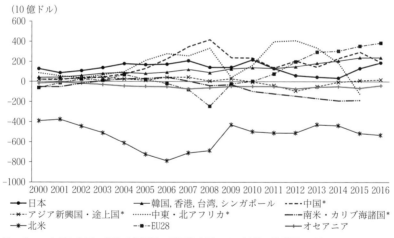

注：1）＊を付した国・地域は新興国・発展途上国，それ以外は先進国に分類．EUについてはブルガリア，クロアチア，ハンガリー，ポーランド，ルーマニアの5カ国を新興国・発展途上国とし，それ以外は先進国に分類．
　　2）EU 28カ国の合計には，当時未加盟であった国の数値も含む．
　　3）香港，台湾，クロアチア，ハンガリーについては，2016年のデータはIMFによる推定値．
出所：IMF, World Economic Outlook Database, April 2017のデータを用いて筆者が作成．

図9-3　主要国・地域の経常収支

ック直前には中国に差をつけられたものの，10年代に入りコンスタントに黒字を増大させ，15年には合計で中国と同水準の経常黒字を計上している．一方，日本の経常黒字の規模は2000年代を通じて相対的に安定していたが，2011年以降は縮小に転じ，2014年には2010年のわずか2割程度にまで経常黒字は減少した．2012年以降の円安進行と原油価格下落の効果で黒字の縮小傾向には歯止めがかかり，2015年の経常黒字は5年ぶりに増加に転じたものの，原油価格と為替相場に影響されやすい経済構造への変化は着実に進行している．ASEAN（東南アジア諸国連合）等の，新興国・発展途上国に分類されるアジア地域は10年代に入り経常赤字化したが，2015年に黒字に転じている．

EU（ヨーロッパ連合）の経常黒字はリーマン・ショック以降傾向的に拡大しており，現時点の黒字の規模は他地域を凌いでいる．経常黒字の拡大は貿易およびサービス収支の黒字に主導されたものであり，特に貿易収支が2013年以降黒字化した効果が大きい．確報値の揃っている2015年において，EUの経常黒字額2,860億ドルとほぼ同額の2,829億ドルの黒字をドイツ一国で計上しており，652億ドルでこれに次ぐオランダを大きく引き離している．逆に，イギリスは1,227億ドルの経常赤字を記録しており，48億ドルでこれに次ぐフランスを大きく引き離している．EUは域内貿易の割合が高く，グローバルな影響は別途検討する必要があるとはいえ，ドイツの黒字は中国の黒字にほぼ匹敵し，イギリスの赤字は中東・アフリカ地域全体の赤字に匹敵する規模である．また，EU加盟国ではないが，スイスの経常黒字は733億ドルでEU内2位のオランダを超えている．グローバル・インバランスと並行してヨーロッパの「リージョナル・インバランス」が拡大している点には注意しておくべきである[3]．

北米（アメリカ，カナダ）の経常赤字のほとんどはアメリカによるものである．アメリカの経常収支は1982年以来赤字であり，主因は貿易赤字である．2000年代から10年代にかけては工業用原材料（鉱物性燃料含む）と消費財，自動車が大幅な輸入超過となった．燃料輸入額の増加は価格要因によ

るところが大きい．2008 年頃までは原油価格が上昇しても原油の輸入量は
比較的安定していたが，それ以降は輸入量が緩やかな減少傾向を見せている．
原油輸入が減少した主な理由はアメリカ国内の原油生産増加である．2010
年頃から生産量が増加し，2015 年初めにピークに達した後，2016 年に入り
一時減少したが高水準を維持している．アメリカの原油輸入先はカナダとメ
キシコ，サウジアラビアとベネズエラで全体の約 6 割を占め，コロンビアや
イラク，クウェートやナイジェリアがそれに次ぐ．中でもカナダからの輸入
が全体の 3 分の 1 強を占めており，中東への依存度は比較的低い．生産量の
増加は「シェール革命」により掘削に必要な稼働リグが増えた点によるとこ
ろが大きいが，原油価格の下落でこれらのリグの採算が悪化し，2014 年末
から 2016 年初頭にかけて 5 分の 1 程度にまで激減した．これが 16 年の生産
量の減少につながっている[4]．しかし，2014 年以降の原油価格の低下は国内
生産量の減少を補って余りある形で原油輸入額を減少させ，消費財と自動車，
資本財の輸入が増加傾向にあるにもかかわらずアメリカの貿易赤字増加を抑
制している．なお，カナダについては 2008 年までは経常黒字を計上してい
たが，09 年に赤字に転じ，現在に至るまで経常赤字が継続している．

　産油国が多くを占める中東・北アフリカ諸国の経常収支も原油価格の動向
に左右されている．原油価格はリーマン・ショック直後に大きく下落したが，
比較的早期に上昇し，2011 年から 12 年にかけてリーマン・ショック直前の
水準を回復した．中東・北アフリカ諸国の経常黒字もこの時期に急増してい
る．しかし，2014 年以降の急速な原油価格下落により黒字も急速に縮小し，
2015 年には経常赤字に転じた．南米・カリブ海諸国は 2007 年頃まで収支が
ほぼ均衡していたが，2008 年以降は赤字基調に転じ，赤字幅が拡大してい
る．

（3）　金融危機後のグローバル・インバランス

　2010 年代以降の先進国の黒字化に寄与したのは主に東アジア，日本，EU
であり，特に EU の黒字拡大が大きな要因であった．そして，EU の黒字拡

表 9-1 アメリカの地域別経常収支

(10億ドル)

	2007	2010	2013	2016
ヨーロッパ	−39.1	21.1	14.5	−8.1
EU	−35.8	19.6	3.7	5.7
ユーロ導入国	−29.0	19.5	−4.6	−26.4
ドイツ	−46.5	−46.6	−76.0	−71.8
イギリス	0.0	8.4	18.6	46.5
アジア・太平洋	−446.8	−374.2	−414.5	−488.2
中国	−296.3	−300.2	−324.6	−332.7
日本	−108.0	−75.4	−90.0	−76.6
韓国, 台湾, 香港, シンガポール	14.0	40.8	54.9	29.0
オーストラリア	23.6	35.7	46.8	37.8
中東	−49.3	−33.9	−29.1	6.1
その他西半球	20.1	39.0	80.8	76.7
その他世界	−241.8	−79.9	9.5	−130.9

出所：BEA, U.S. International Transactions, Expanded Detail のデータを
用いて筆者が作成.

大はドイツに拠るところが大きい．一方，新興国・途上国の黒字減少・赤字
化の基底にはアジア新興国・途上国と南米の赤字拡大があり，産油国の急激
な経常赤字化が拍車をかけた．グローバルでみた不均衡の規模はリーマン・
ショックを機に大きく縮小したが，再び不均衡は拡大傾向にあり，しかもそ
の内容が変化している．2000年代半ばまでの「アメリカ対全世界」のよう
な構図は弱まり，地域毎に分散する傾向が強くなった．これまでのような
「先進国対新興国・発展途上国」という区分けではインバランス問題がうま
く分析できなくなったといえよう．ただし，アメリカの経常赤字の水準には
ほとんど変化がなく，中東諸国を除いた新興国・発展途上国の黒字が依然と
して高い水準にあることを勘案すれば，グローバル・インバランス問題の核
心がアメリカの経常赤字の持続可能性であることにも変わりはないことが確
認できる．

　アメリカの経常収支の地理的区分を表9-1で確認しておこう．ヨーロッパ
の中ではドイツ，アジア・太平洋の中では中国と日本が主要なアメリカの経
常赤字地域として浮かび上がってくる．アメリカの経常赤字，そしてドル体

制の持続可能性を分析する際には，これらの地域が保有する対米経常黒字が
どのような形でアメリカに環流されているかが重要な論点となる．また，国
際金融市場を有するイギリスおよびタックスヘイブンを多く含むその他西半
球（英領ヴァージン諸島やバミューダ諸島，ケイマン諸島など）は対米黒字
を有していないが，そこを経由してアメリカにどのような形で資金が流出入
しているかにも着目する必要がある．金融収支を用いた地域ごとのファイナ
ンス構造は第 3 節で分析する．

2. 世界金融危機とグローバル・インバランス

(1) 金融危機の原因論としての過剰貯蓄説の限界

国民所得統計の構成上，経常収支は 2 国間の貯蓄投資差額に一致するのだ
から，問題の本質は貯蓄投資差額にあり，経常黒字や赤字それ自体ではない
という議論は以前から存在する．いわゆる「IS バランス論」である．2000
年代にアメリカの経常赤字が急拡大した局面で，その持続可能性を議論する
際にもひとつの有力な見解となった．代表的なものは前 FRB（連邦準備制
度理事会）議長のバーナンキ（Bernanke, B.S.）氏が議長時代の 2005 年 3 月
に行ったスピーチである[5]．バーナンキ氏はこのスピーチで「様々な力が世
界的な貯蓄供給の著しい増加（世界的過剰貯蓄）を生み出し，それは米国の
経常収支赤字と今日の世界における相対的に低い水準の長期実質利子率の両
方を説明する」[6]と述べた．そして，経常赤字の原因はアメリカの外部にあ
るのだから，貯蓄率や財政収支を改善させるような国内の政策の効果は薄い
とも述べている．つまり，途上国や日本，ドイツの過剰貯蓄，即ち国内投資
の不足がアメリカへの対外投資を活発化させ，IS バランスの変化を通じて
アメリカの経常赤字を拡大させたということである．

この「過剰貯蓄説」はインバランスの原因を貸手側に求めるものともいえ，
アメリカ国内の住宅バブルへの対応や金融監督・規制の強化を「先送り」す
る理論的な支柱としての役割を果たした．しかし結局，危機の発生を抑止す

ることはできず，リーマン・ショック後は借手であるアメリカ側にも原因を求める議論がみられるようになった．ISバランス論の基礎となる経常収支と貯蓄投資差額の一致は，統計の仕組み上そのような恒等式が成立するというだけであり，アメリカの経常赤字が「自動的」に，問題なくファイナンスされることを意味しているわけではない．貯蓄投資差額が最終的に経常収支と一致するとしても，その過程で金利や為替相場による調整が発生し，実体経済に大きな影響を与えることがある．過剰貯蓄説の弱点はその認識が薄いことにあった．

　リーマン・ショック前後の対米投資の実態を確認しておこう．資本移動の規模を把握するには，金融収支として現れるネットの資本フローだけでなく，流出と流入を合わせたグロスの資本フローの規模を見ることが有用である[7]．図9-4では，ネットの資本流出入額を示す金融収支（経常収支とほぼ一致す

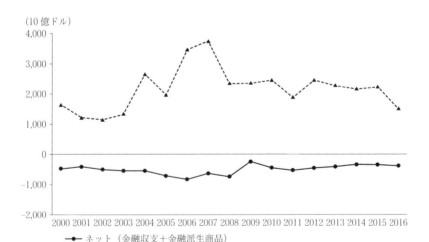

注：1）　BEAの発表形式では，金融派生商品は金融収支とは別立てとなっている．
　　2）　金融派生商品の値は2005年以前は発表されていない．
　　3）　その他投資および準備資産については，資産と負債の細目が公表されていない年があるので，資産と負債の合計値で算出した．
出所：BEA, U.S. International Transactions, Expanded Detail のデータを用いて筆者が作成．

図9-4　アメリカへの資本フローの推移

第9章　複合危機とグローバル・インバランス　　251

る[8]．マイナスはアメリカへの資金純流入を意味する．）のほかに，金融収支の構成項目ごとの資産・負債の絶対値を合計した「グロス」の資本移動額を示した．ここでいうグロス値は資本移動の規模を示すものであり，符号は資金移動の方向を示すものではないことに注意されたい．2000年代初めから半ばにかけてネットの変化に比べてグロスの変化ははるかに大きく，アメリカへの投資規模が経常赤字の拡大規模を超えて膨張したことが一目瞭然である．2007年までの対米投資の活発化が，金融の「技術革新」や住宅バブルなどに代表されるアメリカ側の要因によって加速されたことは疑いがない．そして，リーマン・ショックを契機にグロス投資の規模が急激に収縮し，経常赤字の変動とほぼ一致した動きをみせるようになった．

　過剰貯蓄説は，グローバル・インバランスの原因を黒字国の国内投資不足に求めるという点で，実体経済面での構造的問題を明らかにした議論であり，危機の背景分析としては一定の説得力を有している．しかし，グローバル・インバランスが世界経済危機にまで進展するには，対米投資の膨張を可能にした金融面での変化が決定的な役割を果たした．その意味では，世界金融危機はグローバル・インバランスを背景にして生じた複合危機だったということができよう．

(2)　アメリカ経常赤字の「自動的」ファイナンス論の限界

　ところで，アメリカは基軸通貨国であるから「負債決済」が可能であり，経常赤字ファイナンスは「自動的」に行われるという「特権」を有しているという議論がある．しかし，奥田宏司氏が指摘されているように，アメリカのドル建経常赤字はアメリカ居住者の外貨建対外資産の引き揚げ，つまり「資産決済」によって決済されることがあり，基軸通貨国といえども常に負債決済が可能であるわけではない[9]．また，日本や西欧諸国などのドル建貿易収支は赤字であるから，それら諸国のドル建対米投資はドル以外の通貨をわざわざドルに交換して行っている[10]．したがって，アメリカへの資金環流は「自動的」にではなく，金利差や為替相場などの要因により左右される[11]．

基軸通貨国だから「自動的」に経常赤字がファイナンスされるというのは言い過ぎであるといわねばならない.

アメリカの経常赤字が「自動的」にはファイナンスされないのだとすると,グローバル・インバランスの持続可能性は今も昔もアメリカ経常赤字のファイナンスの内容によって左右されることになる.図9-1では2000年代後半の赤字額が大きいために目立たないのだが,アメリカの経常赤字は1982年から87年にかけて一直線に拡大した.経常赤字とともに財政赤字が「双子の赤字」として問題視され,ドル体制の安定性が問われはじめたのはこの頃である.アメリカの経常赤字を主要な関心とせざるを得ない点では,グローバル・インバランス問題は古くて新しい問題だともいえる.

1980年代のアメリカ経常赤字をファイナンスしたのは主に日本であり,直接投資や証券投資などの形で巨額の対米投資がおこなわれた[12].また,民間投資に比べると規模は小さかったが,85年のプラザ合意以降に各国のドル建外貨準備(アメリカの国際収支表では「在米外国公的資産」)が増加したこともファイナンスに寄与した.90年代のアメリカ経常収支赤字も日本をはじめとする先進国によって主にファイナンスされていた.インバランス問題はこの時から存在していたが,この時期まではグローバルといえるほどの地理的広がりはみせていなかったといえる.

その後,90年代末から2000年代にかけて東アジア諸国や中東諸国が対米黒字を拡大させていったことで,経常収支のインバランスはグローバルな問題と認識されるようになった.Dooley, Folkerts-Landau and Garber (2003) が,90年代末以降のアメリカ経常赤字のファイナンス構造を「復活したブレトンウッズ(revived Bretton Woods system)」と名付け,中国や東南アジア諸国等の為替相場政策によるドル建外貨準備の拡大がグローバル・インバランスの持続可能性に大きな影響を与えていることを指摘したのはこの頃であった.

3. 金融危機後のグローバル・インバランス

(1) 金融危機前後のアメリカの経常赤字ファイナンス構造

　金融危機を経てアメリカ経常赤字のファイナンス構造は変化したのだろうか. すでに, 奥田 (2016a；2016b) で 2002 年から 2015 年第 3 四半期までの期間が分析されているので, 本節ではその後の状況を付け加えて論じることとしたい. 同論文で示された枠組みに依拠しつつ, 金融危機前後のファイナンスの構造の変化を明確にするために筆者が図 9-5 を作成した[13]. 2008 年と 2009 年はリーマン・ショック期として別立てとし, それ以外の時期を I 期：2007 年以前, II 期：2009-13 年, III 期：2014 年以降の 3 期に分けて概観する.

　I 期はアメリカの経常赤字がこれまでにない規模に拡大した時期にあたる. 図 9-4 でみたように, 2006 年と 2007 年はグロスで見た対米資本フローが急増した時期である. ただし, ネットでの民間資本流入 (直接投資収支＋在米外国公的資産を除いた証券投資収支＋その他収支) は 2006 年で 3,056 億ドルと, 経常赤字の 38% をカバーしているに過ぎない. 2007 年ではさらに民間のネット資本流入が −1,457 億ドル, 経常赤字の 21% にまで縮小した. なお, 2007 年については経常収支＋資本移転等収支と金融収支＋金融派生商品の乖離, すなわち統計上の不一致による資本流入が 778 億ドルと拡大しており, これが仮に民間投資によるものとすれば, 民間の対米投資による経常赤字のファイナンス比率は 31% に上昇する. いずれにしても, ファイナンスの主役は在米外国公的資産であり, 2006 年には −4,879 億ドル, 2007 年には −4,810 億ドル (マイナスは外国のドル建外貨準備の増加を意味する) を記録し, それぞれ経常赤字の 60%, 68% にのぼる割合をカバーしている.

　2008 年は資本の流れが一変した. 直接投資 (資産) が大幅に減少した結果, 直接投資収支がほぼ均衡した. 証券投資収支は大きく変化していないが,

254

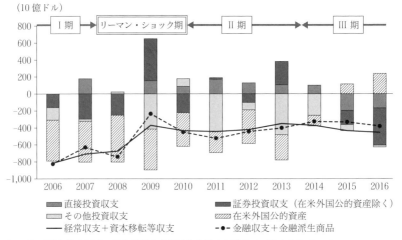

注：1) BEA発表形式では金融派生商品は金融収支と別立てで計上されている．
    2) 在米外国公的資産は，他の金融収支項目と合わせるために元データの符号を反対にして表示した．したがって，マイナスは増加（外国のドル準備等の増加）を意味する．
出所：BEA, U.S. International Transactions, Expanded Detail および U.S. International Financial Transactions for Liabilities to Foreign Official Agencies のデータを用いて筆者が作成．

図9-5　アメリカの金融収支の内訳

資産がマイナスに転じ，負債も大幅に減っている（図9-4でもみたグロス投資の大幅な減少）．その他投資収支は少額ながらプラスに転じた．2009年に入ると外国の対米投資引き揚げは加速し，証券投資収支（在米外国公的資産を除く）は大幅に黒字化，民間資本フロー全体も＋2,334億ドルと流入から流出に転じた．一方で，在米外国公的資産の規模はほぼ変わっておらず，混乱期のアメリカ経常赤字ファイナンスをかろうじて支えたといえる．

Ⅱ期はリーマン・ショックからの回復期である．2006年に8,060億ドルのピークを記録した経常赤字は2009年に半分以下の3,726億ドルに減少し，Ⅱ期に入ると4,000億ドル前後で比較的安定して推移している．民間の資本フロー全体もアメリカへの流入を回復したが，証券投資が主体であったⅠ期に対してその他投資が中心となっている点はⅡ期の特徴である．在米外国公的資産のマイナスが縮小するのもⅠ期との違いであるが，経常赤字ファイ

ナンスに占める比率は 2010 年から 2014 年までの平均で約 82% と，Ⅰ期よりも高くなっている．

Ⅲ期になるとファイナンスの構造が大きく変わる．2014 年の在米外国公的資産は −1,157 億ドルで，2013 年の −3,069 億ドルの 3 分の 1 近くにまで減少した．2015 年に入るとついにプラスに転じ，2016 年もプラス幅を拡大させている．一方で民間の対米投資の入超は拡大し，経常赤字ファイナンスに占める比率も 2014 年から 2016 年までの平均で約 93% まで上昇した．第 1 節で分析したように，2015 年以降はグローバル・インバランスの内容が大きく変化しているのだが，アメリカの経常赤字ファイナンス構造もこの時期に大きく変わったのである．

(2) アメリカ経常赤字ファイナンス構造の地域的特徴

グローバル・インバランスとアメリカ経常赤字のファイナンスの両方に生じた変化を関連付けて把握するために，アメリカの金融収支を地域毎に分析しよう．

①中東，中国

両地域は対米経常黒字をドルで保有しており，そのドルを主に証券投資もしくは外貨準備の形でアメリカに環流させている．両地域とも，基軸通貨国の「負債決済」モデルが最もよく当てはまる地域といえ，「復活したブレトンウッズ」論が指摘するようなアメリカの経常赤字ファイナンスの安定性に大きく寄与してきたといえる．

中東諸国は，図 9-6 で示すように，2015 年と 16 年については対米経常収支が赤字基調となったことでネットでの対米投資能力を喪失した．アメリカの対中東金融収支も，2015 年は合計で 258 億ドル，16 年は 354 億ドルの黒字（アメリカからの純流出）を計上している．ただ，2016 年末から 2017 年初頭にかけて中東諸国の経常収支が黒字化し，資本フローは再び逆転しているが，原油価格上昇の見通しが持てない現状ではかつてのような地位が復活

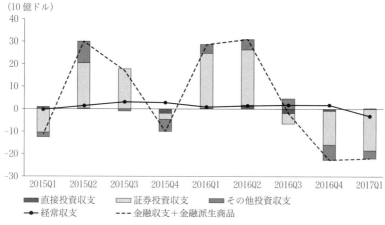

図 9-6　アメリカの対中東金融収支

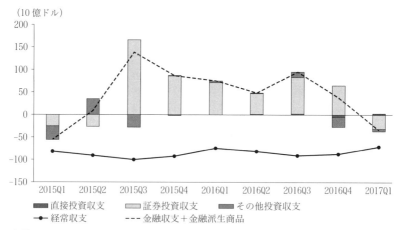

出所：BEA, U.S. International Transactions, Expanded Detail のデータを用いて筆者が作成．

図 9-7　アメリカの対中国金融収支

するとは考えにくい．

中国については，図 9-7 で示すとおり，アメリカの対中経常収支が赤字であるにもかかわらず 2015 年第 2 四半期から対中金融収支が黒字化している．

第9章　複合危機とグローバル・インバランス

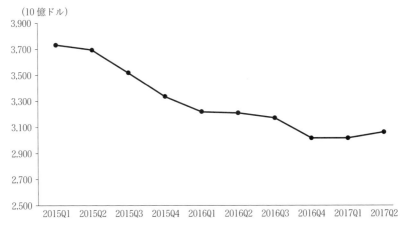

出所：SAFE（中国国家外貨管理局），The time-series data of China's Foreign Exchange Reserves のデータを用いて筆者が作成．

図 9-8　中国の外貨準備高（毎期末）

なかでも証券投資収支の黒字幅拡大が大きい．在米外国公的資産の地理的区分が発表されていないので断定はできないが，この多くは中国の外貨準備減少を意味していると考えられる．図 9-8 に示した中国の外貨準備高統計もそれを裏書きしている．外貨準備減少の背景には 2014 年からの人民元安の進行があり，間欠的な元買ドル売介入が実施されている[14]．アメリカの対中金融収支は 17 年第 1 四半期に再び赤字化しているが，それに呼応するように外貨準備の減少は 2016 年末で底を打ち，2017 年 6 月末まで若干の増加傾向にある．

図 9-7 はまた，2015 年以降の中国によるアメリカ経常赤字ファイナンスの主役が「統計上の不一致」（経常収支と金融収支＋金融派生商品の差額）だったことも示している．現金の密輸や貿易額の水増し，「影の銀行」などによる資金流出が実態として指摘されているが[15]，詳細は不明である．

②日本，ドイツ

対米経常収支が黒字を継続している点では①と同じであるが，ドル建の貿

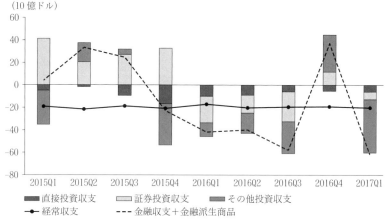

図 9-9 アメリカの対日本金融収支

易収支は赤字で，対米投資の原資となるドルを保有していない点が異なる．このグループは，ドル建の投資を行う際にはドル以外の通貨をドルに転換する必要がある．したがって，対米投資の規模が為替相場などに左右されるため，①のグループほど安定的なアメリカの経常赤字ファイナンスの担い手とはなりにくい．

日本について（図9-9），アメリカの対日経常赤字の水準は変わらないのに2015年から金融収支が黒字化（日本への流出超）し，統計上の不一致が拡大することになった．16年に入って証券投資とその他投資収支が赤字（アメリカへの流入超）に転じるが，16年第4四半期には再び黒字化し，17年に入りまた赤字に戻っている．

ドイツについて（図9-10），経常赤字の規模は日本とほぼ同じであるが，統計上の不一致の規模は日本よりは若干小さい．各投資項目の変動が大きく，経常赤字ファイナンスの面では安定性をやや欠いているのは日本と同様である．

第9章 複合危機とグローバル・インバランス　　259

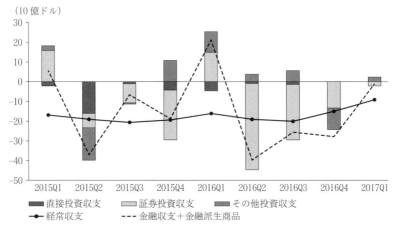

図 9-10　アメリカの対ドイツ金融収支

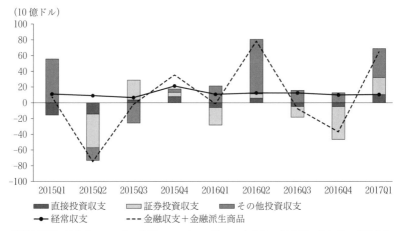

図 9-11　アメリカの対イギリス金融収支

③イギリス，その他西半球

　対米経常赤字国であり，ネットでの対米投資能力を有していないことが①および②との大きな違いである．イギリス（図 9-11）は国際金融市場を有

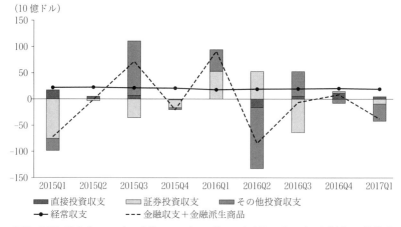

出所：BEA, U.S. International Transactions, Expanded Detail のデータを用いて筆者が作成．

図9-12　アメリカの対その他西半球金融収支

し，またタックスヘイブンとしての性格も持つことから，同国経由の対米投資は相当の規模にのぼり，アメリカの経常赤字ファイナンスの観点からは無視できない．イギリスの対米投資の主な内容は証券投資とその他投資である．なお，その他投資の中心は現預金である．その他西半球についても（図9-12），1,000億ドルを超えるその他投資赤字（その他西半球からの流入超）を記録するなど，アメリカへの資金流入ルートとして無視できない地位にある．

(3) 複合危機は再来するか

2000年代のアメリカ経常赤字ファイナンスは，極言すれば「オイル・マネー」や「チャイナ・マネー」にその多くを頼ってきた．2014年頃からこの構造に変化が生じつつあることを示した奥田宏司氏の論説に依拠しつつ，その傾向が現在まで継続していることを本章では明らかにした．1980年代の赤字ファイナンスは主に「ジャパン・マネー」によって担われてきたがゆえに，グローバルな問題として認識される機会は少なかった．しかし，90年代末以降の東アジアの経済成長と原油等の一次産品価格の上昇は，中国や

中東諸国を米経常赤字ファイナンスの主役に仕立て上げ，インバランス問題をグローバル化した．原油価格の低迷と人民元安の進行がアメリカの経常赤字ファイナンスの持続可能性に懸念を抱かせる要因になるという先行研究の指摘は，グローバル・インバランスの持続可能性を考える際にも有効である．

　原油価格の低迷をもたらしている一つの原因がアメリカの原油増産による構造的な需給変化であることを考えると，アメリカは自身でインバランスの持続可能性，つまりドル体制に影響を与えているようにも見える．トランプ政権の貿易政策の行方は現時点では不透明だが，仮に公約通りの保護主義的政策への回帰が実現し，人民元安圧力が強まった場合には，中国の外貨準備が再び減少に転じ，「チャイナ・マネー」による対米ファイナンスのあり方にも影響を及ぼすことになろう．

　「ジャパン・マネー」がアメリカ経常赤字ファイナンスの主役に返り咲くようなことや，「ドイツ・マネー」が新たな主役として台頭することはあるのだろうか．日本やヨーロッパの対米ファイナンスは民間の投資環境に依存する部分が大きく，金利や為替相場の動向で左右される不安定な要素を含む．16年11月のいわゆる「トランプ相場」が新興国からの大規模な資金流出を引き起こしたことが指摘されているが[16]，日本など先進国の対米投資にも影響を与えた可能性は否定できない．また，FOMC（連邦公開市場委員会）が17年10月からの資産圧縮の開始を決定したことで，金融市場の先行きに若干の不透明感が広まっており，この面からも対米ファイナンスへの影響は避けられないと思われる．

　ヨーロッパにおいては，「リージョナル・インバランス」が問題視されているわけであるから，ドイツが現在の水準で経常黒字を続けることそのものが大きなリスクになっている．ドイツの対米投資が増加することになれば，結果的にアメリカの経常赤字ファイナンスである程度の役割を果たすことにはなるが，ファイナンスの主体になる可能性は低いのではないか．むしろ，経常黒字の解消策の方がドイツには要請されると考えられる．

　この点に関して，今後ドイツがどのようにEUと関わっていくのかという

政治的要因に影響されることは避けられないであろう．17 年 9 月のドイツ
連邦議会選挙において極右政党が議席を獲得した結果，対 EU 政策にも一定
の変化が生じる可能性がある．巨額の対 EU 黒字を継続することは対外的に
困難であろうが，その修正も国内的に難しくなるかもしれない．

　世界金融危機を生んだグローバル・インバランスは依然として存在するが，
その内容は危機後に大きく変化した．先進国対新興国・発展途上国という枠
組みでは問題が十分に捉えられなくなっている．しかし，グローバル・イン
バランスの核になるアメリカの巨額の経常赤字には変化がない．そのファイ
ナンスを規定する様々な要因が複合して危機に発展する可能性は依然として
残っているといわざるを得ない．

　　注
1)　本章のもとになる構想について，本書の他の執筆者の方々から有益なコメント
　　を頂いた．また，日本国際経済学会関東支部研究会（2016 年 11 月 19 日，於東洋
　　大学）においても報告の機会を頂き，有益なコメントを頂いた．
2)　グローバル・インバランスの定義および議論の整理は，田中素香（2008）；白井
　　（2009）；松林（2010）；高浜（2012）；中村（2013）；小川（2013）；星野智樹
　　（2015）を参照した．また，図 9-1 で用いたグローバル・インバランスの図示の方
　　法については IMF, *World Economic Outlook*, Sep. 2011, p. 25, Figure 1.20 を参
　　考にした．
3)　ヨーロッパにおけるリージョナル・インバランスの拡大については，高浜
　　（2012）および星野郁（2015）第 3 章で分析されており，賃金抑制政策などに代表
　　されるドイツの労働市場改革が大きな要因であったことなどが指摘されている．
4)　以上，アメリカの原油生産及び貿易の現状については，日本産業機械工業会
　　（2016）に拠っている．
5)　Bernanke（2005）.
6)　Bernanke（2005），引用は岡本・松田訳 124 頁．
7)　1990 年代後半から 2000 年代までのグロスの資本フローに着目した研究には岩
　　本（2012）がある．
8)　BEA（アメリカ経済分析局）の発表形式では金融派生商品が金融収支に含まれ
　　ていないので，IMF マニュアルに準拠した意味での金融収支ではないが，本章の
　　分析には大きな影響を与えない．
9)　奥田（2008）.
10)　経常収支を通貨別に区分してファイナンス構造を把握することの必要性は，奥

田（1997）において詳細に述べられている．また，この問題意識を受けて筆者も田中綾一（2014）において，2014年の日本の通貨別経常収支と為替需給の状況を論じている．

11）　奥田（2008）および田中綾一（2014）．

12）　1980年代から90年代にかけてのアメリカ経常赤字ファイナンスの説明は，奥田（1988；1999；2016b）に拠っている．

13）　奥田（2016a）92頁では2013年から2015年第3四半期までのアメリカ国際収支が詳述されており，奥田（2016b）ではそれを踏まえた2000年代のアメリカ経常赤字ファイナンス構造が概説されている．筆者の作成したグラフにおける時期区分もこれらの研究を踏まえたものである．なお，原論文発表後のBEAデータの改訂に合わせて，筆者の責任で数値を算出し直している．

14）　ここ数年の動きとして，たとえば，「中国，国外で元買い介入　過度な元安阻止鮮明に」『日本経済新聞』電子版，2015年9月11日；「中国人民銀行，国有銀行通じてドル売り・人民元買い介入＝市場筋」ロイター日本版，2016年6月30日；「中国人民元，週間で1月以来の大幅高となる勢い―介入観測広がる」ブルームバーグニュース，2017年5月26日などが挙げられる．

15）　「中国マネーの国外流出，当局規制すり抜け拡大の一途」ロイター日本版，2016年11月15日．

16）　「トランプショック後の新興国マネーフロー」『三井住友銀行調査月報』，2017年1月号．

参考文献

岩本武和（2012），「対外インバランスと富の移転：日米における評価効果の非対称性」貝塚啓明，財務省財務政策総合研究所編著『国際的マネーフローの研究：世界金融危機をもたらした構造的課題』中央経済社．

小川英治（2013），「グローバル・インバランスと国際通貨体制」小川英治編『グローバル・インバランスと国際通貨体制』東洋経済新報社．

奥田宏司（1988），「対米ファイナンスにおける日本と西ドイツの役割の差異」『立命館国際研究』1巻1・2号，立命館大学国際関係学会（奥田宏司『ドル体制と国際通貨』ミネルヴァ書房，1996年，所収）．

―――（1997），「国際通貨の諸相と概念」『関西大学商学論集』42巻2号（奥田宏司『ドル体制とユーロ・円』日本経済評論社，2002年，所収）．

―――（1999），「1990年代のアメリカ国際収支構造とマネーフロー――ドル体制の「回復」局面への移行と流動資金による信用連鎖」『立命館国際研究』42巻2号（奥田宏司『ドル体制とユーロ・円』日本経済評論社，2002年，所収）．

―――（2008），「アメリカ経常赤字の「自動的ファイナンス」論について――国際通貨ドル論とI-Sバランス論の問題点」『立命館国際研究』20巻3号，立命館大学国際関係学会（奥田宏司『現代国際通貨体制』日本経済評論社，2012年，所収）．

──── (2016a)，「原油価格の低落と中国のドル準備の減少の中での対米ファイナンス──国際マネーフローの変容についての覚書」『立命館国際研究』29 巻 1 号，立命館大学国際関係学会．

──── (2016b)，「ドル体制の変遷と現状」奥田宏司・代田純・櫻井公人編『現代国際金融：構図と解明（第 3 版）』法律文化社．

白井さゆり (2009)，「世界経済危機とグローバル・インバランス──国際経済秩序へのインプリケーション」SFC ディスカッションペーパー，SFC-DP 2009-008．

高浜光信 (2012)，「グローバル・インバランスとその調整」上川孝夫・藤田誠一編『現代国際金融（第 4 版）』有斐閣．

田中素香 (2008)，「グローバル・インバランス──「世界不均衡」の性格解明に向けて」田中素香・岩田健治編『現代国際金融』有斐閣．

田中綾一 (2014)，「日本の経常収支動向と国際収支分析の問題点──縮小する経常黒字と 2014 年上半期の国際収支構造」『関東学院法学』第 24 巻第 3 号，関東学院大学法学会．

中村周史 (2013)，「グローバル・インバランスとマクロ経済の関係」小川英治編『グローバル・インバランスと国際通貨体制』東洋経済新報社．

日本産業機械工業会 (2016)，「米国のエネルギー事情」『海外情報』6 月号．

星野郁 (2015)，『EU 経済・通貨統合とユーロ危機』日本経済評論社．

星野智樹 (2015)，「グローバル金融危機後の「グローバル・インバランス論争」」『立教経済学研究』第 69 巻第 1 号．

松林洋一 (2010)，「グローバル・インバランスの発生と調整：概念整理と予測」松林洋一『対外不均衡とマクロ経済』東洋経済新報社．

Bernanke, B.S. (2005), 'The Global Saving Glut and the U.S. Current Account Deficit', Mar. 10, FRB Speech.（岡本恵也・松田英明訳「ベン・S・バーナンキ　世界的過剰貯蓄と米国の経常収支赤字」『熊本学園大学経済論集』第 13 巻第 3・4 号，2007 年 3 月）

Dooley, M.P., D. Folkerts-Landau and P. Garber (2003), "An Essay on the Revived Bretton Woods System," NBER Working Paper, No. 9971, Sep.

第10章
複合危機と国際経済秩序の行方

飯 島 寛 之

1. 新しい国際金融秩序の模索

(1) 国際金融秩序とガバナンスの再構築

2009年4月にロンドンで開催されたG20首脳会議は，議長であるイギリスのブラウン（Brown, G.）首相（当時）の「Old Washington consensus is over」という言葉で締め括られた．ワシントン・コンセンサスはもともと金融危機に陥った中南米の累積債務国に必要な「政策処方箋」として，国際通貨基金（IMF）や世界銀行そしてアメリカ政府のあいだに一致した意見があるとしてウィリアムソン（Williamson, J.）が用いた言葉である．その処方箋は，一言でいえば新自由主義的経済政策あるいは市場原理主義的経済政策であり，こうした経済政策・思想がワシントン・コンセンサスと呼ばれたといってもよいであろう．ブラウン首相の「旧いワシントン・コンセンサス」がこうした経済政策のことを指すものであるとすれば，その「終わり」が意味するところは，アメリカを中心に主要先進国が作り上げてきた国際金融秩序の終焉，自由主義政策の後退あるいはその再編ということになろう．

翻ってみれば，ブレトンウッズ体制というアメリカを軸とする国際通貨体制が崩壊した1970年代以降の国際金融秩序の下，主要先進国主導で行われてきた国際金融ガバナンスは幾度も危機に直面しつつ，それを契機に発展・強化されてきた．とりわけ90年代の東アジアにおける通貨・金融危機は，救済の中核的役割を担うIMF改革を促し，金融安定フォーラム（FSF）が

創設される契機になるなど，危機を媒介として国際金融ガバナンスは質的向上を遂げてきたといわれている．

それにもかかわらず，世界金融危機後にそれまでの国際金融秩序の終焉や自由主義政策の後退が生じているのであるとすれば，それはそれまでの国際的協力体制や制度的枠組みの再構築といったいわば「舞台装置」の改良ではなく，制度づくりのプロセスや担い手，そしてそれらを支える思想といった「舞台」そのものが変わりつつあることを意味することになる．しかもこの変化の起源は決して世界金融危機という未曾有の金融危機だけにあるわけではない．それは世界経済，とりわけこれまで国際金融秩序・ガバナンスを主導してきた先進諸国が直面する「複合危機」——金融危機と景気の後退・低迷，そして財政危機という3つの「危機」とそれらの間で相互に生じる悪循環，そしてこれらが一国にとどまらずグローバルに連鎖・伝播していく「危機」——を起源にし，それに促され，押し戻されながら変化している．本章の課題はこれらのことを確認し，新しい国際金融秩序とガバナンスにかかる萌芽の全体像を理解することにある．以下，1990年代後半以降の国際金融改革を振り返った後，主に2つの観点——新興国の台頭，金融規制の再強化——からこの課題を検討していく．

(2) 旧来型国際金融秩序の特徴

1972年のIMF総会において設立されたC20（20カ国委員会）がわずか2年でその役目を終えて以降，国際金融政策や為替相場政策などの国際金融問題に対して重要な役割を演じてきたのは，G5（あるいはG7）蔵相・中央銀行総裁会議であった．先進各国の蔵相・中央銀行総裁会議が先導して設定した議論と提案とをサミットで討議・決定するというプロセスを通じて国際金融秩序が維持されてきたのである．国際金融にかかわる諸問題を全世界的な観点から議論しようとすれば，IMFなどの超国家機関がそれを主導することが望ましいといえるかもしれない．しかし，その意思決定過程が非効率であるためにG7などの政府間グループが登場した．その意味では，政府間グ

ループはマルチラテラリズムを維持するために生まれたといってもよいであろう.

こうした関係のなかで通貨・金融危機が生じた際には,主要国間の合意にもとづいて IMF が危機管理の中核的な役割を果たしてきたし,危機を予防するために IMF がサーベイランスを実施し,バーゼル銀行監督委員会（BCBS）をはじめとする国際基準設定機関（SSB）[1] が基準や原則,ガイドラインを設定してきた.しかし,これらの基準や原則も G7 での取り極めを円滑に実行するためのものであり,その意味でも 70 年代以降の国際金融秩序やガバナンスは,主要先進国によって形成され,主導されてきたといえよう.その特徴は次の点にある.

第 1 に,主要政府間グループによる合意形成は多国間のそれよりも迅速で柔軟である反面,代表制と合法性に欠けるため,主要先進国は自らの意思決定を多国間機関の枠組みのなかでオーソライズしたという点である.G7 財務相・中央銀行総裁会議,さらに BIS 中央銀行総裁会議などにおける協議事項や非公式な政府間合意では合意可能な最低限の基準を設定し,その執行を IMF 等の国際機関に委ねる一方,各国はそれを実効力のあるものにするために国内で法的手続きを進めるというプロセスをたどって主要国による意思決定が国際合意として実質化されてきた.

第 2 に,国際金融にかかわる取り極めは,他の対外経済政策,たとえば貿易取引に関するそれと大きく異なり,条約という形態や罰則規定を備えたハードローではなく,そのルールに法的拘束力のないソフトローにもとづく規制・監督体制に依拠してきたことである[2].金融安定化のための規制や監督は,各国間で合意された罰則なき最低限のルールの下で民間取引主体に影響を与え,その行動を律することで行われてきたのである.

第 3 に,これらの合意や取り極めが金融自由化を前提に進められてきたことである.その背後には,70 年代以降の先進諸国が直面した実物経済の低調さと構造的な資本蓄積の停滞,それを金融取引の拡大・深化によって打開しようとする試みがあったことは否定できない.また,新古典派経済にもと

づく経済思想が政策立案過程に浸透したことも，資本移動に対する規制撤廃を理念として推し進める根拠となった[3]．80年代半ば以降，資本取引の自由化はすべての先進国が受け入れる行動規範となり，90年代には途上国においても積極的にそれを受け入れる主導的思想になったのである．

(3) 1990年代以降の再構築

このような国際金融ガバナンスのあり方は，1990年代に相次ぎ生じた通貨危機を直接の契機として分岐点を迎えた．途上国が金融自由化を進め，国際資金循環のなかに組み入れられていっているにもかかわらず，国際金融ガバナンスのあり方がそれに十分に適合していないことが通貨危機の原因であったとの反省から，国際金融アーキテクチャーおよびガバナンス改革が要請されたのである．

1998年のバーミンガム・サミットにおいて①情報公開と透明性向上，②秩序だった資本移動の自由化，③各国金融システムの強化，④国際金融機関の役割と協力の促進などを内容とする改革（グローバル金融システムのアーキテクチャー強化）が提起されたことを手始めに，90年代後半以降，G7だけでなく議論の枠組みを22カ国グループ（G22）に拡大して[4]国際金融アーキテクチャー強化のための議論が具体化してきた．ここではアジア通貨危機以降，市場の暴走に対する批判が高まる中で，市場原理の原則や金融自由化という基本姿勢を変えずに，国際金融ガバナンスの新たな国際合意をなしていくことが確認されていった．

このような議論を経て形成された金融危機防止と金融安定のための重要な成果は，金融安定フォーラム（FSF）の創設にある．FSFは，G7各国の規制当局とIMFやBIS，さらにバーゼル銀行監督委員会（BCBS）や証券監督者国際機構（IOSCO）および保険監督者国際機構（IAIS）といった国際金融組織との協力・調整を円滑に進め，金融市場の監督・監視に関する国際協力を強化することを目的に，1999年2月のボンでのG7において設立が承認されたものである．この背景には，それまでの国際金融ガバナンスにおいて

第10章　複合危機と国際経済秩序の行方　　　　269

表 10-1　世界金融危機以前の国際金融安定化のための枠組み

	クロスボーダーのシステミック・リスクの源泉			
	グローバル 金融機関	グローバル市場	規制を受けない 金融機関	経済と金融の 安定化策の失敗
市場規律と透明性	部分的にある	もっとも重要	まったくなし	委員会の構造, ピア・プレッシ ャー, 明確性と 透明性の欠如
金融規制	資本規制に関す る国際協調を踏 まえた各国の方 針による	形式的な規制な し	規制なし	明確な枠組みは なく, 協調・協 力も効率的でな い
ミクロ・プルーデンス規制	バーゼルプロセ スを通じたベス ト・プラクティ スと協同した各 国の方針による	適用されない	監督なし	システム上重要 な金融機関を監 督するのに不十 分でない国際協 力
マクロ・プルーデンス規制	システム的に重 要であるかどう かによる	各国市場の監視, IMF による 多 国 間 監 視, FSF による 脆 弱性の議論	各国市場と金融 機関の監視を通 じて	システミックな 圧力に先んじて マクロ経済的お よび監督政策を 適合させること に失敗した各国 政策当局と
危機管理と解決策	各国の規定と方 針による	中央銀行間協力 と協調を踏まえ た各国の方針に よる	枠組みなし	枠組みはなく, 協力や協調も効 果的でない

出所：Schinasi and Truman（2010）.

異なる課題を担う組織や団体がそれぞれ違った原則や手法によって基準や指針を策定してきたことが，相次ぐ危機を生じさせたという反省があった．FSF の設立によってもソフトローにもとづくガバナンスの枠組みが変わったわけではない．しかし，規制・監督機関と各国の規制当局とのコーディネートを目的とする FSF の設立は，各国・国際機関ごとに進めてきた規制・監督を統一的視点をもって調整する必要性が生じたことを浮き彫りにした点において，国際金融ガバナンス上のひとつの画期であった．

　こうして 90 年代には，自由化という基本路線は変えることなくサーベイランスの改善，透明性向上，議論の枠組み拡大，国際基準設定とその情報共有を補強しながら金融安定化を目指す国際金融ガバナンスが志向された．し

かしそれでも，Schinasi and Truman（2010）がまとめるように，国際金融
安定化のための枠組みは各危機で明らかになった欠陥や穴を埋めるように改
善が加えられてきたパッチワークのようなものであった（表 10-1）．世界金
融危機の発生と深刻化とは，金融のグローバル化が急速に進展し続けるなか
で縫合的に進められてきた国際金融ガバナンスの限界を露呈させることにな
ったのである．

2. 新興国の台頭と新しい国際金融秩序

(1) G20 を軸とする新しいガバナンスへの転換

2008 年 9 月のリーマン・ブラザーズ破たん直後からイギリス，フランス
の度重なる緊急首脳会議開催の要請を受け，10 月に G20 財務省・中央銀行
総裁会議，11 月に G20 首脳会議（世界市場と世界経済のサミット）がワシ
ントンで開催された．

通貨・金融危機に見舞われた途上国を先進国が指導・監督し，対話を深め
るための政府間グループとして成立した G20 がサミットに格上げされ，
2009 年のピッツバーグ・サミットでは「国際経済協力を話し合う第一の定
例協議の場」として国際金融ガバナンスの主体におかれたことは，先進諸国
を中心とする政府間グループでの決定力が低下して新興国の協力抜きには世
界経済が管理・運営できないことを示した点で歴史的な転換点であった．
G20 の役割はグローバル経済の規律を定め，貿易や金融の秩序を管理・維持
する最高意思決定の場に変わり，主要新興国は国際金融秩序における意思決
定に発言する機会を獲得することになった．また，主要新興国はバーゼル銀
行監督委員会（BCBS）や金融安定理事会（FSB）にも加わり，国際金融基
準やガイドラインづくりにおいても発言権を手にするに至った．G7 など主
要先進国が実質的な意思決定を行い，IMF や世界銀行を通じて国際金融を
統治するという国際金融ガバナンスは，新興国を加えた G20 を中心に担わ
れることになったのである．

第 10 章　複合危機と国際経済秩序の行方　　　271

　こうしたガバナンスは，これ以前の数年間に生じてきたパワーバランスの
変化と世界経済の成長のあり方が行きづまりを迎えたことを反映するもので
ある．すなわち，先進国の低成長と新興国の台頭という国際経済関係を基底
としながら，先進諸国は一方で実物面における新興国の成長への依存を高め
つつ，他方で国内外に金融資産を累増させ，金融活動の拡大による収益拡大
を追求するという成長が行きづまった結果である．たとえば，前者について
確認しておこう．

　1980 年の段階で G7 の名目国内総生産（GDP）の合計は世界の約 62% を
占めていた．ここに現在の G20 に該当する国々（ヨーロッパ連合とロシア
を除く）を合わせても約 78% であるから，7 カ国の決定が国際金融問題を
含む国際政治・経済のあり方を左右したことも自然であった．ところが
2014 年の世界の GDP に占める G20 諸国の割合は約 77% で変わっていない
にもかかわらず，G7 の割合は約 46% に低下している[5]．主要先進国の割合
が低下した分だけ，G20 の新興国経済の割合が上昇したのである．この間，
先進諸国は新興国の成長をまずは低コストの生産拠点として，さらに販売市
場や投融資市場として取り込むことに注力してきたし，世界金融危機からの
脱却に際してその傾向をいっそう強めることになった．

　他方，国際金融活動の拡大を支えた金融の規制緩和・自由化は，国際資金
循環に組み込まれはじめた新興国において危機が頻発する重要な理由のひと
つとされたが，すでにみたように先進諸国はそうした事態に対し，市場重視
型の規制を課しながら金融の自由化を堅持してきた．ところがそうした規制
の「失敗」としての世界金融危機以降，より強力でより国際的に整合性を持
った監督・規制の枠組みを構築することが不可欠であるとの認識が高まって
いる．その議論では国際金融システムの安定性と効率性，そして規制の枠組
みという 3 点を国際金融ガバナンスにいかにして位置付けるかが重要な論点
になるのであるが，この検討は 3 節に譲る．本節ではまず新興国の躍進を受
けて変化を求められた国際金融機関の改革と創設の検討を通じて，新しい国
際金融秩序の萌芽とその下でのガバナンスの変化について確認していこう．

(2) IMF 改革

　強制的な問題解決メカニズムをもってはいなかったものの，1970 年代以降 IMF には，開発途上国の持続可能な成長や発展の必要条件となるマクロ経済の安定を保証する国際的セーフティネットの役割が期待されてきた．しかしながら，IMF が期待される機能と役割を適切に果たしてきたかどうかについては，とりわけ 1990 年代後半以降，批判的見解が多数存在する．たとえばアメリカ議会が設置した国際金融諮問委員会である International Financial Institution Advisory Commission（2000）が，IMF の機能や責務の重複による効率性低下，説明責任不足，業務の透明性向上の必要性を提言して IMF の抜本的な改革を求めたように，IMF はその存在意義を問われる事態に直面していた[6]．しかし，こうした IMF への逆風は世界金融危機後に一変する．危機以降，IMF には融資の申請が増え，G20 ロンドン・サミットでは IMF と国際開発金融機関を通じた新興国・発展途上国への支援拡大が約束される[7]など，IMF への期待が再び高まったのである．

　新興国の台頭による新しい国際金融秩序形成の萌芽と，国際金融ガバナンスの中枢にある IMF への期待の高まりという変化のなかで IMF に求められたことは，①融資制度の見直し[8]と資金基盤の拡充，②新興国の影響力拡大を反映した議決権配分の見直し，③G20 の下に設立される金融安定理事会（FSB）と連携して国際金融ガバナンスを見直すことであった[9]．③は他機関との連携にもかかわる課題であるから 3 節であわせて検討することにして，ここでは①と②について見ていこう．

　IMF の資金基盤拡充には 2 つの方法がある．ひとつは加盟国からの借入れ[10]，もうひとつは加盟国が払い込む出資金（クォータ）の増資である．主として融資の原資には後者が充てられるため，クォータ改革の焦点は資金基盤の拡充（上述①）と，それに伴って生じる割り当ての見直し（上述②）にある．

　IMF はこれまでも概ね 5 年ごとにクォータの一般見直しを行ってきたものの，その変更には総議決権の 85％ の賛同が必要であったことから，クォ

第 10 章　複合危機と国際経済秩序の行方　　　　273

表 **10-2**　IMF クォータの一般見直し

クォータの一般見直し	決議採択	クォータの総増資
第 1 次（1950 年）	増資提案なし	——
第 2 次（1955 年）	増資提案なし	——
第 3 次（1960 年）	増資提案なし	——
第 4 次（1965 年）	1965 年 3 月	30.70%
第 5 次（1970 年）	1970 年 2 月	35.40%
第 6 次（1976 年）	1976 年 3 月	33.60%
第 7 次（1978 年）	1978 年 12 月	50.90%
第 8 次（1983 年）	1983 年 3 月	47.50%
第 9 次（1990 年）	1990 年 6 月	50%
第 10 次（1995 年）	増資提案なし	——
第 11 次（1998 年）	1998 年 1 月	45%
第 12 次（2003 年）	増資提案なし	——
第 13 次（2008 年）	増資提案なし	——
第 14 次（2010 年）	2010 年 12 月	100%

出所：IMF，ファクトシート「IMF クォータ」
(https://www.imf.org/external/japanese/np/exr/facts/pdf/quotasj.pdf)

ータの変更は限定的にしか実施されてこなかった（表 10-2）．しかしその結果，たとえば中国が世界第 2 位の経済規模であるにもかかわらず，クォータの大きさに規定される議決権（voting power）[11] は，経済規模が 5 分の 1 程度のイタリアと変わらないものでありつづけるなど，国際金融ガバナンスの中心にいる先進国と，台頭する新興国がもつ発言力は経済力を反映したものではなくなっていた．IMF のガバナンスにおける発言力が経済規模を反映していないという議決権への不満，加えて世界金融危機に至る過程で実施されていた IMF サーベイランスに対して不信を抱える主要新興国がクォータ改革を要求したのは自然の流れであった．

　こうした改革要求を受けて 2010 年 11 月の IMF 理事会は，第 14 次増資としてクォータ総額を約 2,400 億 SDR から約 4,800 億 SDR に倍増し，同時に経済力の実勢を反映して新興国・途上国の出資割合を約 6%増加することなどを決定した．最大出資国のアメリカの批准が大幅に遅れたことで，この発効は 2016 年 1 月にずれ込んだものの，かつてない大規模な変更が実現したのは，世界金融危機下において経済の安定と回復を望む先進国が，新興国

の要求を受け入れざるをえなかったからにほかならない．IMF の意思決定において新興国の発言力が高まったことを明確にしたという点で，2010 年の決定は「65 年の歴史のなかで最も抜本的」（IMF, Press Release, No. 10/418, 2010 年 11 月 5 日）で画期的なことであったといえよう．

とはいえ，新しいクォータの下でもアメリカの議決権割合は 15% 以上を有して事実上の拒否権を持っており，G7 の議決権割合の合計も 2% ほど減少したに過ぎない．反対に，中国をはじめ，インド，ロシア，ブラジルも G7 の一角であるカナダを超える議決権を手にはしたが，新興・途上国全体の割合は 3% ほど増えただけである．また，理事選出のための体制は依然として保守的であって，欧米主導の金融秩序から転換したとは到底いうことができない．こうした事情から，主要新興国は一方で IMF での発言力の高まりを歓迎しながら，その指導者からは IMF に依存しない独自の枠組みを模索していく必要があるとの見方を示す発言も相次いでいる[12]．その枠組みとはどのようなものであろうか．次にこの点をみよう．

(3) 国際開発金融機関の創設

米州開発銀行（IDB）やアフリカ開発銀行（AfDB），アジア開発銀行（ADB）およびヨーロッパ復興開発銀行（EBRD）といった国際開発金融機関は，戦後の国際金融秩序のもとに設立された世界銀行とともに開発金融の重要な一角を担ってきた．しかし，新興国の台頭はこの開発金融体制にも一石を投じている．背景にあるのは，先進国が主導する既存の開発金融体制の下で採られる慎重な融資姿勢とは対照的に，加速する新興国のインフラ需要である．

たとえば Bhattacharya（2012）は，途上国および新興国でのインフラ投資需要が 2023 年までに年平均 1.8〜2.3 兆ドルに上るとの試算を示し，ADB（2017）は 2016-30 年にアジアのインフラ需要が 26 兆ドルに達すると推計するなど，これから必要とされる資金需要は大規模な額に上る．ところが，現段階において提供されている金額は世界の ODA 総額で 1,400 億ドル足らず

第10章　複合危機と国際経済秩序の行方　275

（ODA実績支出純額），国際開発金融機関の新規年間投融資額合計は1,000億ドル程度にすぎない．もちろん，これら公的な開発金融だけでインフラ需要をすべて担うことは想定されておらず，それを呼び水とした民間投資の活用を企図していることはいうまでもないが，このギャップを新興国が自ら埋めるために国際金融機関を新設していることは，これまでの国際金融秩序にない新しい事態である．

　新しい動きのひとつは，ブラジル，ロシア，インド，中国，南アフリカが参加して行われた新興5カ国首脳会議で合意された新開発銀行（NDB BRICS）の設立と緊急時外貨準備基金の創設である．2015年7月に設立され，2016年夏に初めての年次総会を開催した新開発銀行の融資の原資となる授権資本（500億ドル）はADBやIDBの4分の1程度と小規模であるが，インフラ建設を含む持続的開発プロジェクトに融資を目的とした「新興国の世界銀行」としての役割を期待されている．一方，2014年7月に設立合意された1,000億ドルにのぼる外貨準備基金（中国が41％，ブラジル・インド・ロシアが各18％，南アフリカが5％を拠出）は，「新興国のIMF」として，すなわち国際金融市場での流動性逼迫に対処するための資金融通を目的として設立された．

　もうひとつは，アジア太平洋経済協力会議（APEC）首脳会議の場で中国によって提唱され，2016年1月に業務を開始したアジアインフラ投資銀行（AIIB）である．設立時の授権資本金（資本金）は1,000億ドルであるが，2017年10月段階においてそのうち32％ほどを中国が拠出し，議決権の27.5％を保有している．重要事項の決定には75％以上の議決権が必要であることから中国のみが事実上の拒否権を有する体制であるなど，その透明性やガバナンス上の問題が指摘されてはいるが，80カ国という加盟国数[13]はADBのそれを上回っており，中東や南アメリカとアフリカといった途上国から，イギリス，ドイツ，フランスなどヨーロッパの主要先進国まで広範な国々が参加しているという点に，各国の思惑を反映したAIIBの影響力や期待の大きさを物語る特徴をみることができる．

276

いずれの金融機関も，その設立が発表された時点では，既存の国際金融機関との「対立」や「挑戦」が取り立たされた．しかし，たとえば設立から1年半で行われた AIIB の投融資 16 件（約 25 億ドル）のうち 12 件（約 19 億ドル）が世界銀行や ADB との協調融資であった[14]ように，新興国主導の新しい国際金融機関の設立は，既存の金融秩序に対する「対抗」ということだけではその意義を理解することができない．NDB や AIIB などの国際金融機関をはじめ，アジアやヨーロッパ，ラテンアメリカなどにみる地域的金融安定メカニズムは，既存の金融秩序でカバーしきれない国際金融安定上の欠陥をカバーするものとして拡張され，新しい枠組みの中で重要な役割を果たすものとして見ることができよう．

3. 金融規制と監視の再構築

(1) マクロ・プルーデンス政策

すでにみたように，世界金融危機以降，G7 に代わって G20 が国際金融秩序を管理・維持する最高意思決定の場になった．この G20 首脳会議では，「不均衡是正」（2009 年 10 月，ピッツバーグ），「財政健全化」（10 年 6 月，トロント）など種々の問題が取り上げられてきたが，一貫して議論され続けている重要な課題は国際的な金融規制と監督の再構築である．

世界金融危機以降，国際的な規制・監督のあり方は① G20 が全体の方向づけを行い，② IMF が世界金融システムのサーベイランス，③金融安定理事会（FSB）が基準策定プロセスの監視と調整を分担して担うことになった．しかもその④ IMF と FSB は早期警報制度について協力し，⑤各国は国内法・ルールを制定し，監督・規制を実施することによって再構築が図られてきた（表 10-3）．このなかで国際協調の鍵を握るのは，金融安定フォーラム（FSF）を改組して設立された FSB であるが，定款にも掲げられているように，その決定には法的拘束力は与えられていない[15]．すなわち，G20 の国際金融ガバナンスは，かつてのソフトガバナンスの枠組みを変えないまま，

第10章 複合危機と国際経済秩序の行方

表10-3 FSB のメンバーシップ

			財務省	中央銀行	監督当局
G7		カナダ	○	○	○
		フランス	○	○	○
		ドイツ	○	○	○
		イタリア	○	○	○
		日本	○	○	○
		イギリス	○	○	○
		アメリカ	○	○	○
	G20	アルゼンチン	○	○	―
		オーストラリア	○	○	―
		ブラジル	○	○	○
		中国	○	○	○
		インド	○	○	○
		インドネシア	○	○	―
		韓国	―	○	○
		メキシコ	○	○	―
		ロシア	○	○	○
		サウジアラビア	○	○	―
		南アフリカ	○	○	―
		トルコ	○	○	―
		香港	―	○	○
		オランダ	○	○	○
		シンガポール	―	○	○
		スペイン	○	○	○
		スイス	○	○	―
G20	EU	ECB（ヨーロッパ中央銀行）			
		ヨーロッパ委員会			

BIS（国際決済銀行）
IMF（国際通貨基金）
OECD（経済開発協力機構）
World Bank（世界銀行）

BCBS（バーゼル銀行監督委員会）
CPSS（支払・決済システム委員会）
CGFS（グローバル金融システム委員会）
IASB（国際会計基準審議会）
IAIS（保険監督者国際機構）
IOSCO（証券監督者国際機構）

出所：FSB ウェブサイトによる．

FSB を通じて金融規制の国際的な整合性を図り，もって国際金融の安定化を実現しようとするものである．このG20，FSB，IMF の協力体制の下に進む規制や監督改革のポイントは，大きく 3 つに集約できる[16]．

第 1 は，金融システム全体の安定性を確保するマクロ・プルーデンスの視点を重視して規制と監督を再構築し，それを強化することを前提に制度づくりが進められるということである．マクロ・プルーデンスという概念は1970 年代後半から利用され始めた考え方[17]であるが，金融危機後にこれに焦点が当てられるようになったのは，危機以前，規制当局による監督上の視点が個々の金融機関の健全性，すなわちミクロ・プルーデンスに焦点が当てられていたため，金融危機をもたらしたシステミック・リスクを適切に把握できなかったという反省があったからである．

そこで危機後の改革では，国際金融システム全体に影響を与える重要な金融機関に対して事前の監督規制を強化し，事後対策として破たん後も秩序だって整理できるようにすることで，金融システムに大きな影響を及ぼさない制度づくりが目指されることになった．FSB, IMF and BIS（2011）によると，プルーデンスツールを利用することで①金融のインバランスの積み上がりを抑えて，その後に訪れる悪循環のスピードと熾烈さとを抑制し，経済への影響を制限する防衛策をつくること，②システム全体の伝播・波及効果の原因となる共通のエクスポージャーやリスク集中，相互連関および相互依存性を特定してそれに対処することによって，実体経済に重大な影響をもたらす主要な金融サービスが混乱するような事態を抑えることが具体的な目的となる[18]．これに呼応してアメリカ，ヨーロッパでも監督当局が相互に連携を取り，規制の隙間を埋めるように金融システムの安全性を点検し，ミクロ・プルーデンスに加えてマクロ・プルーデンスの視点からも金融規制・監督を議論する場が創設されている[19]．

ただし，マクロ・プルーデンスもまた，事後的な対処療法的な規制政策である点は否めず，金融取引手法の発展・取引量の拡大によって生じる金融不安定性を抑制するには十分とはいえない．それゆえ，新しいガバナンスのあ

り方として直接規則や罰則を備えた機関として FSB を再組織化し，ハード
ローに依拠する組織が必要であるとの意見もある[20]．しかし，実際に国際的
な規制を各国で行おうとするときに生じる国内規制・監督体制の全面的変更
に要する高いハードルや，利害関係の衝突という世界貿易機関（WTO）で
生じたような過去の経験に鑑みれば，ハードロー的なアプローチが必ずしも
現実的な有効性をもつとは限らない．それゆえ G20 の下における国際金融
ガバナンスは潜在的な不安定性を残しながら，FSB と IMF，それぞれの国
際基準設置機関（SSB）そして規制・監督実施の最終的な権限を持ちつづけ
ることになった各国規制・監督当局との関係と役割を明確化し，整備・強化
することで不安定性が顕在化する可能性を排除していくことを選択したので
ある．

(2)　金融規制の強化

　監督・規制改革の第 2 のポイントは，世界の金融機関の自己資本比率規制
を強化し，世界の金融システムの流動性を強化するための規制が強化されて
いることにある．それは 2019 年の完全実施が予定されるバーゼル III の整
備という形で具体化している．

　2010 年に合意が成立したバーゼル III は，ミクロ・プルーデンスに依拠し
た自己資本比率規制が世界金融危機の際に十分に機能しなかったという反省
に立ち，リスクアセットベースの自己資本比率規制を中心としつつも，マク
ロ・プルーデンスの観点を導入する形で金融規制の枠組みの拡張をはかろう
とするものである．具体的には自己資本の質と量の引き上げ，流動性規制の
導入などにより金融機関経営の健全性をいっそう高めようというのである．

　このなかでは，金融システム上重要な金融機関（SIFI）という区分が導入
され，SIFI にはそうでない金融機関よりも要求する自己資本比率をより高
めに設定することなど，金融システムに及ぼす影響の大小に応じて基準に取
り扱いの差をつけることになった．また，循環増幅性（プロシクリカリテ
ィ）という考え方に重要な役割が与えられるようになり，景気循環あるいは

信用の拡張局面では資本賦課の追加を行い，収縮局面では自己資本の一部の取り崩しを認めるなど，状況に応じて基準を変動させるという従来にない着眼点が加えられた．さらに，世界金融危機では市場流動性の低下が金融市場の機能麻痺を引き起こしたという反省から，流動性リスクに対する規制（流動性カバレッジ比率と安定調達比率）が導入されたこともバーゼル III の特徴である[21]．

また第 3 のポイントは，世界の金融システム上重要な金融機関（G-SIFI）のモラルハザードと，いわゆる "Too big to fail（TBTF）" にかかわる課題への取り組みである．大型金融機関の破たん処理制度改革というかたちで整備が進むこの課題に対するアプローチは，金融システムを混乱させず，市場規律を発揮して公的資金の救済による納税者負担を発生させないベイルインが原則となる．

2011 年に金融安定理事会（FSB）は，秩序ある破たん処理の実行可能性を評価すること，将来の再建・破たん処理計画（RRP）を策定すること，さらに G-SIFI の母国当局と受け入れ国当局との間の危機対応をめぐる協力に関する取り極めを策定することなど，破たん処理の国際的標準を示し，11 月の G20 カンヌ・サミットで承認された．現在まで，国際基準設定機関（SSB）および各国の取り組みは，基本的にこの枠組みに従って行われている[22]．また，2013 年には TBTF の問題終結に向けた取り組みの一環として，実質的破たんに直面した場合に備えて世界の金融システム上重要な銀行（G-SIB）は，その損失を吸収できる劣後性債券などの債務を保有し，総損失吸収力（TLAC）を高めることが要求されることになった（FSB（2013））．世界の金融システムに影響を与える金融機関に対しては，規制監督の強化に加えて，金融システムの安定を保ちながら原則破たん処理できる体制を整えた上でいかに市場規律を発揮させるかが国際的な課題となっているのである[23]．

(3) 国際資本移動規制

国際的な金融規制については，G20 や金融安定理事会（FSB）に主導され

第 10 章　複合危機と国際経済秩序の行方　　　281

るそれとは別の重要な論点も検討しておく必要があろう．それは危機前とは
振り子のように逆動した国際資本移動に関するそれである．

　前述のように，IMF が加盟国に資本取引の自由化義務を課し，資本規制
の許認可権を IMF に与えようとする動きもみられるなど，1990 年代後半ま
で国際資本取引の自由化は国際金融上の主導的思想であった．しかし，アジ
ア通貨・金融危機以降，自由な資本移動にはリスクも内在するという認識が
高まり，主流派経済学のなかでも資本取引の完全自由化に懐疑的な意見がみ
られるようになった．そこで登場したのが漸進的自由化論あるいは自由化の
順序をめぐる議論であったが，それらもまた資本取引の自由化を円滑に成功
させるためにはどうするかという問題意識の下，対外開放によるマクロ経済
不安定化や金融市場の混乱が起こらないように必要な環境を整備することが
主要なテーマであり続けたのである．

　このように「教義」とさえいえる資本取引の自由化への考え方は，世界金
融危機とそれに続くヨーロッパ危機を経て IMF のなかで大きく変わった．
2010 年から IMF は複数の文書のなかで資本規制のうち，資本流入規制を是
認する立場を明確にしはじめたのである[24]．スタッフによる個人的見解から
はじまった「容認論」は，2012 年 11 月になると資本流入規制措置の導入と
その有効性が公式なものとして認められるようになった（IMF（2012））．
IMF は，資本移動規制という直接的な表現ではなく，資本移動管理措置
（CFM）という言葉を用い，かつ過度の資本流入をまずはマクロ経済政策や
構造調整によって対処することが必要であるとしながら，資本流入の急増を
阻止するために新興国が税や金利などの手段を最後の手段として用いる資本
移動管理措置を認め，資本流入規制を評価する立場を示したのである[25]．

　もちろん，このことによって現代の国際金融の不安定性が抑制されるわけ
ではなく，また低成長・低金利下の先進国と高成長・高金利の新興国との間
を行き交う巨額資本の管理と資本流出入が一国経済にもたらす影響の責任の
所在をめぐる対立が解決されるわけではない．しかし，一国の経済政策選択
の多様化という意味において，また IMF のコンディショナリティにも影響

を及ぼすという意味において，そしてなにより 70 年代以降の国際資本移動
に関する考え方の根底にあった自由主義政策に揺らぎが生じたという意味に
おいて，この転換は大きな意味を持っているといえよう．

4. 新しい金融秩序と金融ガバナンスの行方

(1) 国際金融ガバナンスにおける新興国の位置

　世界金融危機とそれに続くヨーロッパ危機の展開のなかにみられた新しい
国際金融秩序の萌芽と，その下で再編されつつあるガバナンスについてみて
きたが，これらは今後も定着し，機能するのであろうか．

　これに対するひとつの見方は，多極化ゆえに国際協力体制が弱まるとする
ものである．たとえば Wade（2011）は，アメリカの支配的な地位は維持さ
れ，G7 も卓越した役割を果たし続けるという前置きをしつつも，新興国の
台頭によって多極化が進むことを重視した．しかしそのことは，世界経済と
政治の多国間協調が必要になることを意味し，その合意は難しいであろうか
ら「多極的ガバナンスのジレンマ」に直面するとの考え方を示している．ま
た Singer（2010）は，危機後に進められる国際的な規制や基準の創設・修
正に関してアメリカのリーダーシップが必ずしも必要でなくなったことを指
摘する．G20 という多数参加者の枠組みのなかでリーダーシップが欠如して
いることによって，規制はパッチワークのようなものになり，国際的な枠組
みは弱体化するというのである．こうした見解に共通するのは，台頭する新
興国が国際的政策決定の枠組み，とりわけ金融規制にかかわって発言力が増
すことで国際的な合意形成が難しくなるという見方である．

　いまひとつの見方は，国際金融ガバナンスに参加する新興国が増えても本
質はこれまでと変わらないとするものである．たとえば Helleiner（2014）
は，危機後に国際金融基準の強化など重要な進展がみられたが，国際経済・
金融システムは危機以後も根本的に開かれた市場を重視したものであり続け
ており，国際金融ガバナンスの本質に劇的な変化を生みだしはしなかったと

いう．また危機後にはアメリカの優位性とリーダーシップが退き，パワーバランスの最小限の変化はあったものの，金融規制をはじめとする国際金融ガバナンス改革はアメリカを軸に形づくられてきたのであって，依然として国際金融規制づくりは先進諸国がリードしており，ここで新興諸国が果たす役割は重要なものとはいえないというのである．

すでにみたように，世界金融危機とそれに続くヨーロッパ危機後，先進諸国グループは新興国の協力なしに国際経済・金融を統治できなくなっていることを認めざるをえなくなった．それゆえ登場したのが，新興国を加えた新しい国際金融秩序と，G20を最高意思決定の場に据えた国際金融ガバナンスであった．台頭する新興国の発言力を反映して先進国の意思決定にもとづく既存の国際金融秩序・金融ガバナンスは変容を強いられ，新しい国際金融機関の誕生などの変化を生じさせたのである．

しかし，こうしたガバナンス体制の模索が始まり，整備されていくなかで明らかになったことのひとつは，金融規制改革に新興国が発言権を持つようになったとはいえ，その参加が限定的であるということであった[26]．それは，先進諸国と新興諸国の金融市場と金融機関および金融取引手法の発展度の違いと経験とに起因する構造的な問題の投影である．それゆえ，国際基準やガイドラインの発展は欧米など先進諸国によって進められ，新興国からの要求が採用されるか否かは，依然として最終的には先進諸国の決断にかかっているのである．こうした意味において Helleiner の指摘は的を射ている．G20は，多極化時代の極をなすとみられる主要国を網羅した意思決定機関として設立されたものであるが，それが主要新興国も含んだ新しい国際金融秩序の中でそれを統治する機構となるか否かを判断するにはまだ多くの時間が要されよう．

(2) 「複合危機」下の国際金融ガバナンス

とはいえ，新しい国際金融ガバナンスが本格的な歩みをはじめるまでに，それが当初の理念とは異なる方向に向かっていく可能性もある．それは，金

融技術上の目新しさなどを取り除けば，世界金融危機以前と変わらない経済関係，すなわち先進諸国における成長率の低下，別の表現をすれば現実資本蓄積の停滞を基底に世界経済が見舞われてきた諸事態が取り除かれておらず，しかもそれらが複合化していることによって新たな課題に直面した各国・各機関の認識を変えかねないからである．

第1は，先進諸国において景気刺激策として，また金融危機の緩衝材として金融政策と一体になって機能してきた財政政策の危機対応の限界が露呈したこと，それどころか今日ではそれ自身が危機を誘引しかねない材料になっていることである．

典型的には2000年代のアメリカにおいて住宅ローンと住宅価格上昇を前提にした消費拡大が促されたように，低成長下の先進諸国は民間部門における債務累増による消費・投資によって成長を実現させてきた．しかしその破たんは最終的には財政出動によって尻ぬぐいされた．民間部門の債務が公的債務に移転すること，そしてその処理が終わらないうちに次の景気後退，あるいは危機が生じてさらなる財政出動を余儀なくされることで公的債務が累増するという道，換言すれば民間レベルで発生した問題が，国家レベルの問題として移行・転化されるというメカニズムは，1970年代から80年代にかけて各国でも，世界的規模でも進行した事態であり，それ自体が目新しいものではない．しかし，80年代には財政赤字の一方的増大による国債の大量発行，あるいは発展途上国政府の民間銀行からの借入や，アメリカの経常収支赤字の拡大とそれが不可避にした高金利状態の出現が資金需要を作り出し，資本に新たな運動部面を提供する役目をしてきたのに対し，ヨーロッパ危機に典型的にみられるように，現代では国債が安全資産としての投資対象ではなく投機の対象になるという事態が生じている．その下では，実体経済の低調さと政府債務の累増が国債への売り圧力を高め，それを収益機会とする投機を引き起こし，そのことが金融不安を煽って実体経済の低調さを増幅されるという悪循環も生まれている．低成長下での金融取引拡大とそこで生じる金融不安定性，さらに低成長・景気後退時の財政出動と財政規律といった旧

第 10 章　複合危機と国際経済秩序の行方　　　285

来から行われてきた綱引きに加え，財政規律と投機という綱引きが加わることで，政策選択と対策とが難しくなっているのである．このなかで国際金融ガバナンスに直接かかわる問題は，投機の抑制ということになろうが，これまで論じてきたようにこの問題に対する抜本的な議論は展開されていない．

　第 2 は，危機というショック状態から抜け出した先進諸国において生じる低成長ゆえの金融自由化・デレギュレーションへの再誘惑である．

　先進資本主義国においては，生産の発展の到達点としての実体経済の停滞は避けられないが，同様にまた成長を強制される先進資本主義国にあっては，金融取引による収益を成長の推進力としなければならない．それゆえ危機以前に先進諸国，とりわけ英米は金融業を中核とする産業・収益構造への傾斜を強め，同産業の国際競争力の維持に努めてきた．では，それが実現するための前提条件は何であったか．そのひとつは，IT 技術の発展による金融取引技法の発展に支えられてデリバティブや証券化にみられるリスク回避の技法を高度化させ，取引量を増加させることでキャピタルゲイン獲得のチャンスを広げることであった．またいまひとつの条件は，1971 年の金ドル交換停止以降，アメリカの対外赤字が拡大してドル残高が増大し，これがまた各国で生み出される貨幣資本がドルに転化されてグローバルに運動できること，換言すれば各国レベルで生じている現実資本蓄積と貨幣資本蓄積との乖離を世界レベルに拡張できることであった．これらを支えたのが，金融の自由化と規制緩和の実施である．

　金融技術は一層向上していくであろうし，一極通貨体制のもたらす不安やドルの交代が叫ばれているとはいえ，ドル体制に代わる通貨体制はいまのところない．すなわち，本章でみてきた新しい金融ガバナンスの下にあって上記の条件とかかわるもののうちで変化が生じているのは，金融規制の強化だけである．バーゼル III，TLAC 規制とも適用が始まる 2019 年より，国際的な金融規制はいっそう厳しくなっていくであろう[27]．しかしたとえばトランプ米大統領が就任と同時に，それまでの金融規制に対して緩和しようとする措置を採ろうとしたように，先進諸国にとっても，また今後成長率の鈍化

に直面せざるをえなくなる新興資本主義国においても規制のコストが，最終的には経済活動の足かせになることが強く意識され始めれば，金融自由化・デレギュレーションの誘惑は高まり，規制を軸に据えたはずの新しいガバナンスは，規制と成長との衝突に直面せざるをえない．

　いつの時代であっても国際金融ガバナンスは，長期的で安定的な経済成長を促し，それを支えていくための金融部門に対する適切な規制監督のあり方を模索してきた．しかし，資本主義が一方での金融資産の膨張，他方で金融資産の基底にあるインカムゲインの世界では周期的な萎縮が避けられないという本質的な矛盾を抱える以上，新しい金融ガバナンスでも規模こそ違え，金融危機が生じる可能性が制度的不備とは別に残されている．現代資本主義に根ざした「複合危機」の再現・反復を回避するためにどうすべきか．こうした視点からグローバル・ガバナンスの議論が不断に続けられる必要がある．

　注

1) BCBS のほか国際基準設定機関には BIS 支払・決済システム委員会（CPSS，2014 年 9 月から BIS 決済・市場インフラ委員会（CPMI）），BIS グローバル金融システム委員会（CGFS）といった BIS 下の各委員会，証券監督者国際機構（IOSCO），保険監督者国際機構（IAIS），国際会計基準審議会（IASB）などがある．

2) Brummer（2011）によれば，国際金融ガバナンスにおいてソフトローの有効性を担保しているのは柔軟性（変化の激しい金融に適合している）や評判（国際基準の承認失敗による世界的な評判），制裁措置（国際機関からの融資中止ないしルールなどを批准できなかった国の公表）などによるという．ソフトローによる国際金融ガバナンスについては，Arner and Taylor（2009）および野下（2010）も参照されたい．

3) Helleiner（1994）は，1970 年代初頭に採られようとした協調的な資本規制がアメリカの反対によって失敗したと述べ，アメリカの資本移動に対して新たな自由主義アプローチが採られるようになった理由を新自由主義信奉者と政府による政策の自律性維持を懸念する人たちとが同盟したことに求めている．

4) G22 は，1997 年のアジア太平洋経済協力会議において発表された G7＋15 カ国の蔵相・中央銀行総裁で構成される会議の場として設けられた．その目的は，新興国が国際資本循環に加わることで国際金融システムの不安定化が生じているという実態を直視し，健全な金融政策と資本市場の望ましさに関する合意を形成し

ようするものであった．のちに 15 カ国から香港，マレーシア，ポーランド，シンガポール，タイが除外され，代わってトルコ，サウジアラビアと EU と国際機関代表を含むかたちで G20 という非公式な対話の場へと発展する．

5) IMF, World Economic Outlook Databases による．

6) 世界金融危機以前の IMF をめぐる議論については国宗（2008）が包括的に扱っている．なお，批判に対して IMF は，自由な資本移動を前提に通貨危機を予防・解決・管理するために自身が中心となって金融改革を進めるとの意思を述べ（IMF（2001）），実際にも融資制度・条件の見直しを実施してきた．IMF の融資，サーベイランスとその変革については野口（2014；2015）も参照．

7) 世界金融危機以降，南欧・東欧諸国をはじめとする国々が IMF からの融資を受けており，2012 年末には危機直前の 2007 年に比して 9 倍近く，過去最高の融資残高（958 億 SDR）を記録している（IMF ウェブサイトより筆者算出）．

8) 融資制度とあわせて IMF には融資手法の見直しも求められた．これを受けて IMF は，事前に健全だと認定されていた国が危機に陥った際，条件なしで融資できる弾力的信用枠（FCL）制度を 2009 年 3 月に開始したのに続き，2010 年には条件付きの融資とはいえ，従来の事後的コンディショナリティの代わりに事前的条件を設け，それを満たす国であれば信用枠を予備的に与える予備的信用枠（PCL）制度を導入するなど，IMF からの融資を受けた当該国が受ける「不名誉」を取り除く制度融資改革が進められてきた．

9) 世界金融危機後の IMF の課題については大田（2016）が詳しい．

10) 2009 年 2 月の日本を皮切りに複数の加盟国が IMF と二者間借入取極を結び，約 1,700 億 SDR の追加的資金を提供している．その一部は 2011 年に NAB（新規借入取極）拡大のかたちで多角的枠組みの中に取り込まれ，NAB は中国をはじめとする 14 の参加国が新たに加わり，総額も 380 億 SDR から 3,700 億 SDR まで拡大した．

11) IMF での議決権は 1 国 1 票ではなく，ほぼクォータに比例して決まる．1 国には，全加盟国が均等に分配される基礎票（2016 年段階で 750 票）と，各国の出資割当額（クォータ）10 万 SDR につき 1 票の投票権が与えられている．クォータは経済規模や経常収支などを加重して決められているため，開放的で経済力が大きい国ほど IMF での発言力が高くなる．

12) たとえばインド・モディ首相は，2016 年 3 月の IMF Advancing Asia Conference において欧米主導の金融秩序のあり方に疑問を呈し，NDB や AIIB の役割と期待について言及している〔http://www.imf.org/external/mmedia/view.aspx?vid=4798025006001〕．

13) 80 カ国のうち，2017 年 10 月段階で 24 カ国が加盟の承認をうけたのみで，必要な国内手続きと資本金の払い込みを済ませていない．なお，設立当初から債券発行にかかる信用格付けの低さが AIIB のひとつの問題であるとされてきたが，2017 年 6 月末にムーディーズは AIIB に対して ADB などと同じ「Aaa」の格付けを初めて与えている．これは 6 月末までの AIIB の投融資が資本金の 2.5% に

とどまったこと，加えてその多くが世界銀行などとの協調融資で低リスクであったことを評価するものであった．

14) 投融資の詳細については，AIIB（2017）および AIIB のウェブサイト〔https://www.aiib.org/en/projects/approved/index.html〕を参照のこと．

15) FSF と FSB の相違については，Helleiner（2010）が詳しい．

16) G20 では①バーゼル III，②国際会計基準の強化，③店頭デリバティブ取引規制強化，④システム上重要な金融機関の秩序ある破たん処理，⑤証券化商品の規制強化などシャドー・バンクと呼ばれる銀行以外の金融仲介ルートの頑健性を高めるための改革に加え，2013 年以降は⑥国際税制，⑦マネー・ロンダリングについての規制強化など，広範な分野に関する国際的な議論と提言がなされている．

17) Piet（2010），pp. 59-61.

18) 中央銀行が積極的な金融緩和によって景気を回復させようとしても，金融システムの安定を図ろうというマクロ・プルーデンスの立場からは，金融機関に過度のリスクテイクをしないように規制を強化することが求められ，政策の整合性が保たれなる局面が生じうる可能性がある．BIS（2011）は，マクロ・プルーデンスの枠組みは金融政策の伝達メカニズムに影響を与える一方，金融政策はマクロ・プルーデンスによる資産価格や利回りへの影響を考慮する必要があると指摘している．

19) たとえばアメリカは FRB や SEC が金融規制や監督において強い権限を持っているが，同時に州当局や証券取引所などの自主規制機関の権限も強く，金融規制・監督も分散型であった．それゆえに危機前にはプルーデンス監督体制に不備もみられた．そこでアメリカでは，財務長官，FRB 議長と監督当局トップから構成される金融安定監督評議会（FSOC）が設置され，プルーデンス体制の強化が図られた．また，世界金融危機，財政危機，ユーロ危機など危機が複合的に発生した EU の金融行政・監督組織もまた大きな問題を抱えていることが露呈された．そこで EU では，2009 年のド・ラロジエール報告の公表以降改革が実施され，2011 年に ECB 総裁を議長に新設されたマクロ・プルーデンスを監督するヨーロッパ・システミック・リスク理事会（ESRB）と，個別金融機関の健全性を監督するヨーロッパ金融監督システム（ESFS）が一体となって金融監督を実施している．

20) たとえば Eichengreen（2008）を参照．

21) 流動性カバレッジ比率（LCR）は，30 日間のストレス下での資金流出にも対応できるような良質の流動資産（適格流動資産）を保有する割合を定めるもの（Basel Committee on Banking Supervision（2013）参照）である．また，安定調達比率（NSFR）は，流動性が低く，売却が困難な資産（所要安定調達額）を保有する場合には，その額以上の中・長期的に安定的な資本・負債をもつことを求めるものである（Basel Committee on Banking Supervision（2014）参照）．

22) 2011 年の合意内容は，のちに基本的考え方，文言を変えずにガイダンスをさらに発展させるかたちで FSB（2014）として公表されている．

第 10 章　複合危機と国際経済秩序の行方　　　289

23)　金融機関の破たん処理にかかわっては，将来の金融危機対処への財源を確保する目的で金融機関に課税する可能性についても G20 で議論されてきた．G20 の要請を受けて公表された報告書で IMF（2010）は，金融安定負担金（金融機関のB/S にもとづいて負担金を徴収），金融活動税（金融機関の利益と報酬の合計額に課税），金融取引税（取引を行うごとに課税）の 3 つの税制を提示し，金融安定負担金を基本に，追加的には金融活動税を活用することが望ましいと結論づけている．税収効果についての評価は論者によって分かれるところであるが，古くから俎上に上る通貨取引に課される取引税，いわゆるトービン税をもちいて投機的な国際資本移動を抑制しようとする試みにみられるように，税収それ自体を目的にするのではなく，課税を通じて金融機関のインセンティブを変え，金融機関に対する規制を補完できることも，課税が議論され続ける理由になっている（Keen（2011）など参照）．

24)　Ostry et al.（2010）および Moghadam（2011）を参照．

25)　資本流出規制とその有効性に関して IMF は見解を示していないが，資本流出規制のほうが市場安定性のためには有効であるとの指摘もある（Ersten &Ocampo（2013））．同様に Korenek and Sandri（2016）も資本移動規制に有効性があるとの見方を示している．

26)　新興国の国際金融ガバナンスや規制の行方を考える上では，中国の国際金融への参加および人民元の国際化に対する考え方がいかなるものかが重要になろう．とくに，2000 年代に入って以降，世界金融危機の発生にもかかわらず国際化へのスピードを加速させてきた中国が，2017 年 5 月に突如としてその動きを後退させる選択を行ったことは検討する必要があろうが，紙幅の関係からそれは別の機会に行うことにしたい．

27)　TLAC 規制は 2019 年 1 月と 2022 年 1 月に 2 段階（新興国の G‐SIBs は 2025年と 2028 年）で実施される予定である．

参考文献

大田英明（2016），『IMF と新国際金融体制』日本経済評論社．

上川孝夫編（2011），『国際通貨体制と世界金融危機：地域アプローチによる検証』日本経済評論社．

国宗浩三編（2008），『岐路に立つ IMF』研究双書 No. 576，アジア経済研究所．

高木彰（2013），『新しい国際通貨制度に向けて』NTT 出版．

野口嘉彦（2014；2015），「近年における IMF 業務の質的変革について（上）（下）」『立教経済学研究』第 68 巻第 2 号，第 3 号．

野下保利（2010），「国際金融ガバナンスの現段階——FSF（金融安定化フォーラム）改組の意味するもの」『証券経済研究』第 69 号．

ADB（2017），*Meeting Asia's Infrastructure Needs*.

AIIB（2017），*Annual Report and Accounts 2016*.

Arner, D.W. and M.W. Taylor（2009），"The Global Financial Crisis and the

Financial Stability Board: Hardening the Soft Law of International Financial Regulation?," AIIFL Working Paper, No. 6, June.

Basel Committee on Banking Supervision (2013), "Basel III: The Liquidity Coverage Ratio and liquidity risk monitoring tools," January.

———— (2014), "Basel III: the net stable funding ratio," October.

Bhattacharya, A., M. Romani and N. Stern (2012), "Infrastructure for development: meeting the challenge," Centre for Climate Change Economics and Policy Grantham Research Institute on Climate Change and the Environment, June.

BIS (2011), "Macroprudential Policy and Addressing Procyclicality," *80th Annual Report*.

Brummer, C. (2011), *Soft Law and the Global Financial System: Rule Making in the 21st Century*, Cambridge University Press.

Eichengreen, B. (2008), "What G20 Leaders Must Do To Stabilise Our Economy and Fix the Financial System," in Eichengreen, B. and R. Baldwin, eds., What G20 leaders must do to stabilise our economy and fix the financial system, VoxEU. org, November.

Ersten, B. and J.A. Ocampo (2013), "Capital Account Regulations, Foreign Exchange Pressure, and Crisis Resilience," Working Paper Series No. 280, Initiative for Policy Dialogue.

FSB (2013), "Progress and Next Steps Towards Ending 'Too-Big-To-Fail' (TBTF): Report of the Financial Stability Board to the G-20," September.

———— (2014), "Key Attributes of Effective Resolution Regimes for Financial Institutions," October.

FSB, IMF and BIS (2011), "Macroprudential Policy Tools and Frameworks," Update to G20 Finance Ministers and Central Bank Governors, 12 February.

Helleiner, E. (1994), *States and the Reemergence of Global Finance: From Bretton Woods to the 1990s*, Cornell University Press. (矢野修一・柴田茂紀・参川城穂・山川俊和訳『国家とグローバル金融』法政大学出版局, 2015 年)

———— (2010), "The Financial Stability Board and International Standards," CIGI G20 Papers, No. 1.

———— (2014), *The Status Quo Crisis: Global Financial Governance after the 2008 Meltdown*, Oxford University Press.

IMF (2001), "Reforming the international financial architecture: Progress through 2000," March.

———— (2010), "A Fair and Substantial Contribution by the Financial Sector," Final Report for the G-20.

———— (2011), "IMF Executive Board Discusses Recent Experiences in Managing Capital Inflows," Public Information Notice, April.

———— (2012), "The Liberalization And Management of Capital Flows: an Institutional View," November.

International Financial Institution Advisory Commission (2000), *International Financial Institutions Reform: Report of the International Financial Advisory Commission*, US Congress.

Keen, M. (2011), "Rethinking the taxation of the financial sector," *CESifo Economic Studies*, Vol. 57, Iss. 1.

Korenek, A. and D. Sandri (2016), "Capital controls or macroprudential regulation?," *Journal of International Economics*, vol. 99.

Moghadam, R. (2011), "Recent Experiences in Managing Capital Inflows—Cross-Cutting Themes and Possible Policy Framework," [www.imf.org/external/np/pp/eng/2011/021411a.pdf].

Ocampo, G. and J. Antonio (2014), "Reforming the International Monetary and Financial Architecture," Friedrich-Ebert-Stiftung, *Global Policy and Development*, August.

Ostry, J.D., A.R. Ghosh, K. Habermeier, M. Chamon, M.S. Qureshi, and D.B.S. Reinhardt (2010), "Capital Inflows: The Role of Controls," IMF Staff Position Note, SPN/10/04.

Piet, C. (2010), "The Term 'Macroprudential': Origins and Evolution," *BIS Quarterly Review*, March.

Schinasi, G.J. and E.M. Truman (2010), "Reform of the Global Financial Architecture," Peterson Institute for International Economics Working Paper, No. 10-14.

Shinger, D.A. (2010), "Uncertain Leadership: The US Regulatory Response to the Global Financial Crisis," in Helleiner E., S. Pagliari and H. Zimmernmann, eds., *Global Finance in Crisis: The Politics of International Regulatory Change*, Routledge.

Wade, R.H. (2011), "Emerging World Order?: From Multipolarity to Multilateralism in the G20, the World Bank, and the IMF," *Politics & Society*, 39(3).

年表　世界金融危機 10 年の歩み

		アメリカ	ヨーロッパ
2007 年	年初以降	住宅ローン会社の破綻	
	8 月 1 日		ドイツ，IKB 産業銀行がドイツ復興金融公庫から資金支援を受けたと公表
	8 月 9 日	FRB 及び ECB，各々ドルとユーロの緊急資金供給（以降続く）	フランス，BNP パリバが傘下ファンドの償還を凍結（パリバ・ショック）
	9 月 14 日		イギリス，大手住宅金融ノーザンロック銀行で取り付け騒ぎ
	9 月 29 日		
	10 月 1 日		スイス，UBS がサブプライム関連投資で 34 億ドルの損失を発表
	11 月 26 日		
	12 月 10 日		
	12 月 11 日	FRB 利下げ（以降続く）	
	12 月 12 日	欧米 5 中央銀行，新たな資金供給策	
	12 月 19 日		
	12 月 25 日		
2008 年	1 月 1 日		キプロス，マルタ，ユーロ導入
	1 月 11 日		
	1 月 16 日		
	2 月 17 日		イギリス，ノーザンロック銀行一時国有化を発表
	3 月 16 日	ベア・スターンズ破綻 FRB，プライマリー・ディーラー向け貸出制度導入	
	5 月 30 日	JP モルガン・チェース，ベア・スターンズを買収	
	7 月		
	7 月 13 日	政府・FRB，住宅公社 2 社に対する支援策を発表	

日本	新興国（含中国）等
日銀，円を緊急資金供給（以降続く）	
	中国，政府系ファンドの中国投資有限責任公司（CIC）の設立
	アブダビ投資庁，シティグループへの出資発表
	シンガポール政府系ファンドGISなど，スイスUBSへの出資発表
	中国投資有限責任公司，モルガン・スタンレーへの出資を発表
	シンガポール政府系ファンドのテマセクなど，メリルリンチへの出資を発表
	クウェート投資庁など，シティグループへの出資を発表
みずほコーポレート銀行，メリルリンチへの出資を発表	
	中国，通貨バスケット方式の管理フロートから事実上のドルペックへ復帰

		アメリカ	ヨーロッパ
8月29日			
9月7日		政府，住宅公社2社を一時的に政府管理下に置くと発表	
9月15日		リーマン・ブラザーズ，連邦破産法第11条の適用を申請（リーマン・ショック） バンク・オブ・アメリカ，メリルリンチの買収に合意	
9月16日		FRB，AIGに資金融資	
9月18日		日米欧6中央銀行，ドル資金供給策（スワップ取極とドル資金供給オペ）を発表	イギリス，ロイズTSBがHBOSを買収
9月19日		政府，不良債権の買取を含む金融システム安定化策を発表	
9月21日		FRB，ゴールドマン・サックスとモルガン・スタンレーの銀行持株会社への転換を承認	
9月22日		G7，国際金融市場の動揺に関する声明を発表	
9月29日		下院，緊急経済安定化法案を否決	ベネルクス3カ国，フォルティスに公的資金注入を発表
9月30日			フランス・ベルギー・ルクセンブルク，デクシアに公的資金注入を発表
10月3日		緊急経済安定化法が成立	
10月6日			アイスランド，政府が非常事態を宣言し，民間銀行を政府管理下に置く法律を制定
10月7日		FRB，CP買取制度の導入を発表	
10月8日		FRB，ECBなど米欧6中央銀行が協調利下げ	イギリス，政府が銀行部門支援策を発表
10月9日			
10月10日		G7，行動計画を発表	

年表　世界金融危機 10 年の歩み

日本	新興国（含中国）等
政府，11.5 兆円規模の緊急総合対策を発表	
	中国人民銀行，利下げ
日銀，ドル資金供給策（円以外の資金供給は初めて）	
三菱 UFG，モルガン・スタンレーへの出資を発表 野村ホールディングス，リーマン・ブラザーズのアジア太平洋部門等の買収で合意（23 日も）	
白川日銀総裁，「ドルの流動性はほぼ枯渇」と発言	
	中国人民銀行，利下げ
大和生命保険，更生特例法の適用を申請	

	アメリカ	ヨーロッパ
10 月 12 日	FRB，ウェルズ・ファーゴによる ワコビアの買取を承認	ユーロ圏緊急首脳会議，欧州にお ける共同行動計画についての宣言 を発表
10 月 13 日	日米欧5中銀，事実上無制限のド ル資金供給の実施を発表	イギリス，政府が大手金融機関3 行に資本注入を発表（総額370億 ポンド）
10 月 14 日	政府，G7行動計画実施のため，資 本注入等の金融危機対策を発表	
10 月 17 日		ドイツ，金融市場安定化法が成立
10 月 20 日		フランス政府，大手金融機関6行 に資本注入を発表（総額105億ユ ーロ）
10 月 21 日		ドイツ，バイエルン州立銀行が資 本注入を政府に申請
10 月 28 日		
10 月 29 日	FRB，韓国・ブラジル・シンガポ ール・メキシコの中央銀行とスワ ップ取極締結 IMF，短期流動性ファシリティ （SLF）の創設を発表	欧州委員会，加盟国向けの特別融 資枠拡大等の金融支援策を発表
10 月 30 日		
10 月 31 日		
11 月 3 日		ドイツ，コメルツ銀行が資本注入 を政府に申請
11 月 5 日		ドイツ政府，経済対策を発表（500 億ユーロ規模）
11 月 9 日		
11 月 15 日	金融・世界経済に関する首脳会合 （G20）において宣言を発表	
11 月 23 日	政府，シティグループに対する支 援策（資本注入及び保有資産の政 府保証）を発表	
11 月 25 日	FRB，QE1導入（10年3月31日 まで）	
11 月 28 日		

日本	新興国（含中国）等
政府・日銀，金融市場安定化策を発表	
日経平均がバブル崩壊後，ザラ場ベースで最安値（6,994円90銭）	
政府，約27兆円規模の追加経済対策を発表	中国人民銀行，利下げ
日銀，利下げ（年0.5%→0.3%）と補完当座預金制度の導入を発表	
	韓国，14兆ウォン（約9,000億円）規模の総合経済対策を発表
	IMF，ウクライナへの融資承認（164億ドル）
	中国，4兆元（約5,860億ドル）の景気刺激策を発表 中国人民銀行，商業銀行に対する貸出規模制限を撤廃
	中国人民銀行，利下げ（翌月も）

		アメリカ	ヨーロッパ
	12 月 12 日		
	12 月 16 日	FRB, 政策金利を 0.0〜0.25% へ引き下げ（実質ゼロ金利）	
	12 月 19 日	政府, GM とクライスラーへの支援策を発表（最大 174 億ドルの融資）	
	12 月 24 日		
2009 年	1 月 1 日		スロバキア, ユーロ導入
	1 月 16 日	政府, バンク・オブ・アメリカに対する支援策（資本注入及び保有資産の政府保証）を発表	
	1 月 20 日	オバマ大統領就任	
	1 月 21 日		フランス, 政府が大手金融機関 6 行に追加資本注入を発表
	1 月 28 日		
	2 月 10 日	財務省, 金融安定化策を発表	
	2 月 13 日		
	2 月 17 日	経済対策（アメリカ経済再生・再投資法）が成立（7,872 億ドル規模）	
	2 月 18 日	政府, 金融安定化策のうち, 住宅所有者への支援を含む住宅対策を発表	ドイツ, 金融機関の国有化法案を閣議決定
	2 月 23 日		
	2 月 25 日	FRB, 金融機関に対するストレス・テストの実施を発表	
	3 月 5 日		イングランド銀行, 中長期国債を含む資産買取の実施を発表
	3 月 10 日		
	3 月 18 日	FRB, 米国債買取の実施を発表（最大 3,000 億ドル）	
	3 月 23 日	政府, 不良債権買取のための「官民投資プログラム」について公表	

日本	新興国（含中国）等
政府，37兆円規模の緊急対策を決定	中国人民銀行，韓国と初のスワップ取極
日銀，利下げ（年0.3%→0.1%）	
	中国，上海及び広東省4都市に限り，人民元建て貿易決済の試行を決定
	露プーチン大統領，ダボス会議で米ドル依存に警告
日本，IMFへの9兆円の資金支援に署名	
日銀，銀行保有株の買取りを再開（約4年半ぶり）	
日経平均がバブル崩壊後，終値ベースで最安値（7,054円98銭）	
	周小川中国人民銀行総裁，SDRの国際準備通貨化を提案

		アメリカ	ヨーロッパ
	3月24日	IMF, 弾力的信用枠 (FCL) を創設	
	4月1日		
	4月2日	第2回金融・世界経済に関する首脳会合 (G20) において首脳声明を発表, 金融安定化フォーラム (FSF) を強化・拡大して金融安定理事会 (FSB) を設立	
	4月10日		
	4月30日	クライスラー, 連邦破産法第11条の適用を申請, 及び政府がクライスラーへの支援を発表	
	5月7日	FRB, 主要19行に対するストレス・テストの結果を公表	ECB, 政策金利年1%へ引き下げ, カバード・ボンドの買取等を発表
	5月11日		ドイツ, 政府が金融機関から不良資産を分離するためのバッド・バンクを創設する案を発表
	5月20日		
	6月1日	GM, 連邦破産法第11条の適用を申請	
	6月16日		
	7月4日		
	8月	SDR の一般配分 (2,500億ドル相当), 約30年ぶり	
	9月	SDR の特別配分 (330億ドル相当)	
	10月		ギリシャ, 政権交代により大幅な財政赤字を公表
	11月25日		
	12月1日		EU, リスボン条約の発効
2010年	1月28日	日米欧6中央銀行によるドル資金供給策 (スワップ取極とドル資金供給オペ) の完了を発表	
	3月24日		

日本	新興国（含中国）等
日銀，3月の短観，1974年5月の統計開始以来最悪と発表	
	中国，胡錦濤主席がG20で国際通貨システムの多元化を進めるべきと提言
政府，56.8兆円規模の経済危機対策を決定	
内閣府，09年第1四半期の実質GDP成長率，戦後最大の減少率と発表	
	BRICs 4カ国，初の首脳会談．国際金融機関の改革等共同声明
	中国，東アジア一部地域で人民元建て貿易決済を解禁
	UAE，政府系金融企業の債務繰り延べ要請（ドバイ・ショック）
日銀，金融政策に新型オペ導入	
	ASEAN＋3，チェンマイ・イニシアチブ（CMI）のマルチ化の発効

		アメリカ	ヨーロッパ
	5 月 2 日		EU，IMF，ギリシャ第 1 次支援を合意
	5 月 9 日	日米欧 6 中央銀行，ドル資金供給策（スワップ取極とドル資金供給オペ）の再開を発表（日本は 10 日）	ECB，証券市場プログラム（SMP）を導入
	6 月		EU，欧州金融安定ファシリティ（EFSF）を創設
	6 月 3 日		ハンガリー，財政赤字の粉飾の可能性を発表
	6 月 21 日		
	7 月 21 日	ドット＝フランク法（金融規制改革法）成立（11 年 7 月，施行）	
	8 月	IMF，予防的クレジットライン（PCL）の創設	
	9 月	BIS，バーゼル III 公表（13 年から段階的適用）	
	10 月 5 日		
	10 月 20 日		
	11 月 3 日	FRB，QE 2 導入（11 年 6 月末まで）	
	11 月 12 日	G 20 金融サミット，シャドーバンキングシステムの規制と監督の強化に関する提言の策定を FSB に要請	
	12 月	IMF 総務会，増資（クォータの倍増）を決定	
	12 月 15 日		アイルランド，EU と IMF 主導の支援決定
2011 年	1 月	債務上限引き上げ問題が表面化	ヨーロピアン・セメスター発足
	1 月 1 日		エストニア，ユーロ導入
	3 月 11 日		
	3 月 18 日	G7，円売りドル買いの協調介入の実施	
	4 月 13 日		

年表　世界金融危機 10 年の歩み 305

日本	新興国（含中国）等
日銀，ドル資金供給オペを再開	
	中国，バスケット方式の管理フロートへ復帰．人民元切り上げへ
日銀，包括緩和政策導入．政策金利年 0～0.1% へ引き下げ	
	中国人民銀行，利上げ（2011 年 7 月まで 5 度）
	中国，2010 年名目 GDP で世界第 2 位となることが確実に
	中国，人民元建て対外直接投資を許可
東日本大震災．円高進む	
	BRICS 5 カ国，初の首脳会議

		アメリカ	ヨーロッパ
	5 月 3 日		EU と IMF，ポルトガルの支援決定
	8 月 4 日		
	8 月 5 日	S&P，アメリカの長期国債を格下げ（米国債ショック）	
	9 月 21 日	FRB，オペレーション・ツイスト導入（12 年末まで）	
	10 月		
	10 月 10 日		ベルギー，金融グループのデクシアが経営破綻
	10 月 31 日		
	11 月	IMF，PCL を予防的流動性枠（PLL）に変更	
	11 月 30 日	日米欧 6 中銀，各中銀間でいずれの通貨でも引き出せるスワップ取極に合意（13 年 2 月までの措置）	
	12 月 8 日		ECB，長期資金供給オペレーション（LTRO）の導入決定
2012 年	1 月	FRB，インフレ・ターゲット導入（前年比 2%）	
	2 月		
	2 月 20 日		ギリシャ，第 2 次支援，債務削減を含む
	3 月 2 日		EU 25 カ国，財政協定に調印
	4 月 16 日		
	4 月 27 日		
	5 月 6 日		ギリシャ総選挙で連立協議失敗，ユーロ離脱懸念（6 月，再選挙）
	5 月 9 日		スペイン，大手銀行バンキアの一部国有化が決定
	6 月 1 日		
	6 月 8 日		

日本	新興国（含中国）等
日銀，円売りドル買いの単独介入（その後続く）	
	中国，人民元建て対内直接投資を許可
1ドル＝75円32銭の戦後最高値を更新．日銀，東京外為市場で介入（その後続く）	
	中国，人民元適格海外機関投資家（RQF II）制度を創設
日銀，中長期的な物価安定の「目途」を示す	中国人民銀行，資本取引に関する自由化に関するロードマップを公表
	中国，人民元の対ドル相場の前日比変動幅を拡大（0.5%→1.0%）
日銀，追加緩和	
円と元，銀行間為替市場で直接取引開始	
	中国人民銀行，利下げ（翌月も）

		アメリカ	ヨーロッパ
	6月13日		ムーディーズ，スペイン国債を格下げ
	6月28日		ユーロ圏，EU首脳会議で銀行同盟の創設を公表
	7月9日		ユーロ圏財務相会合，スペインへの支援決定
	7月26日		ECBドラギ総裁，ユーロを守るため必要なことは何でもすると発言
	9月5日		ECB，国債買入プログラム（OMT）の導入発表
	9月13日	FRB，QE3導入（14年10月末まで）	
	9月19日		
	10月8日		EU，EFSFに代わる恒久的組織としてESM始動
	11月15日		
	12月26日		
2013年	1月22日		
	3月16日		キプロス，預金封鎖，EUからの財政支援決定
	4月4日		
	7月19日		
	10月31日	日米欧6中央銀行，時限的なスワップ取極の常設化を発表	
	12月		アイルランド，金融支援プログラムを脱却
2014年	1月		スペイン，金融支援プログラムを脱却
	1月1日		ラトビア，ユーロ導入
	2月3日	イエレンFRB議長就任	
	2月18日		
	3月17日		
	4月1日		

日本	新興国（含中国）等
日銀，追加緩和	
	中国，習近平共産党総書記就任
第2次安倍内閣発足	
政府と日銀，「アコード」．日銀，2%の物価安定目標導入	
日銀，量的・質的金融緩和導入	
	中国人民銀行，銀行の貸出金利の下限規制撤廃を発表
	ウクライナ，首都キエフで反体制派の市民と警察が武力衝突，その後ロシア軍がクリミア侵攻（ウクライナ危機）
	中国，人民元の対ドル相場の前日比変動幅を拡大（1.0%→2.0%）
消費税が5%から8%へ引き上げ	

		アメリカ	ヨーロッパ
	5 月		ポルトガル，金融支援プログラムを脱却
	6 月 5 日		ECB，マイナス金利政策導入
	7 月 15 日		
	9 月 18 日		ECB，公開市場操作で貸出条件付き長期資金供給オペ（TLTRO）を導入
	10 月 29 日	FRB，量的緩和を終了	
	10 月 31 日		
	11 月		
	11 月 4 日		ユーロ圏，銀行監督をECBに一元化
	11 月 10 日		
	11 月 11 日		
	11 月 18 日		
	11 月 22 日		
2015 年	1 月 1 日		リトアニア，ユーロ導入
	1 月 15 日		スイス，対ユーロの無制限為替介入の終了を発表，長期金利がマイナスに
	1 月 22 日		ECB，量的緩和策導入
	1 月 26 日		ギリシャ，反緊縮派の政権発足
	3 月 31 日		
	6 月 5 日		
	6 月 30 日		ギリシャ，IMFへの返済できず，事実上のデフォルト状態に
	8 月 11 日		
	8 月 14 日		EU，ギリシャ第3次支援を合意
	10 月 5 日	TPP交渉，大筋合意	
	10 月 15 日		
	10 月 23 日		

年表　世界金融危機 10 年の歩み　　311

日本	新興国（含中国）等
	BRICS 5 カ国，新開発銀行（NDB）及び外貨準備基金の設立
日銀，追加緩和	
	中国，人民元適格国内機関投資家（RQD II）制度を創設
	ロシア，ルーブルが変動相場制移行
	習近平総書記，APEC 首脳会議で「一帯一路」構想を発表
政府，15 年 10 月実施予定の消費税増税を 17 年 4 月に延期と表明	
	中国人民銀行，利下げ（2015 年 10 月までに 6 度）
	中国，預金保険条例を交付
1 ドル＝125 円 86 銭と 2008 年以降の最安値	
	中国，人民元の実質的切り下げ（人民元ショック）
	中国，資本流出規制（人民元の先物売り予約契約額に準備金の預託を賦課）
	中国人民銀行，預金金利の上限規制撤廃を発表

		アメリカ	ヨーロッパ
	11 月 13 日		パリ同時多発テロ事件
	12 月 16 日	FRB，ゼロ金利解除	
	12 月 25 日		
	12 月 31 日		
2016 年	1 月 1 日	IMF，増資と出資比率見直しが発効	ユーロ圏，銀行破綻処理の一元化
	1 月 11 日		
	1 月 29 日		
	3 月 10 日		ECB，公開市場操作で TLTRO 2 を導入
	3 月 18 日		EU，トルコと難民抑制策で協力合意
	3 月 20 日	オバマ大統領，キューバ訪問	
	5 月 28 日		
	6 月 23 日		イギリス，国民投票により EU からの離脱を決定
	7 月 13 日		イギリス，メイ首相就任
	9 月 21 日		
	10 月 1 日		
2017 年	1 月 20 日	トランプ大統領就任	
	1 月 23 日	トランプ大統領，TPP から離脱のための大統領令に署名	
	5 月 7 日		フランス大統領選挙，マクロン当選
	5 月 14 日		
	5 月 26 日		
	6 月 9 日		イギリス，総選挙で与党・保守党が第一党も，過半数割れ
	7 月 24 日		ギリシャ，3 年ぶりに国債発行を決定
	9 月 11 日		

年表　世界金融危機 10 年の歩み

日本	新興国（含中国）等
	アジアインフラ投資銀行（AIIB）発足
	ASEAN 共同体の発足
	中国，IMF 出資比率で世界第 3 位に
	香港市場，人民元安受けて大規模な元買い介入（12 日も）
日銀，マイナス金利付き量的・質的金融緩和導入	
政府，17 年 4 月実施予定の消費税増税を 19 年 10 月に延期と表明	
日銀，長短金利操作付き量的・質的金融緩和導入	
	中国人民元，SDR の構成通貨に採用
	「一帯一路」国際協力サミットフォーラム開催
	中国，人民元の対ドル取引の基準値の算出方法を見直すと発表，相場管理を強化
	中国，資本流出規制の一部緩和（人民元の先物売り予約に係る準備金の預託関連）

		アメリカ	ヨーロッパ
	9月20日	FRB, 保有資産の縮小を決定	
	9月24日		ドイツ, 連邦議会（下院）選挙, 極右政党が台頭

注：日付は原則として当該地を基準とした．アメリカは国際金融機関等を含む．
出所：各種報道等より吉川哲生（札幌学院大学経営学部准教授）作成．

年表　世界金融危機 10 年の歩み　　　315

日本	新興国（含中国）等

あとがき

　アメリカのサブプライム危機の影響を受けて，2007 年 8 月，フランスの大手金融機関 BNP パリバが傘下のファンドを凍結し，世界金融危機の発端となってから 10 年が過ぎた．この出来事は「パリバ・ショック」として知られるが，来年は 08 年の「リーマン・ショック」から 10 年目になる．この間の激動する世界経済の構図を「複合危機」という視点から分析し，評価を行い，可能なかぎり今後の展望を示そうとしたのが本書である．

　今，世界経済は大きく揺れている．1 つはグローバル化に対する揺り戻しの動きであり，もう 1 つはパワーバランスの新たな地殻変動である．グローバル化は第一次大戦前に経験があり，1930 年代に大きく後退し，ブロック化へと突き進んだが，歴史は再び同じような軌道を描こうとしているのか．それともグローバル化は容易には後退せず，新たな発想と枠組みでリセットされようとしているのか．この点が問われている．この問題と密接に絡んでいると思われるパワーバランスの行方についても，かつて 1980 年代半ばに米独日の「三極体制」の到来とも言われたが，実現を見なかった．近年は G2 ないし「米中新時代」などと指摘されてきたが，実態はむしろ，G ゼロ，ないし「軸なき世界」へと突入しているかのようである．世界経済は一体どこへ向かおうとしているのか．

　ここで世界金融危機 10 年の歩みを振り返ってみると，世界ではまさに激変とも呼べる出来事が次々に起きている．先進国ソブリン問題の浮上，ギリシャ危機からユーロ危機への展開，移民・難民危機，イギリスの国民投票における EU 離脱の選択，トランプ米大統領の誕生，そしてヨーロッパの一連の選挙にみる反 EU 勢力の台頭．これらを危機の視点から捉え直すと，金融危機，財政危機，通貨危機，さらには雇用や所得格差など実体経済の危機が，

相互に絡みあいながら噴出しており，まさに本書にいう「複合危機」の様相を呈している．それはまた，上に述べたグローバル化に対する揺り戻しの動きや，パワーバランスの新たな地殻変動といった，長いタイムスパンでしか起きないと思われるような歴史的な構造変化を予示するような動きとも読めるのである．

本書の執筆に参加しているは，こうした問題に関心を持つ9名の専門家である．世界経済は上向きつつあるとの指摘もあり，複合危機の捉え方は各執筆者により異なると思われるが，今はむしろ，多様な視点に立って問題提起を行い，活発な議論を行うことが必要であろう．また，本書の執筆対象となる時期についても，一応，ドイツの連邦議会選挙の結果が出た2017年9月末までとしたが，世界情勢は依然として流動的であり，章によってバラツキがありうることをお断りしておきたい．巻末には「世界金融危機10年」の年表を付し，読者の便宜に供するようにした．本書の意図がどの程度果たされているか，大方の厳しいご判断を待たなければならない．

本書の母体となったのは，1995年に横浜を拠点にスタートした国際金融研究会（のちに国際金融研究会／国際経済政策研究会に改称）である．研究会は2015年までの20年間に75回開催され，延べ120人余りの方々から，貴重なご報告をいただく機会を得た．大学関係者だけでなく，官公庁や民間機関などで研究調査に携わっている方々も多数含まれており，有意義な機会となった．研究会以外にも，学部生や一般市民の方々の参加も得て，夏季セミナーや講演会などを開催した．さらに，研究会から生まれた刊行物として，『通貨危機の政治経済学』，『グローバリゼーションと国際通貨』，『国際通貨体制と世界金融危機』（以上，日本経済評論社），『円の政治経済学』，『国際経済関係の焦点』（以上，同文館出版）があり，今回で6冊目となる．

本書の編者には，当初，新岡智氏（関東学院大学教授）も名を連ねる予定であったが，やむを得ない事情で，叶わなかった．長い間，研究会の主宰者のひとりとして活躍されてきた氏に対し，この場を借りて，心よりお礼を申し上げたい．

最後になるが，本書の出版にあたって，日本経済評論社前社長の栗原哲也氏に大変お世話になった．本書を担当されたのは，研究会でもお世話になった同社編集部の清達二氏である．氏の度重なる督励がなければ，本書の刊行はさらに遅れていたであろう．心よりお礼を申し上げる次第である．

2017 年 10 月

上 川 孝 夫

索引

［あ行］

アジアインフラ投資銀行　⇨AIIB
アジア開発銀行　⇨ADB
アフリカ開発銀行　⇨AfDB
アメリカ第一　111
アングロサクソン型資本主義　143
イールドカーブ　180
一帯一路　194
インターコンチネンタル取引所　232
インフレーション　172
インフレ（ーション）・ターゲティング　20,
　179
インフレ税　50
ウェスト・テキサス・インターミディエイト
　232
オイルマネー　260
オーストリア学派の景気理論　72, 81
オルレアンの「美人投票論」　87

［か行］

価格粘着性　169
影の銀行　⇨シャドー・バンキング
過剰貯蓄説　249
カップリング　191
　──・デカップリング論　219
貨幣数量説　69, 184
慣行　86, 87
官製需要創出政策　171
環大西洋貿易投資パートナーシップ協定
　103, 153
環太平洋戦略的経済連携協定　103
カンヌ・サミット　280
管理されたデフォルト　47
管理通貨制　173

緩和マネー　15, 233
基軸通貨　251
キチン循環　68
キャリートレード　224
銀行再建・破綻処理指令　150
銀行同盟　134
銀行取付け　2
金ドル交換停止　285
金融安定フォーラム　⇨FSF
金融安定理事会　⇨FSB
金融システム上重要な金融機関　⇨SIFI
金融資本主義　228
金融デリバティブ商品（派生商品）　4, 136
金融のグローバル化　217
金融不安定性論　61
金融抑圧　50
金利危機　218
金利非負制約　180
近隣窮乏化政策　229
クォータ　272
グラス＝スティーガル法（1932年）　43
クレジット・クランチ　174
グローバル・インバランス　36, 95, 136, 243
景気理論　81
経済・通貨統合　133, 141
経済の金融化　1
経済のグローバル化　217
ケインズの景気理論　78
原油価格　246
コアコアCPI　167
国債買取りプログラム　138
国際学派　53
国際基準設定機関　⇨SSB
国際金融アーキテクチャー　268
国際金融のトリレンマ　116, 202, 227

索引　321

国際政策協調　93
国際的な最後の貸し手　39
国債の貨幣化（マネタイゼーション）　185
国家債務再編メカニズム　120
コンドラチェフ循環　68

［さ行］

サーベイランス　267
最後の貸し手　19, 38
最後のディーラー　41
最後のマーケット・メーカー　41
財政協定　146, 148
在米外国公的資産　252
債務担保証券　⇨CDO
サブプライムローン　137
サプライチェーン　222
三国通貨協定　48
シェール革命　230, 247
ジュグラー循環　68
資源価格の危機　218
資源先物市場　230
資源の資産化　233
自己資本比率規制　279
資産決済　251
資産担保証券　⇨ABS
事実上の世界中央銀行　39
静かな外交　96
システミック・リスク　278
資本移動管理措置　⇨CFM
資本の限界効用率　79
シャドー・バンキング　35, 192, 257
ジャパンマネー　260
自由貿易協定　95
自由利用通貨　207
シュムペーターの景気循環論　66
証券化商品　136
消費者物価指数　167
新開発銀行（旧BRICS銀行）　⇨NDB
新興国間貿易　221
新常態　194
真正手形主義　39
信用緩和　54
信用創造機能　175

信用仲介コスト　77, 84
ステーク・ホルダー　4
スムート・ホーリー関税法　31
スワップ協定　49
清算主義理論　37
生産性向上　165
政府系ファンド　3
世界経済会議（1933年）　47
世界の金融システム上重要な金融機関
　⇨G-SIFI
世界貿易機構　94
セカンダリー・マーケット　238
石油輸出国機構　230
総損失吸収力　⇨TLAC
ソロスの「再帰性論」　86

［た行］

第一次所得収支　245
タックスヘイブン　249
単一監督メカニズム　149
単一破綻処理メカニズム　149
チャイナ・インパクト　190
チャイナ・ショック　226
チャイナ・マネー　260
超過準備額　175
長期資金供給オペレーション　138, 150
長期停滞　2
　──論　32
長短金利操作付き量的・質的金融緩和　184
通貨スワップ網　113
通貨戦争　225
通貨操作国　96
ディスインフレーション　169
テーパリング　186
デカップリング　190, 219
出口戦略　186
デフレーション　172
デフレスパイラル　167
ドイツ支配　145
ドイツマネー　261
特別引出権　⇨SDR
トリクル・ダウン　3

［な行］

内生的貨幣供給理論　176
二国間サーベイランス　98
ニューヨーク・マーカンタイル取引所　232
年金基金　3

［は行］

バーナンキ・ショック　225
バーゼル銀行監督委員会　⇨BCBS
バーゼルⅢ　279
バーミンガム・サミット　268
ハイブリッド型の証券　7
覇権安定仮説　48
バジョット・ルール　38, 75
パリバ・ショック　137
非伝統的金融政策　1, 183
ビルトイン・スタビライザー　3
複合不況　30
負債決済　251
負債デフレーション　44, 71
不胎化介入　228
物価水準の財政理論　⇨FTPL
復活したブレトンウッズ　252
プライマリー・マーケット　238
プラザ合意　168
ブレグジット　⇨Brexit
ブレンド原油　232
米州開発銀行　⇨IDB
ベイルアウト　53
ベイルイン原則　150, 280
ベースマネー　16, 17
ヘリコプター・マネー論　51
貿易円滑化・貿易執行法（2015年）　104
ポートフォリオ・リバランス効果　14
ホーム国・ホスト国対立　114
北米自由貿易協定　104
ポストケインジアン　176
本位貨恐慌　31

［ま行］

マイナス金利（政策）　14, 180
マクロ・プルーデンス　278

マネーストック　17, 173
マネー・マーケット・ファンド　11
マネタイゼーション　8
マネタリーベース　178
マネタリストの大恐慌論　76
マネタリズム　3, 176
マルクス恐慌論　61
ミクロ・プルーデンス　278
無担保コール翌日物　178
モーゲージ担保証券　⇨MBS

［や行］

ユーロ圏財務省　160
ユーロ・プラス協定　146, 148
ヨーロッパ安定メカニズム　138, 140
ヨーロッパ戦略投資基金　155
ヨーロッパ通貨基金　⇨EMF
ヨーロッパ統合　133, 140
ヨーロッパ復興開発銀行　⇨EBRD

［ら行］

リーカネン報告　150
リージョナル・インバランス　246
リーマン・ショック　137
リフレーション政策　39
量的緩和　41
量的・質的金融緩和　180
ロンドン・サミット　272
ロンバード型貸付　173

［わ行］

ワールドダラー　17

［欧文］

ABS　18
ADB　274
AfDB　274
AIIB　194, 210, 275
BCBS　267
BIS規制　144
Brexit　156, 206
BRRD　⇨銀行再建・破綻処理指令
CDO　35, 221

索引　323

CFM　281
EBRD　274
EFSI　⇨ヨーロッパ戦略投資基金
EMF　161
EMU　⇨経済通貨同盟
ESM　⇨ヨーロッパ安定メカニズム
FSB　270
FSF　265, 268
FTA　⇨自由貿易協定
FTPL　50
G-SIFI　280
G20 首脳会議　265, 270, 276
ICE　⇨インターコンチネンタル取引所
IDB　274
IS バランス論　249
LTROs　⇨長期資金供給オペレーション
MBS　35, 221
MMF　⇨マネー・マーケット・ファンド
NAFTA　⇨北米自由貿易協定
NDB　194, 275

NYMEX　⇨ニューヨーク・マーカンタイル取引所
OMT　⇨国債買取りプログラム
OPEC　⇨石油輸出国機構
SDR　101
――改革構想　205
SIFI　279
SRM　⇨単一破綻処理メカニズム
SSB　267
SSM　⇨単一監督メカニズム
TARGET システム　150
TARGET2　150, 151
TLAC　280
TPP　⇨環太平洋戦略的経済連携協定
TTIP　⇨環大西洋貿易投資パートナーシップ協定
WTI　⇨ウェスト・テキサス・インターミディエイト
WTO　⇨世界貿易機構

執筆者紹介

山﨑　晋（やまざき　すすむ）　久留米大学経済学部准教授．主な業績：「ノルディック・バルティック諸国の金融監督協力～スウェーデンとエストニアを中心に～（下）」『経済社会研究』第55巻第4号，2015年，「ノルディック・バルティック諸国の金融監督協力～スウェーデンとエストニアを中心に～（上）」『経済社会研究』第55巻第3号，2014年，「エストニアのカレンシーボード制とユーロ導入」久留米大学『経済社会研究』第54巻第3号，2013年，ほか

星野　郁（ほしの　かおる）　立命館大学国際関係学部教授．主な業績：『EU経済・通貨統合とユーロ危機』日本経済評論社，2015年，「EUにおける証券化再生の試みとその問題点」中央大学『経済学論纂』第55巻第5・6合併号，2015年，「ユーロ危機の新段階とEUによる危機対策の批判的検討」『同志社商学』第66巻6号，2015年，ほか

近廣昌志（ちかひろまさし）　愛媛大学法文学部准教授．主な業績：『現代金融論（新版）』分担執筆，有斐閣，2016年，「地方銀行の預貸率低下」全国地方銀行協会『金融構造研究』第38号，2016年，「ケインズおよびポストケインジアンの貨幣供給理論の検討」中央大学『商学論纂』第55巻第5・6号，2014年，ほか

木村秀史（きむらしゅうじ）　島根県立大学総合政策学部講師．主な業績：『発展途上国の通貨統合』蒼天社出版，2016年，『現代金融論（新版）』分担執筆，有斐閣，2016年，『国際通貨体制と世界金融危機』分担執筆，日本経済評論社，2011年，ほか

田中綾一（たなかりょういち）　駒澤大学経済学部教授．主な業績：『今，私たちに差し迫る問題を考えるVol. 2―関東学院大学大学院法学研究科からの発信―』編著，関東学院大学出版会，2017年，『現代国際金融―構図と解明（第3版）』分担執筆，法律文化社，2016年，「TARGET Balances論争の総括―「隠された公的支援」論の評価および米国連邦準備銀行のISAと欧州のデノミリスクヘッジとの関係を中心に―」『関東学院法学』第25巻第1・2号，2015年，ほか

飯島寛之（いいじまひろゆき）　立教大学経済学部准教授．主な業績：『身近に感じる国際金融』共著，有斐閣，2017年，『現代アメリカ経済分析』分担執筆，日本評論社，2013年，『国際通貨体制と世界金融危機』分担執筆，日本経済評論社，2011年，ほか

編著者紹介

牧野　裕（まきの　ひろし）　津田塾大学名誉教授．主な業績：『IMFと世界銀行の誕生』日本経済評論社，2014年，『日米通貨外交の比較分析』御茶の水書房，1999年，『冷戦の起源とアメリカの覇権』御茶の水書房，1993年，ほか

紺井博則（こんい　ひろのり）　國學院大学経済学部教授．主な業績：「変動相場制の40年」中央大学『商学論纂』第55巻第5・6号，2014年，「現代資本主義と過剰貨幣資本」北海学園大学『経済論集』第61巻第4号，2014年，『現代国際金融論（第4版）』分担執筆，有斐閣，2012年，ほか

上川孝夫（かみかわたかお）　横浜国立大学名誉教授．主な業績：『国際金融史』日本経済評論社，2015年，『現代国際金融論（第4版）』編著，有斐閣，2012年，『国際通貨体制と世界金融危機』編著，日本経済評論社，2011年，ほか

複合危機
ゆれるグローバル経済

2017年12月25日　第1刷発行

定価（本体4800円＋税）

編著者	牧　　野		裕
	紺　井　博		則
	上　　川　孝		夫
発行者	柿　﨑		均

発行所　株式会社 日本経済評論社

〒101-0062 東京都千代田区神田駿河台1-7-7
電話 03-5577-7286　FAX 03-5577-2803
振替 00130-3-157198

装丁・徳宮峻　　　　　　　藤原印刷・高地製本

落丁本・乱丁本はお取替えいたします　Printed in Japan
© H. Makino, H. Kon'i and T. Kamikawa et al. 2017
ISBN978-4-8188-2482-9

・本書の複製権・譲渡権・公衆送信権（送信可能化権を含む）は（株）日本経済評論社が保有します．

・JCOPY 〈(社)出版者著作権管理機構　委託出版物〉

本書の無断複写は著作権法上での例外を除き禁じられています．複写される場合は，そのつど事前に，(社)出版者著作権管理機構（電話 03-3513-6969，FAX 03-3513-6979，e-mail: info@jcopy.or.jp）の許諾を得てください．

国際通貨体制の動向　　　　　　　　　　　　　奥田宏司　本体 6400 円

国際金融史—国際金本位制から世界金融危機まで—
　　　　　　　　　　　　　　　　　　　　　　上川孝夫　本体 5200 円

IMF と新国際金融体制　　　　　　　　　　　大田英明　本体 4900 円

再建金本位制と国際金融体制　　　　　　　　平岡賢司　本体 7000 円

グローバル資金管理と直接投資　　　　　　　小西宏美　本体 4200 円

米国の金融規制変革　　　　　　　　　　　　若園智明　本体 4800 円

EU 経済・通貨統合とユーロ危機　　　　　　星野郁　本体 5600 円

IMF 8 条国移行—貿易・為替自由化の政治経済史—
　　　　　　　　　　　　　　　　　　　　　　浅井良夫　本体 7600 円

IMF と世界銀行の誕生—英米の通貨協力とブレトンウッズ会議—
　　　　　　　　　　　　　　　　　　　牧野裕　本体 6400 円

イングランド銀行—1950 年代から 1979 年まで—
　　　　F. キャピー著／イギリス金融史研究会訳　本体 18000 円

日本経済評論社